はじめに

　地震が多く発生する日本では、国民の地震に対する意識も高まり、この十数年で免震建物は一般化し、現在もその需要は増え続けている。この免震建物に使用される免震部材には、積層ゴム支承の他、すべり支承、転がり支承などがある。また、これら免震部材の設置位置も、建物の基礎部分だけではなく中間階の専用免震層内、あるいは免震層空間を有効利用する目的で、火災が発生する可能性がある部分に設置する場合も増加しており、免震部材には耐震性能だけではなく耐火性能も要求されるようになった。

　しかし、免震部材は一般の耐火構造部材とは異なり、その構成材料には可燃材が使用されていることと、地震によって免震部材が変形または滑動するため、耐火被覆も通常の鉄骨造に使用しているものをそのまま流用することができない。また、構成材料であるゴムやすべり材などの高分子材料に関する高温特性の体系的なデータもほとんどないため、免震部材としての耐火性能を評価することが困難となっていた。

　一般社団法人日本免震構造協会（以下、JSSI）では、このような状況を踏まえ、技術委員会の中に防耐火部会を設置し、免震建物と免震部材に関わる耐火上の諸問題を検討し、解決してきた。具体的には、積層ゴム支承の荷重支持性能を保証する性能担保温度の確認とこれを評価するための耐火試験方法を定めた。その結果、積層ゴム支承に適用できる耐火被覆の耐火構造認定が取得できたことにより、耐火設計の仕様規定による確認申請のみで中間層免震建物への適用が可能となった。

　一方、性能評価による耐火設計では、免震部材に対する周囲の状況と高温時の免震部材の荷重支持性能を評価して、認定を取得していない耐火被覆を用いるか、または耐火被覆自体を省略する耐火設計なども行われているが、特定の建物の条件下でかつ特定の免震部材に対しての評価がなされているだけで、体系的な評価方法がなく、また耐火設計手法をまとめた資料や文献もない状況であった。このため、これまでの防耐火部会の活動を実際の設計に活かすことを目的として、2012 年 3 月に「免震建物の耐火設計ガイドブック」を発刊した。

　その後、新たにすべり支承についても、防耐火部会が提案した荷重支持性能を評価するための「性能担保温度確認試験体」（載荷加熱試験用）および「加熱試験において最も温度が上がりやすい共通加熱試験体」（加熱試験用）を採用することで、一定の条件を満たす JSSI 会員製作会社のすべり支承に適用することができる耐火被覆の耐火構造認定が取得された。

　また、JSSI ではオイルダンパーにおける火災時の性状についても、ダンパーの燃焼試験、常温負荷圧力試験、放射パネルによる加熱実験およびシミュレーション解析による検討を行い、その結果を「免震・制振用オイルダンパーの火災時挙動報告書」として取り纏めた。これを受けて、2016 年（平成 28 年）3 月に消防庁より「建築物に設置された免震用オイルダンパーの取扱いについて」の通知が各都道府県・消防機関宛に発信され、運用されている。

　今回の改訂では、最新の知見を取り入れ全体の見直しを図ったこと、第 7 章にすべり支承の性能担保温度について、第 8 章にオイルダンパーの火災時の挙動について、巻末に Q&A を付け加えたことが主要な改訂点である。

　最後に、本ガイドブックが免震建物の安全性向上と更なる発展に寄与することを望む。

2019 年 9 月　　　　　　　　　一般社団法人日本免震構造協会　技術委員会　防耐火部会
　　　　　　　　　　　　　　　「免震建物の耐火設計ガイドブック」作成 WG
　　　　　　　　　　　　　　　主査　増田　直巳

編集委員名簿

技術委員会　防耐火部会
「免震建物の耐火設計ガイドブック」作成ＷＧ

◇主 査
増田　直巳　　　株式会社 三菱地所設計

◇委 員
池田　憲一　　　東京理科大学
荻野　伸行　　　株式会社 熊谷組
可児　長英　　　一般社団法人日本免震構造協会
倉本　真介　　　大成建設株式会社
清水　玄宏　　　ニチアス株式会社
實田　裕貴　　　日本インシュレーション株式会社
竹内　貞光　　　株式会社 ブリヂストン
藤　　雅史　　　エーアンドエー工事株式会社
宮﨑　光生　　　株式会社 ダイナミックデザイン
宮本　圭一　　　鹿島建設株式会社
芳澤　利和　　　(元)株式会社 ブリヂストン

◇防耐火部会

委員長	池田	憲一	東京理科大学				
副委員長	芳澤	利和	元 ㈱ ブリヂストン	委 員	丹羽	博則	㈱ 大林組
幹 事	可児	長英	(一社) 日本免震構造協会	〃	濱田	由記	川金コアテック ㈱
委 員	東	勝広	免制震ディバイス ㈱	〃	東山	孝治	倉敷化工 ㈱
〃	上田	栄	日本ピラー工業 ㈱	〃	平野	賢司	㈱ ブリヂストン
〃	内山	智晴	スターツ CAM ㈱	〃	藤	雅史	エーアンドエー工事 ㈱
〃	岡崎	智仁	㈱ 竹中工務店	〃	藤田	啓史	㈱ 松田平田設計
〃	岡本	真成	カヤバ システム マシナリー ㈱	〃	藤本	賢二	東洋ゴム工業 ㈱
〃	荻野	伸行	㈱ 熊谷組	〃	増田	耕一	オイレス工業 ㈱
〃	加奈森	聡	㈱ フジタ	〃	増田	直巳	㈱ 三菱地所設計
〃	熊谷	洋一	東京ファブリック工業 ㈱	〃	道越	真太郎	大成建設 ㈱
〃	倉本	真介	大成建設 ㈱	〃	宮﨑	光生	㈱ ダイナミックデザイン
〃	清水	美雪	昭和電線ケーブルシステム ㈱	〃	宮本	圭一	鹿島建設 ㈱
〃	染谷	朝幸	㈱ 日建設計	〃	山脇	翔太	ニチアス ㈱
〃	實田	裕貴	日本インシュレーション ㈱	〃	脇田	直弥	新日鉄住金エンジニアリング ㈱

目　　次

第1章　免震建物の耐火設計　　　　　　　　　　　　　1

1.1　耐火設計の考え方　　　　　　　　　　　　　　1

1.1.1　耐火設計とは　　　　　　　　　　　　　　1

1.1.2　耐火設計における火災外力と火災温度荷重　　　　　2

1.1.3　建築基準法上の火災外力設定　　　　　　　　4

1.1.4　火災外力を受けた建物の応力状態評価　　　　　4

1.1.5　建築基準法の耐火要求　　　　　　　　　6

1.2　免震建物の耐火設計　　　　　　　　　　　　9

1.3　免震建物の耐火設計の歴史　　　　　　　　　12

1.3.1　積層ゴム支承と免震建物の実現　　　　　　12

1.3.2　中間層免震建物の草分け　　　　　　　　16

1.3.3　免震部材の耐火性能研究への取組　　　　　　19

第2章　構成材料の温度特性　　　　　　　　　　　23

2.1　免震部材の構成材料　　　　　　　　　　　23

2.1.1　積層ゴム支承　　　　　　　　　　　　23

2.1.2　すべり支承　　　　　　　　　　　　26

2.1.3　転がり系支承　　　　　　　　　　　29

2.2　ゴム材料　　　　　　　　　　　　　　　32

2.2.1　ゴム材料の種類と特徴　　　　　　　　　32

2.2.2　積層ゴム支承の製造方法　　　　　　　　33

2.2.3　ゴム材料の温度特性　　　　　　　　　34

2.2.4　火災の熱が積層ゴム支承に与える影響　　　　45

2.2.5　被覆ゴムの影響　　　　　　　　　　　47

2.3　鋼材　　　　　　　　　　　　　　　　49

2.3.1　一般鋼材　　　　　　　　　　　　　49

2.3.2　ステンレス鋼材　　　　　　　　　　52

2.3.3　ボルト用鋼材　　　　　　　　　　　54

2.4　すべり材　　　　　　　　　　　　　　56

2.4.1　四フッ化エチレン樹脂（PTFE）　　　　　56

2.4.2　ポリアミド樹脂（PA）　　　　　　　　59

2.4.3　エポキシ樹脂（EP）　　　　　　　　　62

2.4.4　すべり材の高温特性　　　　　　　　　63

2.4.5　高温時の圧縮ひずみ特性　　　　　　　69

2.5　転がり材　　　　　　　　　　　　　　71

2.5.1　転がり支承を構成する鋼材　　　　　　　71

2.5.2	ゴム系の緩衝材	71
2.5.3	防錆と潤滑を目的とした材料	71

第3章　免震部材の耐火性能　　73

3.1　要求される耐火性能　　73
3.1.1	火災時の要求性能	73
3.1.2	火災後に対する要求性能	74
3.1.3	免震部材の荷重支持性能	74

3.2　天然ゴム系積層ゴム支承　　76
3.2.1	天然ゴム系積層ゴム支承の構成	76
3.2.2	常温時の荷重支持性能	76
3.2.3	高温時の荷重支持性能	76
3.2.4	性能担保温度について	79
3.2.5	熱膨張について	80
3.2.6	火災前後の鉛直性能	80
3.2.7	火災前後の水平性能	81

3.3　プラグ挿入型積層ゴム支承　　82
3.3.1	プラグ挿入型積層ゴム支承の構成	82
3.3.2	常温時の荷重支持性能	82
3.3.3	高温時の荷重支持性能	82
3.3.4	火災前後の水平性能	85

3.4　高減衰ゴム系積層ゴム支承　　86
3.4.1	高減衰ゴム系積層ゴム支承の構成	86
3.4.2	常温時の荷重支持性能	86
3.4.3	高温時の荷重支持性能	86
3.4.4	火災前後の水平性能	87

3.5　すべり支承　　88
3.5.1	すべり支承の構成	88
3.5.2	常温時の荷重支持性能	88
3.5.3	高温時の荷重支持性能	88
3.5.4	火災前後の鉛直性能	91
3.5.5	火災前後の水平性能	91

3.6　転がり支承　　92
3.6.1	転がり支承の構成	92
3.6.2	常温時の荷重支持性能	92
3.6.3	高温時の荷重支持性能	92
3.6.4	火災前後の鉛直性能（鉛直剛性）	94
3.6.5	火災前後の水平性能	94

第4章　免震部材の耐火被覆　　97

4.1　要求性能　　97

4.2　耐火被覆の種類　　98

4.2.1　積層ゴム支承用耐火被覆　　98

4.2.2　すべり支承用耐火被覆　　101

4.2.3　転がり支承用耐火被覆　　102

4.2.4　大臣認定品以外の耐火被覆　　102

4.3　防火区画の構成部材　　104

第5章　免震建物の耐火設計の実務　　105

5.1　現状の耐火設計　　105

5.1.1　仕様規定による耐火設計　　105

5.1.2　性能設計による耐火設計　　105

5.2　耐火設計の適用事例　　108

5.2.1　設計ルートの選択　　108

5.2.2　耐火被覆を施した免震部材を含む建物の
耐火設計（ルート A）　　109

5.2.3　耐火被覆を省略した免震部材を含む建物の
耐火設計（ルート C）　　113

5.2.4　基礎免震建物の耐火設計（ルート A）　　124

5.3　設計事例紹介　　126

設計例 1　日本システムウェア㈱山梨 IT センター　　126

設計例 2　清水建設技術研究所本館　　128

設計例 3　相模原市営上九沢住宅　　130

設計例 4　清水建設技術研究所安全安心館　　132

設計例 5　鹿島本社ビル　　134

設計例 6　ふくおかフィナンシャルグループ本社ビル　　136

設計例 7　LIVMO ライジングビル　　138

設計例 8　三菱一号館　　140

設計例 9　北秋田市民病院（仮称）　　143

設計例 10　東京都医師会館　　146

設計例 11　鉄鋼ビルディング　　148

第6章　耐火被覆の設計・施工における注意と維持管理　　151

6.1　設計上および施工上の留意点　　151

6.1.1　免震部材の耐火被覆に対する設計上および施工上の留意点　　151

6.1.2　防火区画に対する設計上および施工上の留意点　　152

6.1.3　耐火被覆および防火区画選定上の注意　　153

6.2	残留変位と耐火被覆材のずれ	155
	6.2.1 耐火被覆のずれ量と耐火性能	155
	6.2.2 耐火被覆のずれ対策	155
6.3	維持管理	158

第7章　免震部材の耐火構造認定に対する取り組み　159

7.1	耐火構造認定の取得方法	159
	7.1.1 認定取得までの流れ	159
	7.1.2 耐火性能試験方法	160
7.2	性能担保温度の確認と共通試験体の設定	161
7.3	天然ゴム系積層ゴム支承およびプラグ挿入型積層ゴム支承の性能担保温度確認	163
	7.3.1 性能担保温度確認方法	163
	7.3.2 天然ゴム材料の素材試験結果	163
	7.3.3 耐火構造認定用共通試験体の設定	164
7.4	高減衰ゴム系積層ゴム支承の性能担保温度確認	166
	7.4.1 高減衰ゴム材料の素材試験	166
	7.4.2 性能担保温度と性能担保温度確認用共通試験体の設定	166
	7.4.3 性能担保温度確認試験と耐火構造認定試験体	168
7.5	すべり支承の性能担保温度確認	170
	7.5.1 ゴム材料およびすべり材の素材試験	170
	7.5.2 性能担保温度と性能担保温度確認用共通試験体の設定	171
	7.5.3 性能担保温度確認用共通試験体による確認試験	174
	7.5.4 載荷加熱試験による荷重支持性能の評価	176
7.6	すべり支承の耐火構造認定用共通試験体による耐火性能確認	177
	7.6.1 耐火構造認定用共通試験体の設定	177
	7.6.2 耐火構造認定用共通試験体を用いた性能評価試験結果	185

第8章　オイルダンパーの火災時挙動について　191

8.1	オイルダンパーの消防法における取り扱いについて	191
8.2	オイルダンパーの構造	193
8.3	要求性能と火災時挙動の検証方法概要	194
	8.3.1 火災時におけるオイルダンパーに要求される性能	194
	8.3.2 火災時挙動の検証方法	194
8.4	ダンパーオイルの基礎実験および数値解析の比較	195
	8.4.1 実験概要と解析結果	195

8.5	住宅用免震オイルダンパー（小型オイルダンパー）の加熱試験	196
	8.5.1　供試体ダンパー	196
	8.5.2　試験方法および条件	196
	8.5.3　試験結果	196
8.6	免震・制振用オイルダンパーの常温負荷圧力試験	198
	8.6.1　制振用オイルダンパー	198
	8.6.2　免震用オイルダンパー	198
8.7	シミュレーション解析	200
8.8	免震・制振用オイルダンパーの放射パネルによる加熱実験	201
	8.8.1　実験概要	201
	8.8.2　実験方法	201
	8.8.3　試験体	202
	8.8.4　実験結果概要	203
8.9	免震・制振用オイルダンパーの運用基準について	205
	8.9.1　運用基準	205

Q&A　207

Q1～Q12　207

付属資料　223

付属資料1　免震部材用耐火被覆構造一覧　223

付属資料2　積層ゴム支承及びすべり支承用ゴム材料の圧縮特性
（温度依存性）試験方法（2018）　226

付属資料3　すべり支承用すべり材の圧縮特性（温度依存性）
試験方法（2018）　230

用語の解説　241

第1章　免震建物の耐火設計

1.1　耐火設計の考え方

1.1.1　耐火設計とは

　耐火設計とは建物の防火に関する設計行為の一つで、火災の「出火」から「拡大」、「本格的な火災」、「鎮火」に至るまでの各進展段階において、「本格的な火災」から「鎮火」の段階を対象とし、その間の建物の構造安全性を担保するための設計行為である。設計者は、各火災の進展段階において火災から人命や財産の保全を図り、かつ建物の被害を軽減するために、出火拡大防止設計・避難安全設計とともに、耐火設計を行うことが必要である。図 1.1.1 に火災の各進展段階における建物の防火に関する設計行為と主担当設計者の関係を示す。

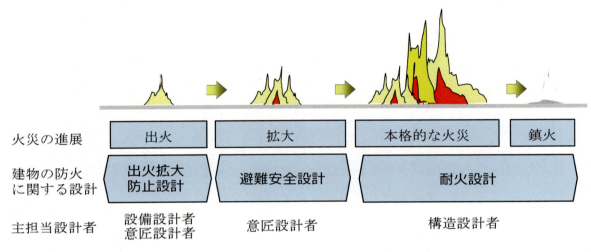

図 1.1.1　建物の防火に関する設計における耐火設計の位置づけ

　図中における出火拡大防止設計は、火災の発生防止および火災が発生してから拡大して本格的な火災に至るまで、スプリンクラーなどの消火設備や、防火区画などの拡大防止対策を実施して火災時に生ずる外力を制御する設計であり、主に設備設計者と意匠設計者が担当している。
　避難安全設計は、火災初期に在館者を安全に避難させるための設計行為であり、意匠設計者が主に担当している。
　そして耐火設計は、火災が進展して構造体にまで影響するような本格的な火災に対し、火災時の加熱（以下、「火災加熱」という）による建物の挙動制御を目的とした設計行為であり、主に構造設計者が担当する。通常の建物の構造設計と同様に、想定した外力に対して建物や部材に期待される性能を担保する設計行為である。ただし想定する外力は、鉛直荷重による外力と火災加熱による外力（以下、「火災外力」という）である。
　すなわち、耐火設計はこの二つの外力に対して建物の構造安定性を担保する設計行為であり、鉛直荷重による外力と地震や風などの外力に対して行う構造設計と同様に、火災時の外力に対して行う「火災時の構造設計」と定義することができる。
　火災外力は、火災の発生場所や影響範囲が限定される点が通常の構造設計とは異なり、防火区画計画や耐火被覆材などで部材への入力を制御することができる。したがって、耐火設計は火災加熱を受ける構造体の安定性だけではなく、防火区画計画や区画部材の性能などの火災外

力の制御も重要な設計行為となる。

1.1.2 耐火設計における火災外力と火災温度荷重

1) 火災外力

建物に作用する火災の耐火設計上の分類を図 1.1.2 に示す。建物に作用する火災は、市街地火災・隣棟火災・隣接区画の火災・当該区画の火災の四つに分類することができ、それぞれの火災における火災外力は以下のように設定される。

(1) 市街地火災による火災外力

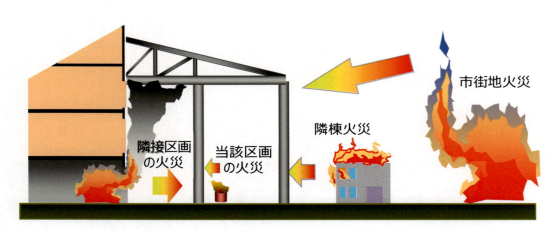

図 1.1.2 建物に作用する火災の耐火設計上の分類

　市街地火災による火災外力の設定については、建築基準法に大きな火災外力の要因となる木造建物の建設条件や建設の割合が地域別に規定されており、この規定を用いた火災外力の設定が可能である。

(2) 隣棟火災の火災外力

　隣棟火災の火災外力の設定については、その建物が耐火建築物であるかどうか、開口部がどのようになっているかなどの隣接する建物の特性を考慮することによって、火災外力の設定が可能となる。しかしながら、これらは年々変化する可能性があるため、建築基準法では 30 分あるいは 1 時間の標準的な火災を火災外力に設定している。

(3) 隣接区画の火災外力と当該区画の火災外力

　隣接区画および当該区画の火災外力については、その防火区画内にある可燃物の量と開口部などの燃焼に対する特性を条件とすることで、ある程度定量化することができる。また、単一の家具が燃焼して付近の一部の部材を加熱する場合など、区画火災までに至らない局所的な火災に対しては、火源の大きさを基準にした放射熱計算や、炎の温度を決めて可燃物が燃焼している時間を設定することで、部材温度を算出する方法が有効である。建築基準法の性能規定では、この概念に基づき平成 12 年建設省告示第 1433 号にその算出方法が提示され、耐火設計ではこれらの火災を温度－時間曲線に置き換えたものを、建物の部材に作用する設計火災外力としている。

2）火災温度荷重

　耐火設計において架構の安定性を検討する際には、通常の構造設計における重力による鉛直荷重に火災による荷重が加わる。一般に構造設計における外力は荷重で表現され、固定荷重・積載荷重、地震荷重、積雪荷重、風荷重、温度荷重などに分類される。これらの荷重は次のように表現することができる。

- 固定荷重、積載荷重：建物の全ての部分に働く重力による鉛直荷重
- 積雪荷重：主に建物上部に積もる雪の自重による鉛直荷重
- 地震荷重：地震によって建物に働く慣性力
- 風　荷　重：風によって建物に働く力
- 温度荷重：建物に荷重効果を発生させる温度

　ここで、耐火設計における特徴的な荷重として、火災加熱による「温度荷重」がある。これを「火災温度荷重」と呼び、上記と同様に表現すると以下の通りとなる。

- 火災温度荷重：火災加熱による、建物の部材に働く温度荷重

この火災温度荷重は、以下に示す特徴を有している。

(1) 火災は建物に対して部分的に作用する

　通常、火災は建物の一部に発生して鎮火するため、火災温度荷重も建物の一部に作用する火災外力による温度荷重となる。

　建物は、一つの階や防火区画内において発生した火災が他の階や他の区画に延焼しないように、通常は階ごとかつ一定面積以内ごとに、耐火性能のある床や壁によって防火区画されている。したがって、火災温度荷重は建物の一部の防火区画内のみに作用する火災外力によって算定することができる。これを耐震設計における外力と比較したのが図 1.1.3 である。耐震設計では、地盤の揺れに応じて建物全体に働く水平力を外力として扱うが、耐火設計では、建物の一部で発生した火災加熱を火災外力として取り扱う。

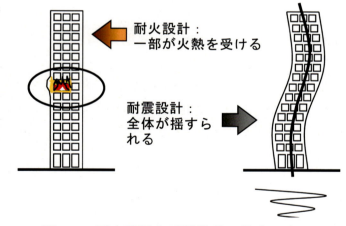

図 1.1.3　耐火設計と耐震設計の外力の違い

(2) 火災温度荷重は内部応力を発生させる

　建物設計における鉛直荷重、地震荷重および風荷重は、建物外部から力が働いて部材に応力を発生させる。一方、火災温度荷重とは火災加熱によって建物に荷重効果を発生する温度であることから、前記の各荷重のように直接的に力または外力として捉えることができない。

　火災温度荷重の場合は、熱せられた部材が熱膨張することで周辺部材に強制変位を与え、この強制変位により周辺部材に応力が生じる。一方、熱膨張する部材を周辺部材が拘束することで、熱せられた部材に内部応力が生じる。このように、火災温度荷重によって発生する力は建物外部からの外力ではなく、熱膨張変形により部材内部に発生した内部応力といえる。言い換

えると、耐火設計とは、火災外力により生じる部材温度上昇を火災温度荷重とし、これによって生じる拘束部材への外力もしくは部材に生じる内部応力に対して、架構の安全性を担保する設計行為といえる。なお、熱せられた部材は剛性低下および強度低下も生じるため、耐火設計にはそれらの影響も考慮する。

3）火災外力と火災温度荷重の関係

火災外力とは建物に影響を及ぼす建物内部および外部の火災であり、火災発生から各時間における火災温度として設定される。一方、火災温度荷重は火災外力によって生じる各部材の温度変化をいう。すなわち、火災発生時から火災の温度は上昇を始めるが、火災に曝されている各構造部材（柱、はり、床、壁など）は、その配置、形状、材料が持つ熱容量、熱伝導率、線膨張係数および被覆条件などが異なるため、各部材の温度は火災温度と同じにはならず、火災温度よりも低い温度となる。また、同じ構造部材でも断面形状が異なれば、各部材の温度はことなる。よって、同じ火災外力を受けても火災温度荷重は部材ごとに設定されることになる。

1.1.3 建築基準法上の火災外力設定

建築基準法の仕様規定においては、建築で取り扱う火災はほとんどがフラッシュオーバーを伴う室内火災であることから、耐火設計における建物内部火災の火災外力には、これを考慮した標準的な火災時の温度－時間曲線（加熱曲線）が用いられている。この加熱曲線については、建築基準法の仕様規定（令第107条）に3時間までの標準的な加熱として、図1.1.4に示すような標準加熱曲線（ISO834で示されている）を「通常の火災」として設定されており、これを火災外力として用いている。

性能規定（令第108条の3）においては、建物内部の火災は「予測される火災（当該建築物の構造、建築設備および用途に応じて発生が予測される火災）」と位置づけられ、室の用途別に可燃物量を設定して燃焼空間の燃焼特性とともに火災外力を算定できるようにしている。

一方、建物外部の火災は、仕様規定および性能規定とも前述の「通常の火災」を火災外力としている。

また、性能評価による耐火設計では、当該部材に影響を及ぼすと考えられる全ての火災を検討して火災外力としている。

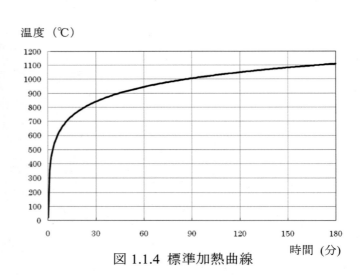

図1.1.4 標準加熱曲線

1.1.4 火災外力を受けた建物の応力状態評価

通常、火災は建物の一部で発生し、盛期火災となってその部分だけで終了する。また、火災加熱によって部材は温度上昇し、剛性と耐力は低下しながらも部材自体は膨張して周辺部材に応力を発生させる。これらの現象が火災の進展に応じて架構全体に生じることによって架構の応力変形状態が決定される。

1）耐火性能評価方法

　耐火設計の目標を「火災によって建築物を崩壊させないこと」とした場合、この目標を達成するための評価方法には以下に示す架構レベル、部材レベル、材料レベルの三つの方法が考えられる。これら耐火性能評価方法に対する考え方を表 1.1.1 に示す。

表 1.1.1　建築物の耐火性能評価方法

評価方法とその考え方		要求性能		
		架構安定性	部材耐力	材料強度
架構レベル	架構の安定性を直接評価・担保	火災時に架構が崩壊しないこと	建築物の耐火性能を損なわないならば、**一部の部材の耐力低下・喪失は許容する**	－
部材レベル	部材の火災時耐力を評価 ↓ 架構の安定性を担保	－	**全部材が**、火災時に長期許容応力度相当の荷重を受けた状態で**耐力を保持する**	部材耐力を損なわないならば、**一部の材料の強度低下・喪失は許容する**
材料レベル	材料の高温強度を評価 ↓ 部材の火災時耐力を担保 ↓ 架構の安定性を担保	－	－	**全部材の全材料に対して**、火災時に長期許容応力度相当の荷重を受けた状態で、一定の強度を保持すること

（1）架構レベルでの評価方法

　建築物の火災時の安定性を架構レベルで評価するのが最も合理的な方法である。火災時に建築部材は、火災加熱によって剛性と耐力が低下すると同時に熱膨張による応力変化を起こす。部材はこのような材料特性の変化と応力状態の変化を起こしながら、周辺部材との応力再配分が行われ、最終的に架構の力学的なバランスが崩れた時に建築物は崩壊する。したがって、架構レベルでの耐火性能評価が直接的かつ合理的な評価方法といえる。架構レベルの耐火性能評価を行う場合は、建築物全体が崩壊しないことを直接的な要求性能としているため、崩壊の原因とならない一部の部材の耐力の喪失は許容されることになる。

(2)部材レベルでの評価方法

　架構レベルの評価方法を採用しない、もしくは採用できない場合は、部材レベルの評価方法を採用することになる。部材レベルの評価方法は、全部材の火災時の耐力を適切な安全率をもって確認することによって建築物の火災時の構造安定性を間接的に担保する方法である。部材レベルの評価方法では、火災時に部材を壊さないことを要求性能としているため、合成構造部材などの場合には、一つの構成材料の強度喪失が許容されることになる。

(3)材料レベルでの評価方法

　架構レベルの評価方法も部材レベルの評価方法も採用しない、もしくは採用できない場合は、材料レベルの評価方法を採用することになる。材料レベルの評価方法では、全部材の全構成材料に対して、火災による一定以上の強度低下を許容しないことで間接的に部材の耐力を担保し、さらに全部材が構成する架構の安定性を担保する評価方法である。2000 年の建築基準法改正

第1章 ▰▰▰▰▰▰

以前の鉄骨部材の耐火性能評価基準は、鋼材の平均温度を350℃以下にするというもので、これは材料レベルでの評価方法であった。建築基準法改正以後は、耐火構造の認定方法に載荷加熱試験による方法が加わり、部材レベルの評価方法が追加された。また、架構レベルの耐火性能評価は法改正以前から（一社）新都市ハウジング協会の無耐火被覆 CFT（コンクリート充填鋼管構造）造柱を含む建築物の耐火設計などに用いられている。

1.1.5　建築基準法の耐火要求

1）建築基準法における建築物の耐火要求

建築基準法では火災に対する建物の社会性・公共性の観点から、建築物に対しその用途・規模・建設地に応じて、耐火建築物・準耐火建築物・その他の建築物の3つの耐火グレードを設定している。病院などの不特定多数が利用する公共性の高い建築物(特殊建築物)と防火地域・準防火地域内に建つ一定規模以上の建築物には、耐火グレードの最も高い耐火建築物あるいは準耐火建築物とすることが要求される。耐火建築物とは、外壁の開口部に必要に応じて網入りガラスなどの防火設備を設置したうえで、柱や梁などの主要構造部を「耐火構造」とするか「予測される屋内・周囲の火災に耐える性能を満たすことが確認された構造」とした建築物をいう。

準耐火建築物とは、開口部の条件は耐火建築物と同じで、柱や梁などの主要構造部を「準耐火構造」とするか「準耐火構造と同等の性能をもつ構造」とした建築物をいう。ここで、主要構造部とは構造上重要な部材(法第2条第五号)のことであり、地震と火災の同時発生を考えないという法の概念から、主要構造部に該当する部材に対する耐火性能としては、鉛直荷重支持性能および防火区画性能が要求されている。

2）建築部材に対する建築基準法の耐火要求

建築物の構造部材で主要構造部に該当する部材には、以下の三つの耐火性能が要求されている。

・非損傷性：構造耐力上支障のある変形、溶融、破壊その他の損傷が生じない性能
・遮 熱 性：加熱面以外の面の温度が可燃物燃焼温度(平成12年建設省告示第1432号)以上に上昇しない性能
・遮 炎 性：加熱面以外に火炎が出る原因となるき裂その他の損傷が生じない性能

建築部材に設定される耐火グレードには、耐火構造・準耐火構造・防火構造・その他の構造の四つがある。耐火構造は耐火グレードが最も高く、火災が終了するまで部位に応じて上述の耐火性能を保持することとしている。

ここで、耐火構造に関する規定には、仕様規定(令第107条)と性能規定(令第108条の3)の二つがある。仕様規定と性能規定における要求耐火時間の違いを図1.1.5に示す。非損傷性に対する要求耐火時間は、仕様規定では階ごとに設定され、建築物や室の用途にかかわりなく下階ほど大きくなっている。

一方、性能規定では当該室の可燃物量と開口部などの室の燃焼特性から室単位で火災継続時間が決定される。これに対してその室の中にある主要構造部の保有耐火時間を算定し、全ての主要構造部の保有耐火時間が当該室の火災継続時間以上であることを確認する仕組みとなっている。この検証法は平成12年建設省告示第1433号で示され「耐火性能検証法」と呼ばれてい

-6-

る。耐火性能検証法には、鉄筋コンクリート造（設計基準強度 Fc = 60N/mm² 以下）、木造、無耐火被覆鉄骨造、代表的な耐火被覆鉄骨造などの保有耐火時間の算定方法が示されている。また、その他の認定耐火構造については、認定を受けた耐火時間と火災継続時間を通常の火災（標準加熱曲線）に換算した等価火災時間と比較することにより耐火性能を確認している。

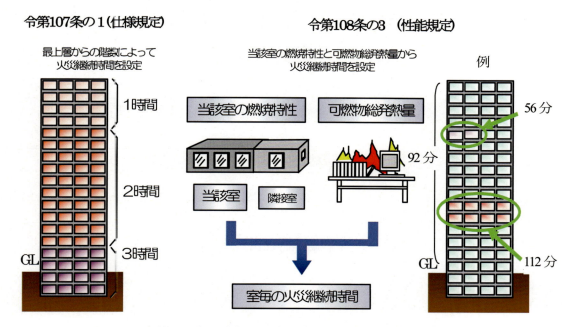

図 1.1.5 令第 107 条と令第 108 条の 3 における要求耐火時間の違い

耐火設計の設計ルートと設計火災外力との関係を表 1.1.2 に示す。また、図 1.1.6 に耐火設計の設計手続きを示す。我が国における耐火設計は同表に示す三つの設計ルートのいずれかで行われる。

表 1.1.2 耐火設計の設計ルートと設計火災外力

設計ルート	許認可手続き	設計概念	設計火災外力
ルート A	確認申請	耐火構造の集合体　標準火災	温度／1 2 3 時間
ルート B		予測される火災が終了するまで耐える　等価火災	温度／93分 時間
ルート C	大臣認定↓確認申請	実火災	温度　熱エネルギー等価／時間

第1章

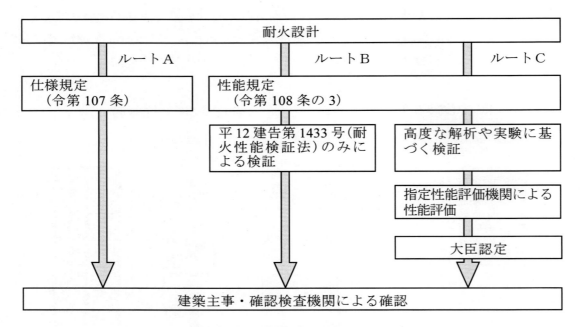

図 1.1.6 耐火設計の設計手続き

(1) ルート A

ルート A は、建物の主要構造部全てに対し、要求される耐火時間を満足する耐火構造とするルートである。設計者は、コンクリート部材など告示で示されている構造(例示仕様)か建材製作会社などが認定を取得している認定耐火構造を選択するだけで耐火設計が終了する。設計火災外力は図 1.1.4 に示す標準加熱曲線が採用され、これに基づき耐火構造の認定試験が行われている。設計手続きは建築部材ごとに認定番号を記入して確認申請する最も簡単な方法である。

(2) ルート C

ルート C は建物の耐火性能を工学的な手法で検討し、法が建物に要求する耐火性能を満足しているかどうかを証明するルートであり、設計概念は各主要構造部が「予測される火災」の終了するまで耐えることである。設計火災外力は基本的に火災が発生する空間に予測される実際の火災を採用する。設計手続きは指定性能評価機関の性能評価を受け、建物の耐火性能が建築基準法の要求条件を満足していることを確認し、国土交通大臣の認定を受けた後、確認申請をすることになり、高度な検証方法が必要で、設計手続きも煩雑で設計期間も長くなる。

(3) ルート B

ルート B は、平成 12 年建設省告示第 1433 号で示される耐火性能検証法のみを用いて設計するルートで、設計概念はルート C と同様であるが、部材の保有耐火時間が火災継続時間を上回ることを確認する。保有耐火時間と火災継続時間は耐火性能検証法で用意されている計算式を用いる。耐火性能検証法にしたがって耐火設計をするだけでよいが、耐火性能検証法で示されている方法以外の方法は用いることができない。設計手続きは確認申請のみでよい。

3）耐火構造としての免震部材

　建築基準法上の耐火構造は、柱や梁といった建物の部位ごとに認定される。したがって、単に耐火被覆を施した免震部材はそれ自体で認定を取得することはできず「耐火被覆を施した免震材料を含む柱」等として認定を取得することになる（免震材料とは基準法の用語で、免震部材を意味する）。柱に要求される耐火性能は、火災が終了するまで長期荷重を支持し続ける非損傷性のみであり、免震部材に関しても耐火被覆を施した通常の柱と同様の方法で評価される。

　柱の耐火性能評価は、2000 年の建築基準法改正による性能規定化以降、長期荷重がかかった状態で標準加熱曲線による載荷加熱試験を実施し、加熱中および加熱冷却後も長期荷重を支持できることを確認する性能評価が一般的となった。ただし、構成材料の温度によって間接的に性能を担保する方法も併存している。例えば、耐火被覆を施した鉄骨柱の場合は、非載荷の加熱試験で鉄骨各部の平均温度が 350℃以下、最高温度が 450℃以下であれば鉄骨柱としての非損傷性評価が可能となっている。

　一般的に、免震部材は建物と基礎の間に設置され、免震部材は基礎の一部と見なされることから主要構造部とはならず、建築基準法上耐火性能は要求されない。しかし建物を中間層免震とした場合、免震部材は柱の中間に設置するため柱の一部と見なされ、建築基準法上主要構造部の柱としての耐火性能が要求される。

　2000 年以前の中間層免震建物は建築基準法第 38 条の運用によってのみ計画されていたが、2000 年の改正建築基準法の施行に伴い、耐火被覆を施した免震部材が上下を鉄筋コンクリート柱などに含まれた耐火構造の柱として認定可能となり、前記ルート A 適用への道が開けた。具体的には、指定性能評価機関が定める「防耐火性能試験・評価業務方法書」の中で、「免震材料の表面温度を測定した場合にあっては、表面温度の最高が、試験終了時まで性能担保温度を超えないこと。ここで言う性能担保温度とは、別途実施した JIS K 6254 または同等の圧縮強度試験等により求めた性能低下を起こさないことが明確な温度とする」と定められ、要求される時間内において性能担保温度以下であることを確認すれば、耐火構造が認定されることとなった。

　そこで、JSSI では性能担保温度を設定するため種々の検討を行った。性能担保温度を確認するための手法は、各免震部材により異なるため詳細は第 7 章に記述するが、結果としていずれの免震部材についても、150℃を非損傷性に対する「性能担保温度」として設定している。

　なお、この 150℃という温度は 2000 年以前の 38 条の運用で用いられた「許容温度」であり、当時の建物の耐火性能評価との連続性も保たれると考える。さらに、ゴム表面温度と規定したことは、免震部材に対しては大きな安全率（内部温度は 150℃以下）を有していると思われるが、ゴム材料の高温特性データがまだ十分でない現状では妥当な値であると考える。今後、さらに技術が確立された場合には、より精度の高い値を採用することも可能であると考えられる。

1.2　免震建物の耐火設計

　耐火設計上の免震建物の分類を図 1.2.1 に示す。免震建物は耐火設計において、火災外力と法の規制から、基礎免震建物・中間層免震建物（専用免震層有り）・中間層免震建物（専用免震層無し）の三つに分類される。

　耐火設計時に設定する火災外力は、長期荷重と火災温度荷重を組み合わせたものを採用し、地震荷重や風荷重との組み合わせは考えなくてよい。これは、建物の構造性能に影響をおよぼ

第1章　░░░░░░░

すような火災が発生している間に、大規模な地震や強風が発生する確率はきわめて少ないためである。ただし、必要に応じて火災後の余震による影響も考慮することが望ましい。

　なお、耐火構造の認定を受けた免震部材を含む柱であっても、認定がこれらの柱の火災後の再使用を担保したものではなく、被災後は火害診断が必要となる。

1）基礎免震建物

　通常、建物の基礎部分は用途も発生しておらず一般的な可燃物が無い。また、火災発生確率も低く、万が一火災が発生してもきわめて小規模であると推定できることから、耐火上の処置の必要性は低いと考えられる。また、基礎部分は建築基準法上、耐火構造が要求される主要構造部に該当しないため、建築基準法の枠組みの中でも耐火被覆などの処置が不要となっている。したがって、設計手続きは通常、ルートAとなる。

2）中間層免震建物（専用免震層有り）

　免震部材のある空間を専用免震層とし、免震部材のメンテナンス以外の用途に使用しない場合がこの範疇となる。この専用免震層は通常、施錠管理をして関係者以外の入室を制限している。また免震部材のため以外の用途が発生していないため、基本的には免震部材以外に可燃物は存在しない。

　しかしながら中間層免震建物は免震層が建物の高さ方向の中間にあるため、基礎免震と比較して周辺階や縦穴区画からの延焼の可能性もあり、また天井に断熱材がある場合や、配管や電気配線が貫通する場合もあるため、これらに対する防耐火上の処置が必要となる。

　建築基準法上も中間層にある柱は主要構造部に該当し、耐火建築物の場合は免震部材に耐火処置が要求される。耐火構造の認定を取得している「免震材料を含む柱」を採用するのであれば、設計手続きはルートAあるいはルートBでよいが、それ以外の場合は、設計手続きはルートCとなる。

　ここで、専用免震層内の火災発生確率がきわめて低く、また可燃物がきわめて少ない場合は、詳細な耐火上の検討を実施し、指定性能評価機関の性能評価を受け大臣認定を取得することによって、無耐火被覆仕様の計画も可能となる。性能評価では、免震部材の無耐火被覆仕様に対して概ね以下の点で建物の耐火性能を確認している。

ア．専用免震層は実効性のある施錠管理をして関係者以外の入室を制限する。これによって、免震層内の火災の発生確率を低減している。

イ．専用免震層内には、免震部材の荷重支持性能に影響する可燃物がないことを確認する。万が一火災が発生しても、免震部材の荷重支持能力に影響を及ぼさない可燃物の量と位置であること。例えば、免震層内で使用する断熱材には全て不燃材料を用い、少量の可燃物が燃焼しても免震部材および免震層内の温度がほとんど上昇せず、また電気ケーブル等の可燃物は、鋼製の箱で囲うか、免震部材から十分な離隔距離を保ち、万が一の火災に対しても免震部材の温度を上昇させないようにする。一般的に離隔距離は、免震部材に対するケーブル燃焼時の火炎からの輻射計算によって算定している。また、ガス管や液体燃料の配管が貫通する場合は、不測の事態に備え免震層内にガスや燃料などが漏れない計画とする必要がある。

ウ．専用免震層は、隣接区画からの延焼が防止されていることを確認する。専用免震層はそれ以外の区画と耐火構造の床や壁などで区画され、また免震スリットは、地震時の建物の水

- 10 -

平変形に追従でき、かつ火災時にも延焼しないような構造と構成材料であることが必要である。また防火区画壁などのスリット部分には、耐火性と変形追従性のある免震耐火目地材を用いる必要がある。現状では、この免震耐火目地材単体での大臣認定品や免震耐火目地材を含んだ防火区画壁としての耐火構造の大臣認定も無いが、この部分については、火災時の遮熱性や遮炎性を耐火実験で確認し、かつ製品が取り付いた状態で変形追従性を確認している。また、耐久性についても配慮することが望まれる。

一般的にはこのような計画や配慮をすることによって、免震部材に耐火被覆を施さない設計が可能となる。設計手続きはルートCによって行われ、建物ごとに指定性能評価機関の評価を受け、国土交通大臣の認定を取得して確認申請をする。

3) 中間層免震建物（専用免震層無し）

免震部材のある空間が専用免震層ではなく、用途が発生し、可燃物が置かれる一般の空間の場合は、その他の構造部材と同様に耐火構造の認定を取得している「免震材料を含む柱」の認定耐火構造を選択するルートAあるいはルートBによる設計手続きを行うか、免震建物の耐火性を工学的に証明するルートCの設計手続きを選択する。

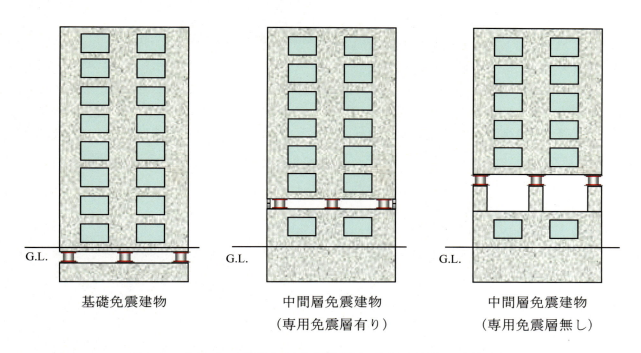

図 1.2.1 建物内の免震部材設置位置と耐火設計上の建物分類

第1章

1.3 免震建物の耐火設計の歴史

1.3.1 積層ゴム支承と免震建物の実現

1) 初めて積層ゴム支承を採用した構造物

　土木・建築構造物に世界で初めて積層ゴム支承が使用されたのは、1957年に英国リンカーン市に建設されたペルハム橋（Pelham Bridge 写真 1.3.1）である。

　市の中心部で幹線鉄道線路を跨ぐこの橋は、橋長約 400 m、双方向の自動車道と両側に歩道を有しており、橋デッキを支える橋脚上端に積層ゴム支承が配置されている。

　設計会社アトキンソン社が 1955 年に英国ゴム協会 BRPRA に相談し、本プロジェクトの為に特別の積層ゴム支承 613×410×(H)181 mm（ゴム層 18.4 mm×5 層）が設計され、1957 年にアンドレラバー社で製造された。交通や温度等に起因する橋軸方向の力と伸縮変形、橋軸直交方向の風荷重等

写真 1.3.1 Pelham Bridge （英国 Lincoln 市,1957）

を吸収し、メンテナンスフリーで長寿命に対応できることを目指したものである。日本の電力会社の資金負担により 1994 年に 8 体が回収され、製造後 38 年の 1995 年に詳しい性能調査が行われた。その調査結果は文献[1]に報告されており、積層ゴム支承としての性能変化は外周部付近のゴム剛性が少し上昇しているだけで、使用上の劣化は問題にならないことが確認されている。

2) 初めて積層ゴム支承を採用した建築物

　このペルハム橋の経験・成功によって、1960 年代になると土木建築技術者達は、重量構造物を積層ゴム支承で支えることに自信を持つようになる。そして 1966 年、積層ゴム支承で支えられた世界初の建築物（アパート）アルバニーコート（Albany Court 写真 1.3.2）がロンドンの地下鉄セントジェームズ駅の直上に建設された。関係者はペルハム橋と同じ陣容である。

　もし積層ゴム支承を採用しなかった場合には、居住者はわずか数メートル下を走る地下鉄の振動に悩まされたはずで、総建設費の 2%でこの特殊条件を解決した振動絶縁技術は最も低コストで効果的な解決策であったと評価されている。

　そして数年後の 1972 年、同じロンドン市内にホテルホリデーイン（Holiday Inn Swiss Cottage,現在の Marriot Hotel Regents Park）が建設された。この建物は、地下駐車場の柱頭に 240 体の積層ゴム支承が

写真 1.3.2 Albany Court (London,1966)[2]

- 12 -

配置されており、世界初の柱頭免震建物（写真 1.3.3）である。

　この建物の下 10 m には、英国で最も通行量の多い鉄道線が走っているが、高速で走る列車や轟音をたてる貨物列車の走行時にも、ホテルの客室は静寂で振動も全く感じられず、音と振動は完璧に遮断されているという。

写真 1.3.3 The Holiday Inn Swiss Cottage（現在の The Marriot Hotel Regents Park）

3）初めて地震対策としてゴム支承を採用した免震建物

　地震対策、すなわち文字通りの免震構造として世界で初めてゴム支承が採用された建築物は、旧ユーゴスラビア、マケドニア共和国の首都スコピエ市に 1969 年に完成したペスタロッチ（Heinrich Pestalozzi）小学校（写真 1.3.4）である[3]。

　スコピエ市は、1963 年の地震で市内の建物半数が倒壊するという壊滅的被害を受け、ユネスコを中心として各国から災害復興援助が行われた。ペスタロッチ小学校は、廃墟と化したニェゴシュ小学校の同じ場所にスイスの援助により建設されたもので、平面寸法 11.42 m×61.20 m、壁式 RC 造 3 階建の比較的小規模な校舎[5]である。

　建物総重量約 2000 トンを、一辺 70cm、厚さ 7cm の正方形のゴム板を 5 枚貼り合わせたゴムの塊（ゴムブロック）の免震部材 54 基が支持している。1 基当たり約 50 トンの鉛直荷重によって写真 1.3.4（b）のように膨らみ（バルジング）が生じている。

　世界初の地震対策用のゴム製免震部材は、正に手作りで、クリープ対策用の手の込んだ基礎、風揺れを拘束するための泡ガラスブロックなど、世界初挑戦として免震構造に取り組んだ当時のエンジニアの情熱が伝わる免震構造の記念碑といえる。その後の積層ゴム支承への進化、積

（a）校舎全景

（b）ゴム塊の免震部材（撮影 1986 宮﨑光生）

写真 1.3.4 Heinrich Pestalozzi 小学校 (Skopje,1969)[4]

層化の威力を如実に確認できたこの貴重な歴史的遺産は、残念ながら43年の使用後に現地マケドニアの小企業で製造された天然ゴム系の高減衰（h=7〜9%、φ450）の積層ゴム支承に交換されている。

全54基の交換作業は作業者2名27日の短期間で実施され、取り出し前の装置ゴム高さは24〜26 cm（平均高さ25.2 cm）、取り出し直後の無負荷時高さは平均値30.2 cmであった（製作時のゴム高さは7 cm×5層のはずであるが）と報告[6]されている。

4）現代版の積層ゴム支承免震建物第1号とNZの免震構造への貢献

現在の免震構造、すなわち地震対策を目的として積層ゴム支承を主装置に用いた最初の免震建物は、ニュージーランド（NZ）・ウェリントンにおいて1978年に着工され1981年に竣工したウィリアム・クレイトンビル（William Clayton Building 写真1.3.5）[7],[8]である。

平面97m×40m、4階建てのこの建物は、80基の鉛プラグ入り積層ゴム支承（LRB-角形）を世界で初めて採用した本格的な免震建物である。

写真1.3.5 William Clayton Building
（Wellington, NZ, 1981）

建物名のウィリアム・クレイトン（William Henry Clayton,1823-1877）は、オーストラリア、タスマニア生まれで、英国で建築家としての教育・訓練を受けた後タスマニアに戻り、15年間で教会・邸宅・商業施設など300棟以上の建物を設計した後、1863年40歳でニュージーランド（NZ）に移住。1869年にウェリントンに移ってから首相直轄の公共建築プロジェクトの主任建築家として、旧政府庁舎や国会議事堂などをはじめNZの著名な建築物を多数設計したNZの誇る偉大な建築家で、この建物は彼を記念して命名された。

NZでは1970年以降、免震構造の研究が盛んに行われている。当初はPTFE（テフロン）を用いたすべり支承と積層ゴム支承の組合せの提案から始まったが、NZの物理工学研究所PEL（Physics and Engineering Laboratory）を中心に各種形状の鋼材ダンパーの研究開発が行われた。

鋼材履歴ダンパーの主な課題は、如何に優れた塑性変形に対する疲労特性を実現するかであり、免震構造の記念碑とも言えるSouth Rangitikei Bridge鉄道橋（写真1.3.6）に採用されたトーションビームダンパー、Dunedin motorway bridge道路橋に採用され

写真1.3.6 South Rangitikei Bridge （NZ,1974）
撮影：宮﨑光生

たテーパー付キャンチレバーダンパー、Cromwell Bridge橋に採用された曲げビームダンパーなどが精力的に次々と研究・開発され（図1.3.1）、実構造物に採用されている。

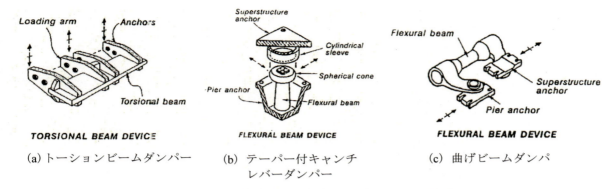

(a) トーションビームダンパー　　(b) テーパー付キャンチ　　(c) 曲げビームダンパ
　　　　　　　　　　　　　　　　レバーダンパー

図 1.3.1 NZ で研究・開発された各種エネルギー吸収装置例 [9]

しかし、塑性変形によりエネルギー吸収を行う鋼材履歴ダンパーは、低サイクル疲労問題という宿命を背負っている。疲労特性のより優れた金属である「鉛材」の履歴ダンパーへの応用は、先ず LED ダンパー（Lead Extrusion Damper：図 1.3.2）として発明・開発され、抵抗力 150 kN、ストローク±250 mm の 12 基の LED がウェリントン市内の 2 つの傾斜歩道橋に採用された。

ダンパーとして機能すべき「鉛材」を内蔵コアとして積層ゴム内に埋め込み一体化した鉛プラグ入り積層ゴム支承 LRB（Lead Rubber Bearing）の発明・開発は、これらの経緯を経て実現したもので、科学者であり金属学者でもあったビル・ロビンソン博士（William Henry Robinson,1938-2011）によって 1975 年に発明された。この LRB が初めて採用されたのは、免震橋梁 Toe Toe Bridge（写真 1.3.7）で、さらに本格的な地震対策用として LRB を用いた免震建物世界第 1 号の William Clayton Building（写真 1.3.5）が建設されたのである。

なお、世界第 2 号の LRB 免震建物はオイレス・テクニカルセンター（TC 棟）（BCJ-免 4,1985）として日本で実現されている。その後現在に至るまで LRB は世界中で多くの免震建物および免震橋梁に採用され、世界的に最も実績の多い免震部材の代表として評価されまた認識されるに至っている。免震構造発展史における NZ の貢献とビル・ロビンソン博士の功績には輝かしいものがある。

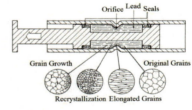

図 1.3.2 LED ダンパー [9]

写真 1.3.7 Toe Toe Bridge（NZ,1974）撮影：宮﨑光生

5) 日本における現代版免震建物の始まり

　我が国では 1983 年に RC 造 2 階建ての八千代台住宅が建設されたが、免震建物の実質的な評定制度による設計審査と許認可が始まったのは 1985 年（昭和 60 年）である [10]。

　免震構造はそれまでに存在しない新しい構造方法であるという位置づけにより、免震建物を設計・建設するには、先ず（財）日本建築センター（現在は一般財団法人）において「免震構造研究委員会」（申請料 700 万円、審査期間 6 ヶ月）を開いて、免震構法、免震部材の特性と製造方法、免震建物の設計方法、施工方法について技術審査を受けなければならなかった。この研究委員会の位置づけは、申請者が技術指導を受ける「技術指導委員会」という名目ではあるが、その実態は、申請者が自ら研究開発した技術ノウハウを開示するシステムであり、この儀式を通過してはじめて、実際の免震建物の設計審査＝評定（現在の性能評価）を受けることが可能とされた。この制度が始まった初年度である昭和 60 年度に 4 棟の免震建物（BCJ-免 1〜免 4）が評定を通過し、建築基準法第 38 条（特殊の構造方法又は建築材料）の建設大臣認定による我が国の免震建物が実質的にスタートした。

　その後、10 件相当の免震建物に対し免震構造研究委員会が開催されたが、まもなく目新しい免震構法がなくなったことから、この研究委員会は開催不要となった。これにより、初めての設計者でも免震建物の評定を直接申請できるようになり、昭和 60 年(1985)〜阪神淡路大震災(1995)発生前の 1994 年までの 10 年間で全国に約 80 棟の免震建物が実現された。

6) 基礎免震から中間層免震建物の実現へ

　免震建物は、建物と地盤との間に数十 cm 以上の水平変位代を確保して、地盤の強烈な地震動が建物に直接伝播することを回避する構造方式であり、建物周囲には地盤との相対変位を許容する免震クリアランスが必要となる。1 階床下の免震層において、柱の直下には免震部材を固定するために装置上部に大きな基礎フーチングが必要で、その外側にクリアランスを確保して擁壁を設け、その上部を覆う犬走りの動き代などを考慮すると、敷地境界から建物外壁まで通常 1.5 m〜2 m 程度の空間が必要となる。そのため免震建物が普及するにつれて、土地価格が高い都心部や敷地の狭い市街地に免震建物を建設するには、この建物の周囲スペースを圧縮したいという課題が浮上した。

　また免震層は基礎部に専用ピットを設け、その空間内には免震部材以外の可燃物を置かないのが基本であるが、免震層を駐車場や一般階用途に有効利用したいという要求も生じた。

　これらの課題や要求に対する解決策として、免震層を基礎レベル以外の地下階内や地上部などの中間層に設ける方法や、地下階や地上階の柱頭部に免震部材を配置する「柱頭免震や中間層免震建物」が模索された。そして中間層免震建物を実現するための必要条件として「免震部材（積層ゴム支承やすべり支承）の耐火性能」という研究課題がクローズアップされることになった。

1.3.2 中間層免震建物の草分け

1) 我が国の中間層免震建物

　我が国における中間層免震建物第 1 号は名古屋市に建設されたアサノビル [10),13)]（評定番号：BCJ-免 22、写真 1.3.8、写真 1.3.9）であり、1988 年 6 月に免震構造評定と防災性能評定の両者を完了している。この建物は地上 7 階建てのオフィスビルで、1 階と 2 階の間に耐火構造で区

画・隔離された免震層を設け、装置の点検・確認ができるように個々の免震部材には耐火被覆を施さない方式としている。EVシャフトは2階以上の上部構造体から免震層を貫通して1階部分が吊り下げられている。また写真1.3.9に示されているとおり、積層ゴム支承（LRB）の両側には、火災によって万一、積層ゴム支承が鉛直荷重支持能力を喪失した場合でも問題が起きないように、鉛直荷重支持を代替できる火災用フェールセーフとしてのコンクリートブロックが配置されている。

写真 1.3.8 中間層免震第1号
アサノビル（名古屋市）

写真 1.3.9 アサノビル免震層内部

図1.3.3はこの建物の初期構想[11]である。ガラス箱の建物を積層ゴム支承の座布団に鎮座させ、その免震部材「ゴムの座布団」を街路から通行人が眺められるようにする。夜間は積層ゴム支承を灯籠のように内部からぼんやりと発光させることで、昼夜ともに免震構造をアピールし、免震構造の社会的認知に貢献させようという計画であったが、法的制約などにより、実際に実現された建物は写真1.3.8である。

中間層免震建物第2号の東伸24大森ビル（BCJ-免31、評定完了1989年4月、写真1.3.10）は、地下1階地上9階のオフィスビルで、地下1階駐車場の柱頭部に積層ゴム支承が配置された我が国第1号の柱頭免震建物である[10]。

この建物では個々の積層ゴム支承に耐火被覆が施され、さらにその外側をプレキャストコンクリート板が防護している。この場合、耐火被覆を外して内部の積層ゴム支承を点検することは容易ではないので、別置き試験体の点検により代替確認を行うことになっている。

図 1.3.3 アサノビルの初期構想

（a）建物全景

（b）B1階駐車場の柱頭免震部材

写真 1.3.10 東伸24大森ビル

第1章

　中間層免震第3号の建物であるMSB21南大塚ビル（BCJ-免33、評定完了1989年4月、写真1.3.11）も第2号の建物と同時期に実現されている[10]。

　地下2階地上12階建の事務所・住宅複合ビルで、地下躯体（地下駐車場）と地上1階の間に免震層が配置され、自動車は1階から専用昇降機により免震層を垂直に通過して地下の機械式駐車場に収納される計画となっている。この設計では、車両パレットが免震層の受渡し不連続部を通過中に万一免震層の地震時水平大変形に遭遇した場合の安全性を如何に確保するかが大きな課題であった。

　この構造形式は、中間層免震建物の中で2000年に施行された免震告示（平12建告第2009号）によって設計可能な構造方式である。

　以上の第1号から第3号建物により、現在までに実施されている中間層免震建物の基本方式が全て出揃ったことになる。

写真1.3.11 MSB21 南大塚ビル

これらの建物では、当時の建設省建築指導課の要請により、免震部材（積層ゴム支承）が万一火災によって荷重支持能力を喪失した場合でも、建物重量を支持できるフェールセーフとしての鉛直荷重代替支持装置（コンクリートブロック：写真1.3.9）が配置されている。このフェールセーフブロックの配置は、建物の主要構造部は耐火構造でなければならないという建築基準法の規定に対して、主要構造部である柱に有機材料（ゴム）の採用を認めるための安全対策であった。

2）米国の中間層免震建物

　1980年代、免震建物の建設が日本とほぼ同時進行していた米国での中間層免震建物第1号は、既存建物の免震レトロフィットとして実現された。

　1967年に建設された延床面積24000 m^2 のRockwell International 本社ビル（RC造、B1+8F, Seal Beach, California、写真1.3.12）を1989年に免震構造により改修したもので、地上1階の柱頭部に全54基の積層ゴム支承（LRB28基+RB26基）を配置して耐火被覆した大規模な柱頭免震建物（レトロフィット免震）である。

写真1.3.12 Rockwell International (Seal Beach, Cal.1989)

　1988年5月、我が国の中間層免震建物第1号の正に評定審査中に米国NSF（National Science Foundation）による免震構造調査団（団長：James Kelly教授（カリフォルニア大学 EERC（Earthquake Engineering Research Center）センター長）、Ian Buckle教授（ニューヨーク州立大学NCEER（National Center for Earthquake Engineering Research）副所長）、他6名）が来日し、中間層免震建物と免震部材の耐火性能などについて意見交換が行われている。

　中間層免震建物の分野でも米国はほぼ同時進行しており、そして日米における中間層免震の実現により、免震構造は "Base Isolation" から "Seismic Isolation" へと進化したのである。

1.3.3 免震部材の耐火性能研究への取組

1）積層ゴム支承の耐火性能確認－英国の取組

　免震部材、特に積層ゴム支承の耐火性能に関する先駆的研究としては1976年のC.J Dehramの論文[11]が知られている。前項1.3.1 2)のとおり、防振対策としてではあるが、英国では1972年の段階で既に積層ゴム支承を用いた柱頭免震建物が実現されており、その耐火被覆方法について耐火試験を行い、実験によって積層ゴム支承の火災防護方法の確認を行ったものである。

　406 mm×279 mm×h 125 mmの矩形積層ゴム支承（ゴム層16 mm×6層＋鋼板シム392×265×3 mm＋上下被覆4 mm,図1.3.4）の耐火被覆条件を3種類（試験体A：NRラテックス(100)＋アスベスト(100)混合本、試験体B：天然ゴム(100)＋クレイ(250)、試験体C：天然ゴム層）の材料で、被覆層厚さはいずれも約60 mm(=7+52.5mm)として、英国基準(BS476-1953)の加熱曲線（30分で800℃、1時間で900℃、4時間後に1125℃）で加熱した場合の積層ゴム支承体内部各点（図1.3.5）の温度上昇を測定している。いずれも3時間までは200℃以下に留まっているが、3時間と4時間の中間で中間鋼板温度が数百度に急上昇したと報告されている（図1.3.6、写真1.3.13）。

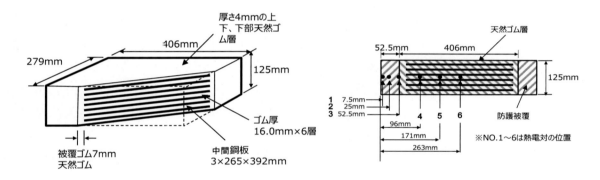

図1.3.4 積層ゴム支承試験体の寸法・構造[11]　　　図1.3.5 耐火被覆層と熱電対位置[11]

写真1.3.13 耐火試験－前(左)と後(右)の試験体写真[11]

第1章

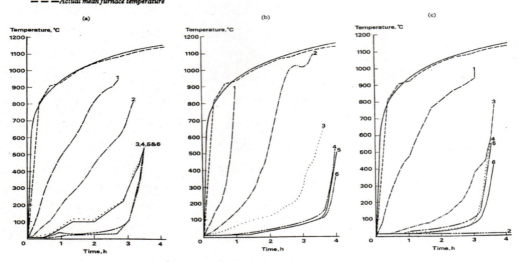

図 1.3.6 耐火試験結果－積層ゴム支承体内部の温度上昇 [11]

2) 我が国における積層ゴム支承の耐火性能確認の歴史と現状

　積層ゴム支承の耐火性能に関する国内での実大試験は、1987 年に日本建築学会・免震構造小委員会アイソレータ・ダンパー作業グループによって実施された。外径 ϕ 686 mm、ゴム層総厚さ 138 mm（6 mm×23 層）の天然ゴム系積層ゴム支承 2 体を JIS A 1304 の標準加熱曲線で加熱したもので、耐火被覆がないものは 1 時間で 700～800℃に達し炭化したのに対し、厚さ 50 mm のセラミックファイバーで耐火被覆したものは 3 時間後にも 70℃程度に留まり、耐火被覆によって積層ゴム支承体の温度抑制が可能であることが確認された [12),13)]。

　また積層ゴム支承の載荷加熱試験第 1 号は、1988 年に宮崎等によって（財）建材試験センター（現在は一般財団法人）の床用加熱炉（当時の（財）建材試験センターには載荷加熱炉がなかった）を利用して炉外から 2 基のオイルジャッキで締め付けながら、炉に反力を作用させない載荷方法（写真 1.3.14、写真 1.3.15）で実施されており、実大装置としては最小クラスの外径 ϕ 670 mm の積層ゴム支承でも耐火被覆を施せば 3 時間以上、耐火被覆なしでも約 2 時間の荷重支持能力があることが確認されている。

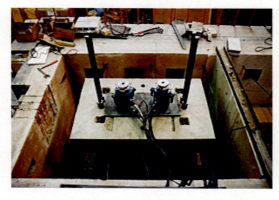 

写真 1.3.14　積層ゴム支承載荷加熱試験組立中　　写真 1.3.15　積層ゴム支承載荷加熱試験中

- 20 -

なお、この試験の実施前は、積層ゴム支承の温度上昇に伴ってゴム体が軟化し鉛直剛性が低下してゴム体が沈下していくのではないかと予想されていたが、実際には積層ゴム体が膨張し、オイルジャッキ（加圧力）を押し上げる状況となり、ジャッキのオイルを抜きながら鉛直荷重を一定に保ちながら試験が継続された。

また耐火被覆なしの載荷加熱試験では、積層ゴム体側面の炭化ゴム層の一方が炉からの火炎で吹き飛ばされ、鉛直荷重のバランスが崩れて試験体に傾斜が生じてきた為に安全上の配慮から約2時間で試験が中断されたもので、積層ゴム体側面が単に燃焼するだけ（側面の吹飛ばし無し）であれば、耐火被覆なしでも長時間（恐らく3時間以上）の加熱に耐えたであろうとの試験実施者の印象であった。

その後、積層ゴム支承以外の免震部材を含めて、我が国ではこれまでにかなり多くの免震部材の耐火性能確認試験が実施されており、代表的な耐火性能試験結果については本書の第3章に詳述されている。

3) 我が国における中間層免震建物の現状

我が国においては、2000年の建築基準法改正前だけで（財）日本建築センターの免震構造評定と共に耐火性能に関する防災性能評定を受け、建設大臣認定を得た約90棟（2000年改正前）の中間層免震建物が実現されている。

その後、JSSIの調査によると、2017年度末時点における我が国の免震建物（戸建て住宅を除く）は4600棟以上に達しており、その内中間層免震建物は10%前後存在すると報告されている。

【参考文献】

1) 渡部征男・加藤朝郎・米田玄次・広谷勉「約40年を経過した積層ゴムの経年変化調査」土木学会・耐震工学委員会、第1回免震・制震コロキウム講演論文集 1996.11
2) 「改訂版設計者のための建築免震用積層ゴムハンドブック」p69、日本ゴム協会・日本免震構造協会、2017年6月（第2版）
3) 和泉正哲「免震構造の歴史、現状および今後の展望」ビルディングレター1985年12月、（財）日本建築センター
4) 和泉正哲「世界における免震構造物の動向」ビルディングレター1989年11月、（財）日本建築センター
5) M.Garevski, J.M.Kelly, M.Bodadziev, "Experimental dynamic tests on the first structure in the world isolated with rubber bearings", 11th European Conference on Earthquake Engineering, 1998
6) Igor Gjorgjiev, Mihail Garevski,"Replacement of the Old Rubber Bearings of the First Base isolated Buinding in the World", 15WCEE, Lisboa, 2012
7) L.M.Megget, "The Design and Construction of a Base-Isolated Concrete Frame Building in Wellington, New Zealand", 8th.WCEE, San Francisco, USA, 1984
8) W.H.Robinson, "Lead-Rubber Hysteretic Bearings suitable for Protecting Structures during Earthquakes", 2011 Mathematical Sciences Publishers + Anti-Seismic Systems International Society, SEISMIC ISOLATION AND PROTECTION SYSTEMS 2.1
9) R Park "DEVELOPMENTS in SEISMIC DESIGN PROCEDURES for BRIDGES in NEW ZEALAND", Bulletin of the New Zealand National Society for Earthquake Engineering Vol.30 No.2 June, 1997
10) 「免震構造建築物（その技術開発と地震観測結果）」平成4(1992)年11月、（財）日本建築センター
11) C.J Derham "Fire resistance cf steel laminated natural rubber bearings" 29 NR Technology Vol.7 Part 2 1976
12) 「免震構造設計指針」（第1版）pp.270-274、日本建築学会 1989年9月
13) 「免震積層ゴム入門」pp.111-118、日本免震構造協会 1997年9月

第2章　構成材料の温度特性

2.1　免震部材の構成材料

2.1.1　積層ゴム支承

　積層ゴム支承とは、薄いゴムシートと鋼板を交互に積層・接着したもので、これにより鉛直方向の力に対しては、ゴムの横変形が鋼板により拘束され、あたかも3軸圧縮状態に保たれることで高い剛性を得ることができる。一方、水平方向の力に対しては、ゴム部のせん断変形は拘束されないため、ゴム特有の低い剛性と大きな変形性能が得られる。したがって、免震部材に必要な①鉛直方向には構造物の重量を支える高い剛性と耐力、②水平方向には固有周期を長周期化するための低い剛性と大きな変形能力、③ゴム特有の復元力（ゴム種類によっては減衰性も保有する）などの性能を持っている。そのほかにも鉛直荷重を面で受けることも大きな特徴である。しかし、ゴム材料という有機材料を用いていることから、酸素やオゾン、紫外線などによる劣化現象で長期の性能が低下し、温度や速度によって性能が変化する依存性も有している。しかし、これらの変化を化学的に予測し、免震建物の初期設計段階で見込んでおくことで、十分な安全性を確保した設計をすることが可能である。

1）積層ゴム支承の種類と構造
　現在用いられている、免震用積層ゴム支承には以下の種類がある。

(1)天然ゴム系積層ゴム支承（NRB：Natural Rubber Bearing）

　内部ゴムに天然ゴムを用いた積層ゴム支承で、荷重―変形特性が比較的線形性を有しており、温度や速度に対する依存性が少なく、クリープ特性に優れる。反面オゾンや紫外線などの耐候性に弱く、比較的早く劣化現象を起こす。また、減衰性をほとんど有していないことから、免震性能に必要なダンパーを別に付加する必要がある。

(2)プラグ挿入型積層ゴム支承

　天然ゴム系積層ゴム支承の内部に各種のプラグ材を挿入したもので、積層ゴム支承の変形とともにプラグ材もせん断変形することで、プラグ材の塑性変形を利用した履歴減衰が得られることが特徴である。プラグ挿入型積層ゴム支承には以下の種類がある。

ア．鉛プラグ入り積層ゴム支承（LRB：Lead Rubber Bearing）

　プラグ材に鉛材を用いたものある。鉛材は塑性変形することによる結晶変態が、熱間状態と同様に冷間でも起こり復元する（常温再結晶性）ため、繰返し変形に対する耐久性を有し、塑性疲労の心配が少ないという特徴がある．ただし、環境問題から取り扱いには注意が必要である。

イ．錫プラグ入り積層ゴム支承（SnRB：Sn Rubber Bearing）

　プラグ材に錫材を用いたものである。錫材料は、プラグ材としては高い降伏応力を有していることから、比較的大きな減衰を得ることができる。ただし、塑性後は多少剛性硬化の影響があり、二次剛性が高くなる傾向を示す。また、錫材は飲食料用の缶材料として使用されるなど人体および環境への負荷が小さい。

第2章

ウ．鉄粉・ゴム混合材プラグ入り積層ゴム支承

プラグ材にゴムと微細鉄粉を混ぜ合わせた混合材を、高圧でプラグ形状に成型加工した材料を用いたものである。プラグがせん断変形した時に、鉄粉の摩擦力と鉄粉間の空隙にある未加硫ゴム材料（硫黄配合がされていない）が、空隙間を移動する際の粘弾性抵抗により減衰を発現する。ただし、金属材料より履歴減衰量は若干小さく、その履歴特性はLRBとHDRの中間的な性状を有している。使用している材料は環境負荷が小さい。

(3) 高減衰ゴム系積層ゴム支承（HDR：High Damping Rubber Bearing）

高減衰ゴム系積層ゴム支承には、内部ゴム材料に天然ゴム材料の代わりにゴム材料自体に減衰性を有している合成ゴム材料を単体で用いる場合と、合成ゴム材料と天然ゴム材料をブレンドし、さらに特殊な配合剤を用いることで、ゴム材料自体に粘性的な性質を持たせたものがある。積層ゴム支承としての復元性と減衰性能を兼ね備えている反面、粘性的な性質を有していることにより、速度依存性や温度依存性が天然ゴムと比較するとやや大きい。

積層ゴム支承の構造には①積層ゴム部分とフランジが一体となったフランジ一体型のものと、積層ゴム部とフランジ部を連結ボルトで締結したフランジ組立型（フランジ後付け方式ともいう）がある（図 2.1.1）。また、②積層ゴム部の水平断面形状が丸形（円形状）をしているものと角形（正方形）をしているものがある（図 2.1.2、図 2.1.3）。さらに③積層ゴム部の最外層の被覆ゴムが内部ゴムと一体となっている被覆ゴム一体型と被覆ゴムを後から巻きつける被覆ゴム後巻型があり、用いられているゴム材料も内部ゴムと同じ材質を用いているものや、耐候性を考慮した合成ゴムなどを用いているものもある（図 2.1.4）。

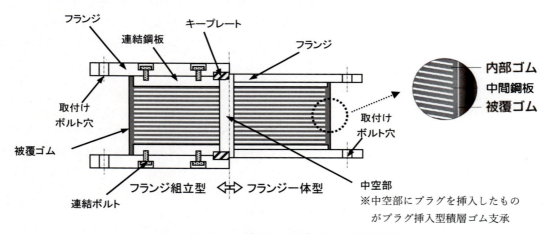

図 2.1.1 積層ゴム支承の構造概要

図 2.1.2 丸形積層ゴム支承

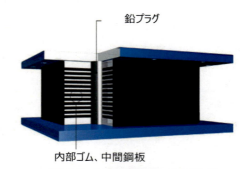

図 2.1.3 角形積層ゴム支承

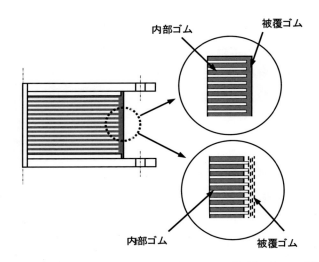

図 2.1.4 被覆ゴムの構造概要

被覆ゴム一体型
内部ゴムと被覆ゴムが一体になっているもので、被覆ゴムの材質として内部ゴムと同じものと、合成ゴムなどで耐候性を高めたものがある。

被覆ゴム後巻き型
ゴム本体に、テープ状の被覆ゴムを幾重にも巻いたもの。内部鋼板露出型に多く用いられている。
※内部鋼板露出型とは、内部ゴムより中間鋼板の径が大きく外に出ているものである。

2) 積層ゴム支承の構成材料

　積層ゴム支承に用いられる材料には、積層ゴム支承の剛性や減衰性能を発揮する内部ゴム材料やプラグ材があり、また鉛直剛性を高めるための中間鋼板が層状に埋め込まれている。さらに、表面には内部ゴムや中間鋼板を紫外線、オゾン、風雨などから保護するための被覆ゴムが施されている。積層ゴム支承の上下には躯体や基礎に固定するためのフランジ鋼板があり、フランジ鋼板と積層ゴムを連結する連結鋼板や、せん断力を伝達するキープレートおよびこれらを緊結するための連結ボルトなどで構成されている。以下に代表的な構成材料の種類を示す。

(1) 積層ゴム支承に用いられているゴム材料

表 2.1.1 ゴム材料の種類

積層ゴム種	内部ゴム材料	被覆ゴム
天然ゴム系積層ゴム支承	天然ゴム	・天然ゴム ・クロロプレンゴム ・エチレンプロピレンゴム ・ブチルゴム （内部ゴムとの組合せで用いる）
プラグ挿入型積層ゴム支承	天然ゴム	
高減衰ゴム系積層ゴム支承	高減衰ゴム	

(2) 積層ゴム支承に用いられている鋼材およびボルト材

表 2.1.2 鋼材およびボルト材の種類と規格

構成材料	鋼材種	適用規格
中間鋼板	SS400 （SPCC、SPHC）[※1]	JIS G 3101 （JIS G 3141） （JIS G 3131）
連結鋼板	SS400 SN490 SM490	JIS G 3101 JIS G 3136 JIS G 3106
キープレート		
フランジ		
連結ボルト	F10T 又は強度区分 10.9	―

※1) 過去には SPCC、SPHC が多く用いられていたが、現在は SS400 になっている。

第2章

2.1.2 すべり支承

すべり支承とは、鉛直荷重を支えながら水平方向には低摩擦特性を有するプラスチック（四フッ化エチレン、ポリアミド樹脂、エポキシ樹脂、超高分子ポリエチレン）などのすべり材とステンレスなどのすべり板間で摩擦力（＝垂直抗力×摩擦係数）以上の外力が作用した場合にすべりを発生させ、建物に対して摩擦力以上の入力が作用しないようにするものである。

1）すべり支承の種類と構造

すべり支承には、大きく弾性すべり支承と剛すべり支承の二つの種類がある。どちらも基本的にすべり材とすべり板間のすべり（摩擦）を利用するものである。弾性すべり支承は、積層ゴム支承を介してすべり材が取り付けられているため、小さな地震力では積層ゴム部が変形し、そのせん断力が摩擦力以上になった場合に、初めてすべりが発生する。したがって、小さな地震から大きな地震まで免震効果を発揮することができる（図2.1.5）。

これに対して剛すべり支承は、積層ゴム支承の代わりに薄い不陸調整用のゴムシート（緩衝ゴム）を介して、直接すべり材を鋼材などに取り付けたものである。特徴としては、摩擦力以下の地震力では建屋全体が剛体として動き、摩擦力以上の力で初めて免震効果を発揮する。したがって、小さな地震では免震効果がない反面、台風程度の風では免震層が動かない（図2.1.6）。

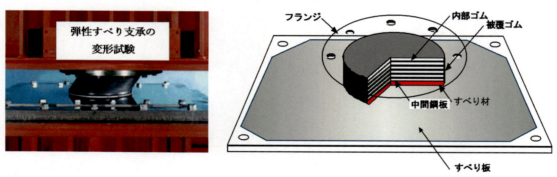

図 2.1.5 弾性すべり支承の構造例

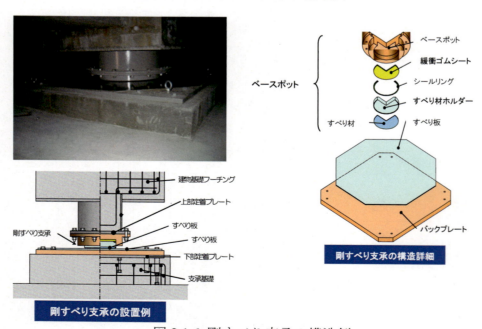

図 2.1.6 剛すべり支承の構造例

- 26 -

剛すべり支承には、図 2.1.6 に示すような鋼管にすべり材を取り付けたも。すべり面をレール状に直交させて上下に組み合わせた十字型タイプ（図2.1.7）のもの。杭頭部の回転を許容するように工夫された回転機構付きタイプ（図2.1.8）のもの。上下に曲面を構成する椀状のプレートの間に、上下面の曲率と同じ曲率を有するすべり材（可動子）を配し、このすべり材が曲面を滑ることで、曲率による固有周期の設定と上下プレートが左右に移動することで装置自体の変形量を1/2にできる曲面すべり支承（図2.1.9、FPS：Friction pendulum system）などがある。

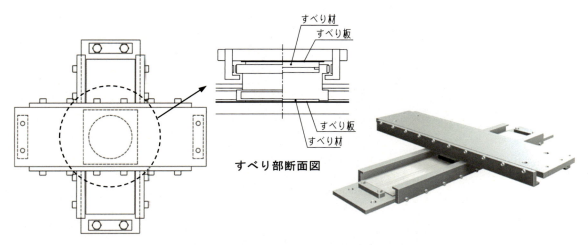

図 2.1.7 十字型剛すべり支承の構造例

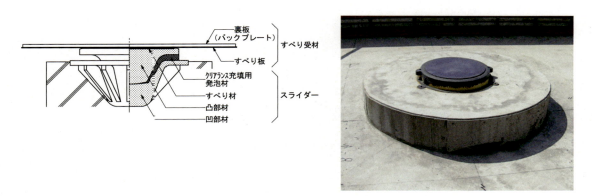

図 2.1.8 回転機構付き剛すべり支承の構造例

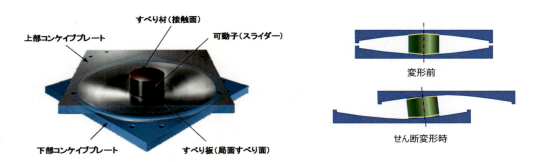

図 2.1.9 曲面すべり支承の構造例
（FPS：Friction pendulum system）

また、すべり支承を用いる場合は、すべり板を基礎側に取り付ける場合と、躯体側に取り付けて用いる場合がある。

　すべり支承のすべり材の取り付け方法には幾つかの方法がある（図2.1.10）。一つはすべり材の強度を補強するため、すべり材ホルダー（ベースポット）に円盤状の溝を加工し、これにすべり材厚さの1/2程度が埋め込まれているホルダータイプ。もう一つは、単に平板のプレートにすべり材が接着剤により接着されているプレートタイプのものである。

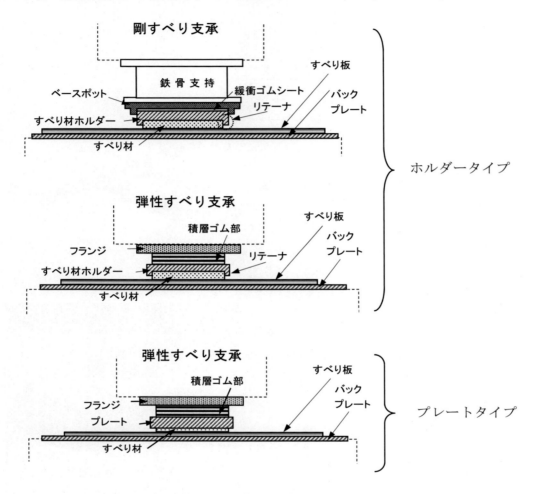

図2.1.10　すべり材取り付け部詳細

2) すべり支承の構成材料

　すべり支承に用いられている材料は、積層ゴム（弾性すべり支承のみ）、すべり材、すべり板、バックプレート、緩衝ゴムシート（剛すべり支承のみ）、ベースポット、すべり材ホルダー、プレート、フランジ、ボルトなどである。以下に、構成材料の種類を示す。

表 2.1.3 すべり支承の構成材料

構成材料	種類	備考および適用規格
積層ゴム	2.1.1 1)項に同じ 主に天然ゴム系積層ゴム	2.1.1 1)項に同じ
すべり材	・PTFE（四フッ化エチレン） ・ポリアミド樹脂 ・エポキシ樹脂 ・超高分子ポリエチレン	樹脂単体を用いる場合と、表 2.4.2 に示す充填材により補強されたものがある
すべり板	・SUS304、SUS316、SUS410	SUS 材に PTFE をコーティングしたものもある
バックプレート	・SS400	JIS G 3101
緩衝ゴムシート	・天然ゴム	2.1.1 1)項に同じ
ベースポット すべり材ホルダー プレート	・SS400	JIS G 3101
フランジ	・SS400	JIS G 3101
ボルト	F10T または強度区分 10.9	—

2.1.3 転がり系支承

転がり系支承とは、鋼球・ローラーなどの転がり材（以下、転動体という）が、鋼板やレール（以下、転動面という）の上を転がることで水平変形を可能とした支承材である。水平抵抗力は転がり摩擦抵抗なのできわめて小さい（転がり摩擦係数が 5/1000 程度）が、鉛直荷重を転動体と転動面の小さな接触面で支持するため、転動体・転動面ともに、高い硬度の材料が用いられている。

必要な支持荷重は転動体の大きさと数の組合せで対応し、必要な水平変形量に対しては、転動面の大きさを選定することで可動範囲を設定している。一部の装置には、転動面に曲面板や曲線レールを用いることで復元能力を付与した装置もあるが、その他の装置は復元力を有していないため、積層ゴム支承などの復元材と組みあわせて用いられる。また、エネルギー吸収能力も大きくないため、他の減衰材と組みあわせて用いられる。一方、レール系の装置には、引張荷重に抵抗する機構を有するものもある。

鉛直荷重を支持する主要部品のほとんどが鋼材で構成されるため、その特性は機械的な要因が大きく、鉛直剛性・転がり摩擦係数は安定した性状を示す。また、機構の特徴として、速度依存性・温度依存性などは小さい（復元能力を有するものを除く）。一方では、鋼材の防錆が重要な項目となる。

1) 転がり系支承の種類と構造

転がり系支承は以下のように大別される。

(1) 平面転がり支承

鋼球を転動体として、これを上下の鋼板（転動面）で挟んだ、シンプルな構造である。一群の鋼球が一団として転動するようにリテーナ（保持材）で支持されており、平面上の全方向に転動できる。

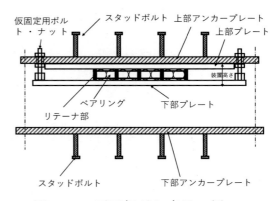

図 2.1.11 平面転がり支承の例

下側の鋼板に対して鋼球が距離 x だけ移動したとき、上側の鋼板は鋼球に対してさらに x 移動する。つまり、上下の鋼板は鋼球の移動距離の2倍だけ相対変位する。装置の可動範囲は、リテーナから鋼板の縁までの距離の2倍である。

(2) 曲面転がり支承

1個の鋼球を転動体として、これを凹面形状の転動面の上に配置したものである。転動体の上部には、転動体の上半分を覆う受け材が配置されており、この受け材の中で転動体と接触する小径のベアリングが循環している。転動面が凹面のため復元能力を有し、さらに転がり抵抗による減衰性能も有するが、鋼球がひとつのため支持荷重は小さい。また、装置が動く際には、上下動を伴う。

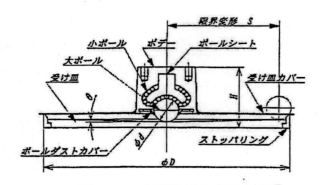

図 2.1.12 曲面転がり支承の例

表 2.1.4 平面転がり支承・曲面転がり支承の構成材料

部 位	部 品	材 質	規 格
転動体	鋼 球	SUJ2	高炭素クロム軸受鋼鋼材
転動面	鋼 板	SUMIHARD-K500-H	耐摩耗鋼板
		WEL-HARD 500	

(3) レール式転がり支承

レールとレール上を移動するブロックおよび転動体によって構成されるユニットを直動システムと呼ぶが、これを直交させて上下に組み合わせた装置である。上下のブロック同士を連結し、この部分で鉛直荷重を支持する。転動体（鋼球または車輪）はレールとブロックの間に配置されて、支承の水平抵抗力を小さなものとしている。また、鋼球を転動体とする装置は、ブロック内部を鋼球が循環する構造となっている。可動域はレール端部からブロックまでの距離で表される。

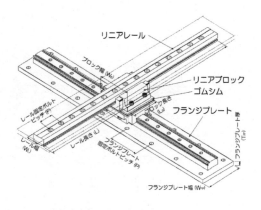

図 2.1.13 鋼球タイプの例（十字型）

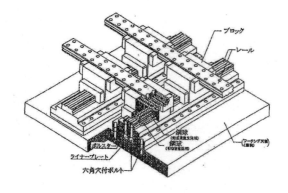

図 2.1.14 鋼球タイプの例（井型）

レールの本数によって、十字型（上下とも1本）、キ型（片方が2本）、井型（上下とも2本）に分類される。また、一部の装置では、上下のブロックの間に1層のゴムシート（緩衝ゴムという）を挟むことで、傾きやねじれをある程度許容できる構造となっている。

車輪を転動体とする装置では、曲線レールを用いることで復元機能を有しているが、装置が動く際には、上下動を伴う。

また、ローラーを転動体とする装置もあるが、これはブロックを有せずローラーを面状のレールではさみ、これを直交させて上下に組み合わせたものである。

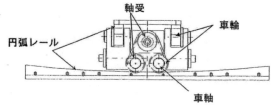

図 2.1.15 車輪タイプの例

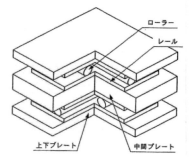

図 2.1.16 ローラータイプの例

表 2.1.5 レール式転がり支承の構成材料

部　位	部　品	材　質	規　格
転動体	鋼　球	SUJ2	高炭素クロム軸受鋼鋼材
	ローラー	SUS440	マルテンサイト系ステンレス焼入れ鋼
	車輪・車軸	SUS304	熱間圧延ステンレス鋼板及び鋼帯
転動面	レール	S55C	機械構造用炭素鋼鋼材
		SUS440	マルテンサイト系ステンレス焼入れ鋼
		SUS304	熱間圧延ステンレス鋼板及び鋼帯
	ブロック	S55C	機械構造用炭素鋼鋼材
		SCM420H	焼入性を保証した構造用鋼鋼材（H鋼）
接続部品	緩衝ゴム	ゴム	天然ゴム
		SUS304 又は SS400	熱間圧延ステンレス鋼板及び鋼帯 又は 一般構造用圧延鋼材

2) 転がり系支承の構成材料

転がり系支承に用いられる主要材料は、転動体、転動面を構成する鋼板またはレール・ブロック材、ブロック間に挿入される緩衝および不陸調整用緩衝ゴム材、取付用フランジ鋼板などである。また、鉛直荷重を支持しない部品として、取付ボルト、リテーナ、防錆と潤滑を目的とした材料、シール材などがある。前述の表 2.1.4、表 2.1.5 には、転動体などの荷重を支持する材料を示した。また、鉛直荷重を支持しない部品などの例を表 2.1.6 に示す。

表 2.1.6 鉛直荷重を支持しない部品などの例

鋼板等	材　質	規　格　等
取付ボルト	SCM435	機械構造用合金鋼鋼材
リテーナ	SS400	一般構造用圧延鋼材
防錆・潤滑剤	ポリブテン	電気絶縁油
	グリース	転がり軸受け用グリース
シール材	NBR	アクリロニトリルブタジエン系合成ゴム

第2章 ▬▬▬▬▬

2.2　ゴム材料

　免震部材に用いられるゴム材料としては、積層ゴム支承、弾性すべり支承用の積層ゴム部や、剛すべり支承用の緩衝ゴムシートなどがある。さらに、積層ゴム支承に用いられているゴム材料については、内部ゴム（鋼板間に積層されているゴム材料）と最外層の被覆ゴム（内部ゴムを酸素やオゾン、紫外線などから保護する目的）を同一材料で構成しているものと、異なった材料で構成しているものがある。しかしながら、基本的に耐火性能を考慮しているものではないことから、建築基準法に示される標準加熱曲線の1000℃程度では燃焼することになる。したがって、免震部材を中間層へ設置する場合は、耐火被覆などの対策が必要となる。本節では、一般的なゴム材料の特徴と用途、積層ゴム支承の製造方法、さらには積層ゴム支承およびすべり支承に用いられているゴム材料の温度特性について解説する。

2.2.1　ゴム材料の種類と特徴

　一般的な工業材料として用いられるゴム材料は、大きく天然ゴムと合成ゴムに大別される。天然ゴムとは、ゴムの木から採取された樹液（ラテックスという）を固めたものに、各種の配合剤と呼ばれる薬剤を混ぜてゴム状にしたものである。天然ゴムの特徴は、耐摩耗性やクリープ特性に優れ、その力学的特性も線形性に優れている。一方、合成ゴムとは石油から抽出されたポリマーに、天然ゴムと同様各種の配合剤を混ぜてゴム状にしたもので、その使用目的に応じた適切なポリマーと配合剤を選ぶことにより、耐薬品性、耐オゾン性、耐高温性、耐寒性、減衰性能など、各種用途に応じた力学特性や機能的性質を得ることができる。積層ゴム支承に用いるゴム材料としては、天然ゴムを主体としたものや、減衰性、耐候性、耐オゾン、耐紫外線性を高めるために合成ゴム材料を用いたものがあり、さらに天然ゴムと合成ゴムをブレンドしたものを目的に応じて、内部ゴムや被覆ゴムに使い分けている。表 2.2.1 に代表的なゴム材料の特徴と機械的特性を示す。

表 2.2.1　代表的なゴム材料の特徴と性質 [1]

ゴムの種類	記号	特　徴	機　械　特　性		
			引張り応力 M300[(a)] (N/mm²)	引張強度 (N/mm²)	破断伸び (%)
天然ゴム	NR	いわゆる最もゴムらしい弾性を持ったもの。力学的特性、耐摩耗性などが良い。	9.8～16.2	21.6～27.5	450～600
ブタジエンゴム	BR	天然ゴムより低温特性がよく、耐摩耗性も優れている。	12.0	17.0	380
クロロプレンゴム	CR	耐候性、耐オゾン性、耐熱性、耐薬品性等全般に優れている。	18.6～24.5	22.6～24.5	260～850
ブチルゴム	IIR	耐候性、耐オゾン性、耐ガス透過性がよく、極性溶剤に耐える。	2.2～12.7	8.8～20.6	300～700
エチレン・プロピレンゴム	EPM EPDM	耐老化性、耐オゾン性、耐候性、低温特性、電気特性に優れる。	8.8～16.2	9.0～20.8	240～420
シリコーンゴム	MQ	高度の耐熱性と耐寒性を持っている。耐油性も良い。	4.4[(b)]	3.4～14.7	120～250

　　　注記：　(a)M300 とはゴムを 300%伸長した時の応力値を示す。　(b)M100 時の応力値
　　　　　　表中の値は SI 単位に変換している。

　なお、ここに示すゴム材料は一般的な汎用単一ゴム材料であり、積層ゴム支承やすべり支承に用いられるゴム材料は、特別に配合剤などの調整や、高減衰ゴム材料のように幾つかのゴム材料をブレンドしていることから、表に示す値とは若干異なる。

2.2.2 積層ゴム支承の製造方法

積層ゴム支承における製造工程例の概要を図 2.2.1、図 2.2.2 に示す。
ゴムの製造工程は、まず原料ゴムに熱を与えながら柔らかくする荒練・素練りを経て、その後各種配合剤を混ぜて練る一連の精錬工程に始まる。その後、このゴム材料を一定厚さのシート状にする圧延工程へ進む。ここまでの工程を前工程または準備工程という。その後、ゴムシートを円形または角形に打ち抜き、予め接着剤を塗布して準備しておいた中間鋼板と交互に積層して、概略の積層ゴム製品の形状を作る。この工程を予備成形・積層工程という。その後さらに、予備成形品をモールドに組込み、加硫プレスに挿入する。加硫プレスでは、上下から圧力と蒸気を通した熱板により熱が与えられる。このとき、内部のゴムがモールド内に充満すると同時に化学反応を起こしてゴム特有の弾性が発現する。この工程を加硫工程または架橋工程という。所要時間の加力と熱を供給して反応が終了すると、モールドを解体し製品を取り出す。その後、バリなどを除去する仕上げ工程を経て、寸法・性能検査（検査工程）を行い、合格した製品のみにフランジなどの防錆塗装を施し、完成品として梱包・出荷される。

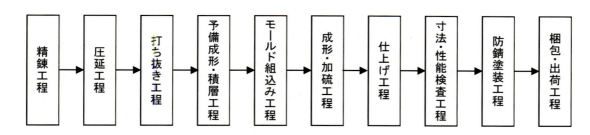

図 2.2.1 積層ゴム支承の製造工程例

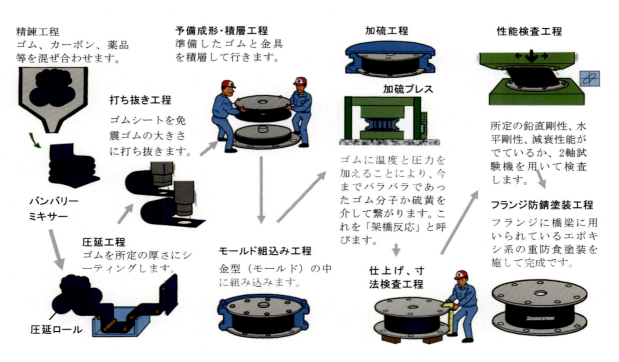

図 2.2.2 積層ゴム支承の製造工程概要図例（ブリヂストン資料より）

第2章

　積層ゴム支承の性能を決める最も重要な工程は、加硫工程である。加硫工程では、製品内に空気を巻き込まないように、モールド内の空気を排出し、ゴム材料をモールド内に充填させるとともにゴムと配合剤を化学反応させ、かつ鋼板の接着剤とも接着反応を起こさせる三つの重要な要素を同時にコントロールする必要がある。コントロールの方法には FEM 解析などを用いて内部ゴムの化学反応状況を予測しながら、圧力、温度、時間を最適に調整する。各製作会社のゴム種やサイズ、構造によっても異なるが、その調整方法の概要を図 2.2.3 に示す。

　図中に示す第 1 加熱領域では、エアー抜きとゴムの充填を行い、第 2 加熱領域では鋼板との接着反応を促進し、第 3 加熱領域ではゴムの化学反応（架橋反応）を促進する。最終的な加硫温度は 130～150℃に達する。

　このように複雑なコントロールを行うのは、ゴムの各種機械特性が加硫温度と時間によって異なる特性を示すためである。図 2.2.4 に一般的なゴム材料の諸特性と加硫時間の関係を示す。

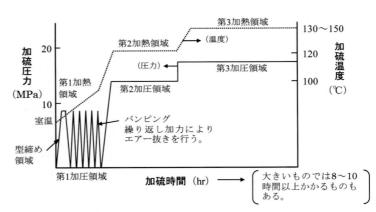

図 2.2.3 積層ゴムの加硫条件の一例 [1)]

2.2.3 ゴム材料の温度特性

　一般的なゴム材料の弾性率（剛性）の温度依存性は、図 2.2.5 に示すとおり、低温側から高温側に「ガラス状領域」、「転移領域」、「ゴム状領域」、「分解領域」に分けられる。（架橋していない未加硫ゴムにおいては「ゴム状領域」の代わりに「流動領域」となる）

　このような特性は、ゴム分子のミクロブラウン運動によるもので、高温状態ではこの動きが活発になり、架橋構造を持った加硫ゴムではゴム弾性を発揮する。一方、低温になるとミクロブラウン運動は不活発になり、一定の温度以下では運動が凍結され、ゴム弾性が失われる。その転移点をガラス転移点（Tg）あるいは二次転移点という。

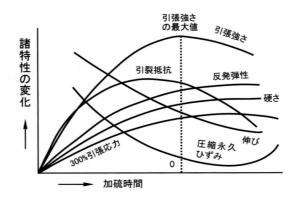

図 2.2.4 ゴムの諸特性と加硫時間の関係 [1)]

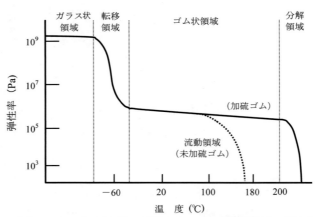

図 2.2.5 ゴム材料の弾性率の温度依存性（概念図） [1)]

天然ゴム材料の代表的な機械特性である、引張強さ、弾性率（300%引張応力）、破断時伸びの温度依存関係を図 2.2.6 に示す。これらの関係は図に示すとおり、引張強さおよび弾性率は温度が高くなるにつれて低下するが、逆に伸びは大きくなる傾向を示す。免震部材として用いられる場合は、一般的に地下ピットまたは中間層に設置されるが、その環境温度は概ね-10℃から 40℃程度である。代表的なゴム材料のガラス転移点（Tg）と使用可能温度範囲を表 2.2.2 にまとめた。

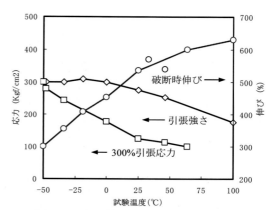

図 2.2.6 天然ゴムの機械的特性と温度の関係 [1]

表 2.2.2 各種ゴム材料のガラス転移点と使用温度範囲 [1]

ゴム材料	ガラス転移点（Tg）℃	使用温度範囲 ℃
天然ゴム（NR）	-73	-75 ～ +90
スチレン・ブタジエンゴム（SBR）	-64 ～ -59	-60 ～ +100
クロロプレンゴム（CR）	-45	-75 ～ +120
ブチルゴム（IIR）	-71	-75 ～ +150
エチレン・プロピレンゴム（EPDM）	-60 ～ -50	-75 ～ +150
シリコーンゴム（MQ）	-112	-120 ～ +280

1) ゴム材料の燃焼性と熱的材料定数

ゴム材料は、空気中で加熱されると分解して発生するガスが、空気中の酸素と混ざり合って、いわゆる"分解燃焼"を起こす。天然ゴムを大気中で熱した時の重量変化を求めた熱分解曲線の一例を図 2.2.7 に示す。最初の熱分解は 200℃付近で始まり、300～400℃にかけて本格的な分解となり、600℃で分解が終了し、数%の残渣だけとなる。材料の耐燃焼性の評価として、炎を近づけても燃え付きにくい「非着火性」、炎を遠ざけると自然に火が消える「自己消火性」、燃え広がりにくい「低燃焼性」などがある。また、材料が着火・燃焼しにくい度合いを表す指標として、その材料の発火点、引火点などがある。さらに、一旦着火・燃焼した場合、その燃焼の持続性の度合いを表す指標として"酸素指数"がある。酸素指数とは、燃焼を持続させるために必要な酸素濃度

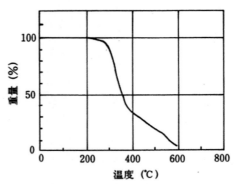

図 2.2.7 ゴムの熱分解曲線 [1]

表 2.2.3 酸素指数と難燃性の関係 [1]

酸素指数	難燃性
18～21	可燃性
21～25	自己消火性
26～29	難燃性
30以上	極難燃性

（%）の下限値であり、材料の難燃性と関係付けられる。表 2.2.3 に酸素指数と難燃性の関係を示す。また、表 2.2.4 に現時点で各製作会社が積層ゴム支承やすべり支承に用いている主なゴム材料と、それらゴム材料の代表的な熱的材料定数の一覧表を示す。また、一部のゴム材料については、燃焼したときに発生するガスの成分も記載した。

第2章

表 2.2.4 積層ゴム・すべり支承用ゴム材料の熱的材料定数一覧

使用部位と 熱関連定数		天然ゴム (NR)	高減衰ゴム	エチレン・プロピレ ンゴム (EPDM)	ブチルゴム (IIR)	クロロプレンゴム (CR)
各製作会社 の使用部位 別ゴム材料	内部ゴム	・オイレス ・倉敷化工 ・高環境エンジニ 　アリング ・フジタ ・昭和電線ケーブル 　システム ・東洋ゴム ・ブリヂストン ・免制震ディバイス ・ニッタ ・横浜ゴム ・NTN 精密樹脂 ・日本ピラー ・川金コアテック	・東洋ゴム ・ブリヂストン ・横浜ゴム			・東京ファブリック工業 ・昭和電線ケーブルシステム(*) ・川金コアテック(*) ・日本ピラー工業(*)
	被覆ゴム	・オイレス ・東洋ゴム ・ニッタ ・免制震ディバイス		・倉敷化工 ・ブリヂストン	・倉敷化工 ・昭和電線ケーブルシステム	・フジタ ・横浜ゴム
密度 ρ	g/cm³	0.93 (a)	1.12 (c)	0.85 (a)	0.91〜0.96 (a)	1.20〜1.25 (a)
比熱 Cp	kJ/(kg・K)	1.88 (a)	1.47 (c)	2.34 (a)	1.84〜1.93 (a)	2.18 (a)
熱伝導率 λ	W/(m・K)	0.134 (a)	0.250 (c)	0.247 (c)	1.130 (a)	0.193 (a)
熱拡散 係数 α	mm²/s	0.100〜0.148 (b)	1.52 (c)	0.129〜0.148 (b)	0.086〜0.146 (b)	0.145 (b)
引火点	℃	396 (d)	370〜456 (d)	420 (d)		
発火点	℃	439 (e)	466〜494 (e)	473 (e)		
酸素指数	%	19.2 (f)	19.3〜19.7 (f)	20.2 (f)		28〜32 (g)
熱分解温度	℃	290〜330 (g)				320〜350 (g)
燃焼時生成 ガス(g)	—	CO, CO₂, H₂S				HCl, Cl₂, CO, CO₂, H₂S

「注記」
(*)　は剛すべり支承に使用しているゴム材料
(a) 純ゴム配合の一般的な値。「ゴム工業便覧」、日本ゴム協会編、(一社) 日本ゴム協会 (平成 6 年)。
(b) (一社) 日本免震構造協会防耐火部会データ ((一財) 化学物質評価研究機構にて実施。尚、熱拡散係数
　　は「レーザーフラッシュ法」による測定)
(c) ブリヂストン技術資料より。比熱：DSC(示差走査熱量測定法)、熱拡散係数：レーザーフラッシュ法によ
　　る。(財) 化学物質評価研究機構にて実施。
(d) ブリヂストン技術資料より。JIS K 2265、(一財) 化学物質評価研究機構にて実施。
(e) ブリヂストン技術資料より。 DSC 測定 (メトラー社製　TA-3000、DSC-20、昇温速度 10℃/min、雰囲
　　気　80ml/min/air、(一財) 化学物質評価研究機構にて実施。
(f) ブリヂストン技術資料より。JIS K 7201-1976、(財) 高分子素材センターにて実施。
(g) 「免震用積層ゴムハンドブック」、(一社) 日本ゴム協会、理工図書 (2000)

2) ゴム材料の高温時圧縮特性

指定性能評価機関の業務方法書において、積層ゴム支承の性能担保温度を得る際には JIS K 6254「加硫ゴムおよび熱可塑性ゴムの低変形における応力・ひずみ特性の求め方」(2003) または同等の試験によるゴム材料の圧縮特性の変化を求めることを要求している。低変形応力試験とは直径 φ29.0 mm、厚さ 12.5 mm のゴム円柱状の試験体を一定の温度状態に保持した後、圧縮ひずみ25%に相当する軸変形を4回与え、4回目の履歴特性から圧縮ひずみ10%と20%時の圧縮弾性率を求めるものである。図2.2.8 に JIS K 6254 における加力時特性からの圧縮弾性率の求め方を示す。

この方法による圧縮弾性率は、実際の積層ゴム構造と一次形状係数 S_1 が大きく異なることから値が小さくなり、値そのものによる積層ゴム支承の圧縮剛性を求めることはできないが、温度による圧縮剛性の変化割合を推定するには有効である。

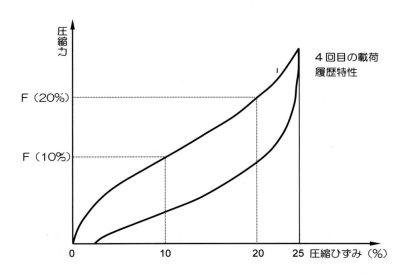

圧縮弾性率は、次の式 (2.2.1) によって計算する。

$$E_C = \frac{F}{A \cdot \varepsilon} \tag{2.2.1}$$

ここに、　E_C：圧縮弾性率 (MPa)
　　　　　F：規定ひずみ（10%または20%）を与えた時の力 (N)
　　　　　ε：圧縮前の試験片の厚さに対する圧縮ひずみ
　　　　　　　10%の圧縮ひずみの場合　$\varepsilon = 0.1$
　　　　　　　20%の圧縮ひずみの場合　$\varepsilon = 0.2$
　　　　　A：試験片の元の断面積 (mm²)

図 2.2.8 JIS K 6254 による圧縮弾性率の求め方 [3]

(1) 積層ゴム支承用ゴム材料

JSSI では、協会会員である積層ゴム支承およびすべり支承製作会社のゴム材料について JIS K 6254 の試験を(一財)化学物質評価研究機構において実施した。図 2.2.9 および図 2.2.10 に、

各製作会社の積層ゴム支承に用いられているゴム材料として、天然ゴム系材料（鉛プラグ入り積層ゴムを含む）と高減衰ゴム系材料のJIS K 6254試験による圧縮ひずみ10%時と20%時の圧縮弾性率の温度依存性を示す。図は23℃を基準とした場合の結果を示している。これにより、天然ゴム系では概ね150℃程度まで徐々に圧縮弾性率は低下するが、150℃を超える時点で大きく圧縮弾性率の変化がみられる。ゴムの加硫温度が最高150℃程度であることを考慮すると概ね150℃を性能担保温度と考えてよい。

一方、高減衰ゴム材料は天然ゴム材料に比べると温度依存性が大きく、100℃でおおよそ60%低下する。したがって、高減衰ゴム系積層ゴム支承の場合はJIS K 6254における試験では性能担保温度を設定することができないため、本試験で得られた最も温度依存の大きい材料を用い、また全ての高減衰ゴム系積層ゴム支承の圧縮限界面圧（応力）に対する最大許容面圧の最小比に相当する圧縮力を載荷した状態で、実際に高減衰ゴム系積層ゴム支承の載荷加熱試験を実施している[2]。その結果は、積層ゴム表面温度が162℃程度であれば、火災時に十分な荷重支持能力を有していた。したがって、高減衰ゴム系積層ゴム支承の場合も、150℃を性能担保温度と考えてよい。

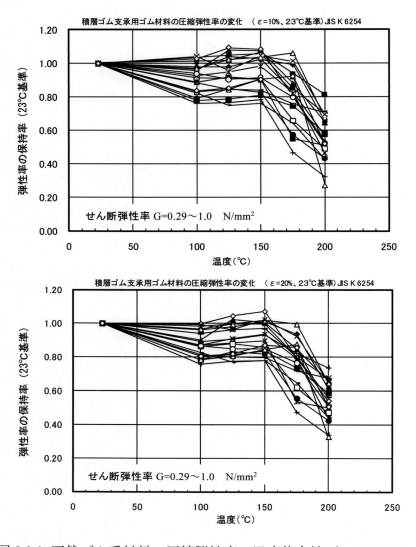

図 2.2.9 天然ゴム系材料の圧縮弾性率の温度依存性（JIS K 6254：2003）

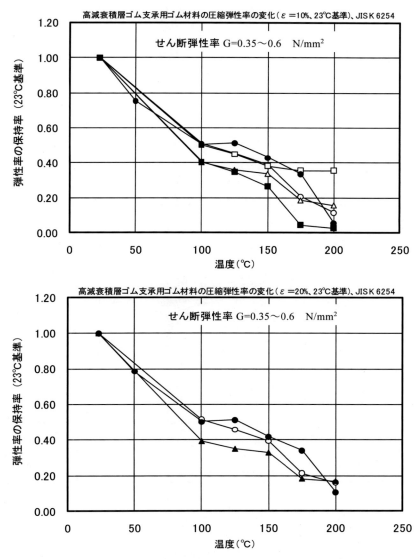

図 2.2.10 高減衰ゴム系材料の圧縮弾性率の温度依存性（JIS K 6254：2003）

(2) すべり支承用ゴム材料

　図 2.2.11 および図 2.2.12 に、各製作会社の弾性すべり支承に用いられているゴム材料と、剛すべり支承に用いられている緩衝用ゴム材料の、JIS K 6254 試験による圧縮弾性率の温度依存性を示す。弾性すべり支承に用いられているゴム材料は主に天然ゴムであるが、一部製作会社ではクロロプレンゴム材料（CR）を用いているものもある。ここでは同一のグラフに記載している。また、剛すべり支承に用いられている緩衝用ゴムシートは、クロロプレンゴム材料である。

　この結果、弾性すべり支承用ゴム材料は、積層ゴム支承用のゴム材料に比べ、やや圧縮弾性率の温度依存性は大きい。これは、積層ゴム支承のせん断弾性係数が G=0.3〜0.6 N/mm^2 に対し、すべり支承のせん断弾性率が G=0.6〜1.2 N/mm^2 と高いことに起因していると考えられる。一般的にゴム弾性を高くするには、補強材としてカーボンブラックの充填量を増加させるが、これはカーボンの凝集力によってゴム分子鎖の動きが拘束され、弾性率が高くな

るためである。しかし、このカーボンによる凝集力は温度の依存性があり、温度が高くなると凝集力効果が小さくなる。これが温度の依存性を大きくしている要因と考えられる。

すべり支承用ゴム材料についても、JIS K 6254における試験では性能担保温度を特定しにくいことから、高減衰ゴム系積層ゴム支承と同様に最も温度依存性の大きい材料を用いた載荷加熱試験を実施することとした。

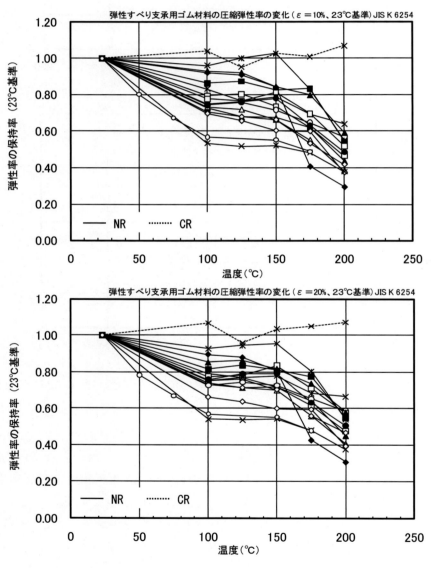

図 2.2.11 弾性すべり支承用ゴム材料の圧縮弾性率の温度依存性（JIS K 6254：2003）

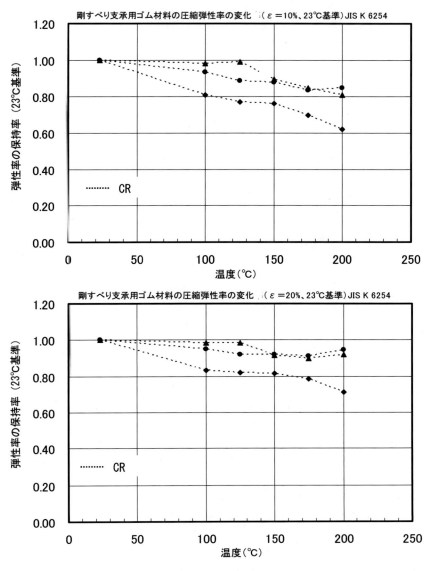

図 2.2.12 剛すべり支承用緩衝ゴム材料の圧縮弾性率の温度依存性（JIS K 6254：2003）

3）ゴム材料の加熱冷却後の圧縮およびせん断特性

　積層ゴム支承やすべり支承に用いられているゴム材料の、加熱履歴を受けた後のデータは少ないのが現状である。これは免震部材として使用する温度領域が、耐火性領域まで考慮していないことが理由と思われる。ここではJSSIの防耐火部会で提供された高減衰ゴム材料の加熱冷却後の特性を紹介する。

(1)圧縮弾性率の変化

　図 2.2.13 は高減衰ゴム材料の加熱後特性を調査するために、JIS K 6254 試験用の試験体を温度水準ごとに2体製作し、1体は各温度で圧縮試験を行い、その後同じ試験体を室温23℃に50分放置後に圧縮試験を実施した。さらにもう1体は、圧縮ひずみ5％に相当する圧縮荷重を負荷させた状態で各温度に3時間放置後に圧縮試験を実施し、その後同じ試験体を圧縮ひずみ

- 41 -

第2章

5%の状態のまま室温23℃で2時間放置後に圧縮試験を実施し、その後の圧縮弾性率の変化を比較したものである。なお、本試験は（一財）化学物質評価研究機構にて実施し、圧縮ひずみ5%時の弾性率は高温圧縮状態での寸法変化による断面積を補正している。

この結果より、無負荷状態での試験結果と負荷状態での試験結果には差はなく、また高温3時間の加熱履歴を受けても、室温状態に戻ればゴムの特性も回復することがわかる。しかし、これは概ね150℃程度までで150℃を超えるとゴム材料への影響は大きくなる。

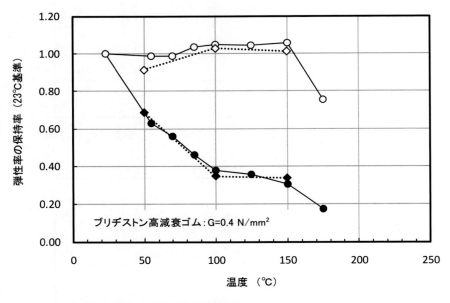

図 2.2.13 高減衰ゴム系材料の加熱履歴後の圧縮弾性特性の変化（JIS K 6254：2003）

(2)せん断特性の変化

高減衰ゴム材料におけるせん断特性（等価剛性 K_{eq}、等価減衰定数 H_{eq}）の加熱中および加熱後の特性として、図 2.2.14 に示すせん断試験片を温度水準ごとに 2 体製作し、高温状態中でせん断試験を行い、等価剛性と等価減衰定数を測定した。その後 1 体は高温状態中でせん断破断試験を行い、もう 1 体は 23℃へ戻し同様にせん断特性を計測した後、せん断破断試験を行った。結果を図 2.2.15～図 2.2.18 に示す。なお、測定はせん断ひずみ±200%の予備加力を 1 回行い、その後せん断ひずみ±100%を 3 回繰り返した 3 回目の履歴特性より等価剛性、等価減衰定数を算出している。

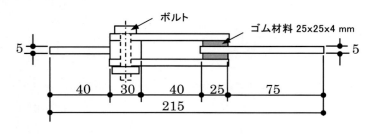

図 2.2.14 せん断試験片寸法詳細

これら一連の試験結果から、高減衰ゴム材料は粘弾性的な減衰を保有しているために温度依存性は大きいが、その特性は可逆的なもので、150℃程度の領域までは温度が元の状態に回復すれば、積層ゴム支承の性能におよぼす加熱履歴の影響は小さいといえる。

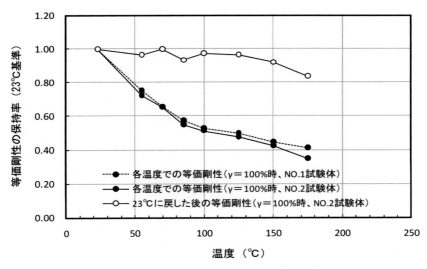

図 2.2.15 等価剛性(Keq)の温度依存性

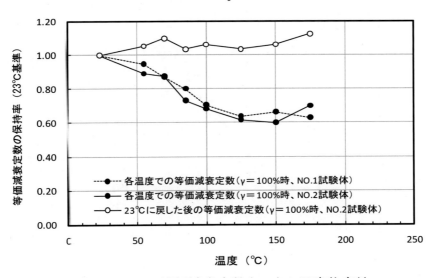

図 2.2.16 等価減衰定数(Heq)の温度依存性

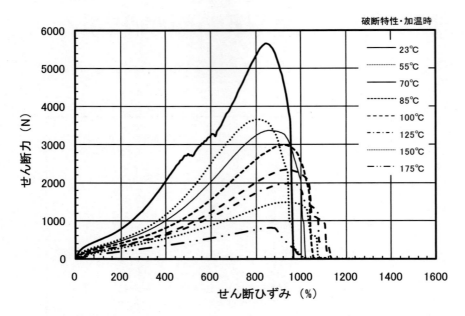

図 2.2.17 せん断破断特性の温度依存性（試験体 NO.1）

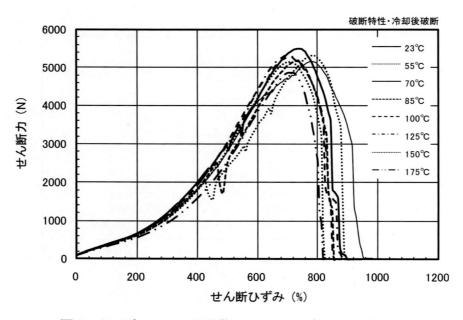

図 2.2.18 23℃へ戻した状態でのせん断破断特性（試験体 NO.2）

2.2.4 火災の熱が積層ゴム支承に与える影響

積層ゴム支承は建築基準法に定められているような標準加熱曲線相当の火災では、何らかの耐火被覆を施さない限り燃焼する。しかし、耐火被覆を施したとしても積層ゴム支承は少なからず熱の影響を受けることになる。本来、積層ゴム支承は火災時の状況を想定して設計・開発されているものではないことから、火災時の熱が積層ゴム支承にどのような影響を及ぼすかについての知見は非常に少ない。

以下に記載する火災時の熱が積層ゴム支承の耐久性やクリープに対する影響については、現状の積層ゴム支承の長期耐久性評価に用いられている加熱促進試験の考え方を、火災時の熱による影響として想定した場合のものである。ただし、積層ゴム支承の長期の変化を予測する加熱促進試験と、火災時に短時間に高温にさらされるような状況とは、本質的に異なることからあくまで参考である。

1) 積層ゴム支承の耐久性能に与える影響

積層ゴム支承における諸性能の耐久性評価については、化学反応速度論にもとづくアレニウス式を用いて、積層ゴム支承が設置される環境温度での長期変化を高温で短時間に予測しようとするものである。確かに、分子レベルの化学変化をある程度の高温で加速させるものであるが、火災のように短時間での温度上昇による化学変化を評価しようとするものとは異なる。

ゴムの劣化とは、酸素やオゾン、紫外線などの劣化因子が、ゴムの分子鎖と結合または分子鎖を切断することに起因するものであり、これらの化学変化は温度が高いほど促進される。この関係は、化学反応速度論におけるアレニウスの式を変換することにより、式（2.2.2）のようにあらわされ、積層ゴム支承の長期の劣化予測加熱促進試験に用いられている。これと同様の考え方をすれば、火災による熱も積層ゴム支承のゴム材料に少なからずの影響を与えることになるといえる。しかし、厳密にはアレニウスの式は劣化因子との反応が一次反応下で成り立つもので、高温になると一度反応により生成された物が、さらに劣化因子と反応する二次反応現象が現れることから成立しない。したがって、アレニウス式での適用範囲は一般的に 100℃以下がよいとされている。

$$\ln\left(\frac{t_0}{t_y}\right) = \frac{E_a}{R}\left(\frac{1}{T_0} - \frac{1}{T_y}\right) \quad\text{----------}\quad (2.2.2)\ [1]$$

$$t_0 = \exp\left\{\frac{E_a}{R}\left(\frac{1}{T_0} - \frac{1}{T_y}\right) + \ln(t_y)\right\}$$

ここで、
T_0　：設置環境温度（K）
t_0　：設置環境温度における時間（日）
T_y　：促進温度（K）
t_y　：促進温度における時間（日）
E_a　：活性化エネルギー（J/mol）
R　：気体定数（＝8.313 J/mol/K）

第2章

　積層ゴム支承が耐火被覆を施した状態で表面温度が 150℃程度となる場合、内部ゴムの平均的な温度は 50℃～80℃程度と考えられる。これら内部ゴムの温度による影響を室温状態 23℃一定状態で置かれた場合との相対比較をアレニウス式で見たのが図 2.2.19 である。図は、一般的な天然ゴムの活性化エネルギーが 22.2 kcal/mol（92.923 kJ/mol）、設置環境温度 23℃とし、加熱時間を 1～6 時間、加熱温度を 50℃、75℃、100℃とした場合のものである。

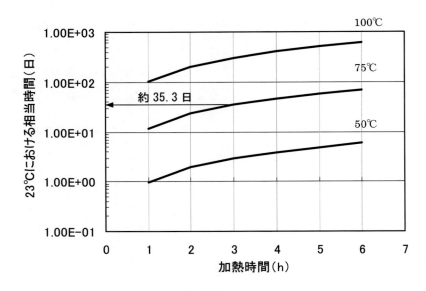

図 2.2.19　加熱温度と劣化相当時間の関係

　この結果では、積層ゴム支承の内部温度が平均的に 75℃と想定すれば、75℃の環境で 3 時間置かれた場合は 23℃で約 35.3 日相当、6 時間で約 71 日相当の影響を受けたことになる。これは、一般的に 23℃で 60 年を想定していることを考えれば、積層ゴムに及ぼす影響は極わずかであるといえる。ただし前述のとおり、火災時の場合は急激に温度変化を受けるため、化学反応速度論のような定常状態での変化とは異なると予測される。

2) 積層ゴム支承のクリープ性能に与える影響

　火災時における熱がクリープにどのように影響するかについては、現状の知見では解明されていない。現在の知見としては、積層ゴム支承に耐火被覆を施したとしても、火災時には積層ゴム表面で 150℃、内部で約 50℃～80℃の熱影響を受けることになる。JIS K 6254 の結果では、ゴム材料は高温になるほど圧縮弾性率が低下するが、クリープの高さ変化という観点からは、積層ゴム支承は熱を受けると膨張することが実験の結果から得られている。さらに熱履歴を受けたゴム材料でも元の温度へ戻れば、圧縮弾性率も回復することが図 2.2.13～図 2.2.16 に示されている。

　一般的に積層ゴム支承のクリープの特性は図 2.2.20 に示すような変化をする。図は、積層ゴム支承の縮小試験体に一定面圧を載荷した状態で、温度を 30℃、50℃、83℃、100℃に保持した恒温槽内にゴムの温度が均一になるまで放置し、その後クリープ量の変化を計測したものである。深堀等[4]はこの現象を解明し、初期の A 領域の挙動を粘弾性現象に基づくゴムの物理クリープ、後期 B の領域をゴム内の架橋ゴムに結合されない物質（低分子量物質や気泡など）が

ゴム内の圧力勾配により、中心から外縁部へ移動する拡散クリープとしている。

この物理クリープ領域は比較的短時間（10000〜20000分程度）で収束し、後は時間とともにクリープが増加していく。一般的な建物は積層ゴム支承を据え付けてから半年ないし一年程度工事期間があることから、物理クリープ量はその間に収束し、建物完成時には既に拡散クリープ領域に達していると考えてよい。建物が火災に遭遇し、その時の熱がクリープにどのように影響するかは、この領域のごく短時間（3〜6時間）といえる。クリープへの影響を考えるならば、火災時にクリープ勾配が若干大きくなることが予測されるが、温度が元の状態に戻ればクリープ勾配も戻ると推測されることから、火災時の温度が建物供用期間中の全クリープ量に対する影響は極わずかであると思われる。さらに、熱による膨張現象も同時に起こることを考えると、火災時の熱がクリープにどのように影響するか明確なことは解かっていない。

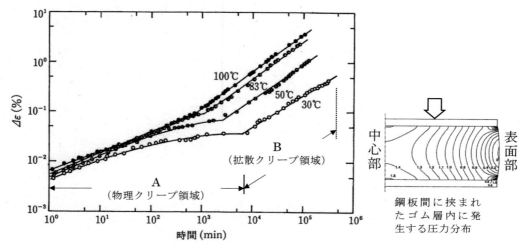

図 2.2.20 積層ゴムの圧縮クリープ曲線の温度依存性 [4]

2.2.5 被覆ゴムの影響

積層ゴム支承には、長期間の使用に耐える必要があることから紫外線劣化、酸素劣化および結露や浸水から内部のゴムおよび中間鋼板を保護する目的で被覆ゴムが装着されている。被覆ゴムには 2.1.1 項に示したように被覆ゴム一体型と被覆ゴム後巻き型があり、また使用されているゴム材料には天然ゴム系、ブチルゴム系、エチレン・プロピレンゴム系、クロロプレンゴム系などがある。

被覆ゴムは積層ゴム支承の耐火性能に直接影響するものではないが、ゴム材料の性能担保温度をどの部分（被覆ゴム最外層または被覆ゴム内側）で規定するかによって、耐火被覆構造の耐火構造認定時における附帯条項に制約が付く可能性がある。これを回避するには、性能担保温度を積層ゴム支承の最外層（被覆ゴムの外側）で規定するか、または市販されている積層ゴム支承の最も熱的に厳しい条件（被覆ゴムの場合は、被覆ゴム内側へ最も早く熱が伝わるゴム材料）で耐火構造の認定を取得しておくことが必要となる。

JSSIでは、協会に参加している積層ゴム支承製作会社の被覆ゴム材料における熱拡散率を（一財）化学物質評価研究機構に依頼し「レーザーフラッシュ法」を用いて測定した。各社の測定結果を表 2.2.5 に示す。

第 2 章

表 2.2.5 積層ゴム支承の被覆ゴムにおける熱拡散率

被覆ゴム種	製作会社名	被覆ゴム厚さ t (mm)	熱拡散率 α （m²/s）	備　　考
NR 系	A 社	10	1.10×10^{-7}	被覆ゴム一体型
		10	1.48×10^{-7}	
	B 社	10	1.18×10^{-7}	
	C 社	10	1.00×10^{-7}	
	D 社	10	1.03×10^{-7}	
		10	1.16×10^{-7}	
	E 社	19	1.46×10^{-7}	
BR 系	F 社	6	1.29×10^{-7}	被覆ゴム後巻き型
			0.86×10^{-7}	
	G 社	5	1.46×10^{-7}	被覆ゴム後巻き型
EPDM 系	H 社	8	1.48×10^{-7}	被覆ゴム一体型
CR 系	I 社	10	1.45×10^{-7}	
	J 社	10	1.45×10^{-7}	

NR： 天然ゴム系
BR：ブチルゴム系
EPDM：エチレン・プロピレンゴム系
CR：クロロプレンゴム系

熱拡散率：温度伝導率ともいい、温度の伝わり易さを示す熱容量当たりの熱伝導率で、次式からなる。

$$\alpha = \frac{\lambda}{c \cdot \rho} \qquad \text{（2.2.3）}$$

ここで、　　α　：　熱拡散率　（m²/s）

λ　：　熱伝導率　（W/(m・K)）

c　：　比熱　　　（J/(kg・K)）

ρ　：　密度　　　（kg/m³）

- 48 -

2.3 鋼材

　免震部材を構成する材料のうち鋼材は主に以下の部分に使用されているが、用いられている鋼材の種類は一般の鉄骨造に用いられるものとほぼ同じであり、高温時の各種特性は明らかにされているものが多い。

　また、免震部材とその周辺の構造部材とは一般的にボルト接合されているが、そのボルトの高温時特性についてもほぼ明らかにされている。ここでは、ボルトも含む免震部材を構成している鋼材の種類ごとの特性と熱履歴後の特性について解説する。

・天然ゴム系積層ゴム支承　　　：中間鋼板、取付け鋼板（フランジ）、連結鋼板　など
・プラグ挿入型積層ゴム支承　：同上
・高減衰ゴム系積層ゴム支承　：同上
・すべり支承　　　　　　　　　：取付け鋼板（フランジ）、中間鋼板、すべり板、連結鋼板など
・転がり支承　　　　　　　　　：鋼製リニアレール、鋼球、取付け鋼板（フランジ）　など

2.3.1 一般鋼材

　建築構造物の鋼材には、一般的に JIS 規格品（表 2.3.1）または建築基準法に基づく指定もしくは認定を受けた建築用鋼材および鋳鋼が使用されている。ここでは、高温時特性が明らかにされている下記(a)～(c)の鋼材を対象として、高温時の機械的性質と加熱冷却後の機械的性質について述べる。

　　　(a) 一般構造用圧延鋼材 SS400 　（JIS G 3101）
　　　(b) 溶接構造用圧延鋼材 SM490 　（JIS G 3106）
　　　(c) 建築構造用圧延鋼材 SN400・SN490 　（JIS G 3136）

表 2.3.1 構造用鋼材の JIS 規格品

規格番号	規格名称等	種類の記号
JIS G 3101	一般構造用圧延鋼材	SS400,SS490,SS540
JIS G 3106	溶接構造用圧延鋼材	SM400A,B,C,SM490A,B,C, SM490YA,YB,SM520B,C
JIS G 3114	溶接構造用耐候性熱間圧延鋼材	SMA400AW,AP,BW,BP,CW,CP SMA490AW,AP,BW,BP,CW,CP
JIS G 3136	建築構造用圧延鋼材	SN400A,B,C,SN490B,C
JIS G 3138	建築構造用圧延棒鋼	SNR400A,B,SNR490B
JIS G 3350	一般構造用軽量形鋼	SSC400
JIS G 3353	一般構造用溶接軽量 H 形鋼	SWH400
JIS G 3444	一般構造用炭素鋼管	STK400,STK490
JIS G 3466	一般構造用角形鋼管	STKR400,STKR490
JIS G 3475	建築構造用炭素鋼管	STKN400W,STKN400B,STKN490B

1) 高温時の機械的性質 [5]

応力－ひずみ曲線の一例として、図 2.3.1～図 2.3.4 に SS400、SM490、SN400、SN490 の各鋼材種における温度と応力－ひずみ特性の関係を示す。これらの結果より、常温状態では弾性係数および降伏棚やひずみ硬化が現れる特性はほぼ同様の傾向を示す。しかし、温度の上昇とともに、弾性係数が不明瞭となり、降伏棚が不明瞭でかつ範囲も狭くなり、さらに 300℃若しくは 400℃で降伏棚が確認できなくなる。また、600℃以上では、ひずみ硬化が認められない現象もみられる。

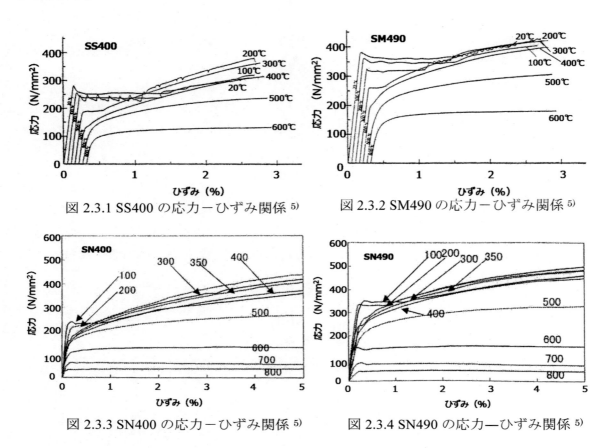

図 2.3.1 SS400 の応力－ひずみ関係 [5]　　図 2.3.2 SM490 の応力－ひずみ関係 [5]

図 2.3.3 SN400 の応力－ひずみ関係 [5]　　図 2.3.4 SN490 の応力－ひずみ関係 [5]

高温時における降伏強度もしくは0.2%オフセット強度について、図 2.3.5～図 2.3.8 に SS400、SM490、SN400、SN490 の各鋼材種の結果を示す。また、1%ひずみ時強度について、図 2.3.9～図 2.3.12 に同材料の結果を示す。各図ともに実験結果の平均値を太い実線で示している。なお、近年では、1%ひずみ時の強度をもって降伏強度と判断している例が多い。

全体的な傾向としては、0.2%オフセット強度についてはいずれの鋼材とも、温度上昇にともない概ね直線的に低下している。また、1%ひずみ時強度については300℃程度までは変わらないが、400℃以降で大きく低下しており、600℃では常温時の値に対して 3～4 割の値となっている。各実験結果にバラツキがみられるが、ほとんどの実験結果の平均値は「鋼構造耐火設計指針」で提案した式を上回っていることがわかる。平均値の結果から高温時強度の低下率の割合をみると、SN 材でやや強度低下率が大きくなっているが、SS400 と SM490 では大きな差異は見られない。

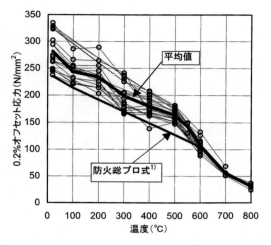
図 2.3.5 SS400 の 0.2%オフセット強度 [5]

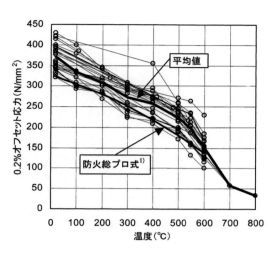
図 2.3.6 SM490 の 0.2%オフセット強度 [5]

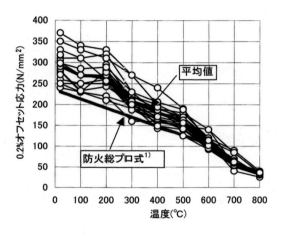
図 2.3.7 SN400 の 0.2%オフセット強度 [5]

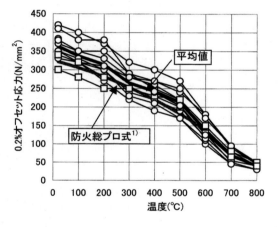
図 2.3.8 SN490 の 0.2%オフセット強度 [5]

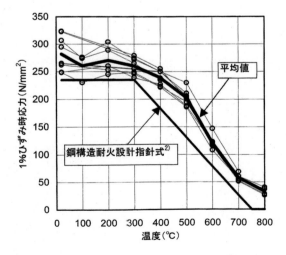
図 2.3.9 SS400 の 1%ひずみ時強度 [5]

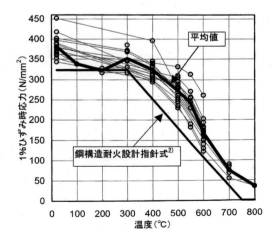
図 2.3.10 SM490 の 1%ひずみ時強度 [5]

第2章

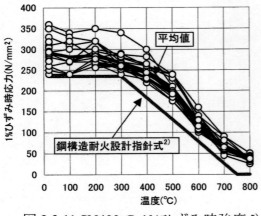
図 2.3.11 SN400 の 1%ひずみ時強度 [5]

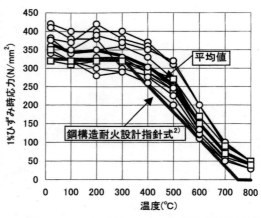
図 2.3.12 SN490 の 1%ひずみ時強度 [5]

2) 加熱冷却後の機械的性質 [5]

図 2.3.13 に SS400 の加熱冷却後の引張試験結果を、また図 2.3.14 に SM490 の加熱冷却後の引張試験結果を示す。鋼材は変態点温度（約 720℃）を超えると材質に変化が生じ、降伏点が不明瞭になる。これらの結果をみると、600℃以上の加熱で冷却後の引張強度に影響を与え、700℃の加熱では冷却後の引張強度は約 90％に低下することがわかる。

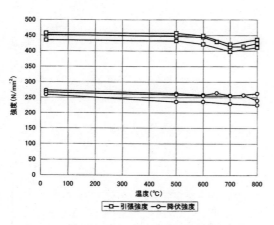

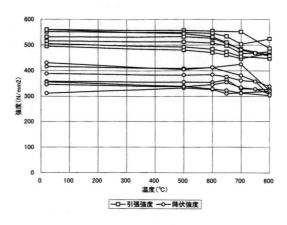

図 2.3.13 SS400 の加熱冷却後試験結果 [5] 　　図 2.3.14 SM490 の加熱冷却後試験結果 [5]

2.3.2 ステンレス鋼材

ステンレス鋼材は、鉄（Fe）をベースとし、クロム（Cr）またはクロムとニッケル（Ni）を含む合金鋼である。耐食性や機械的特性の異なる多種類のステンレス鋼が製造されているが、一般にステンレス鋼の基本成分または金属組織により、表 2.3.2 のように大別することができる。現在、構造材として使われているのは、オーステナイト系ステンレス鋼であり、その代表鋼種である SUS304A が圧倒的に多く用いられている。また使用する環境により同じオーステナイト系の SUS316A（高耐食性）や SUS304N2A（高強度）の適用も可能である。

ここでは、免震部材の構成材料として使用されているステンレス鋼のうち、高温時特性が明らかにされているオーステナイト系ステンレス鋼（SUS304）（JIS G 4304 など）を対象として、

高温時の機械的性質と加熱冷却後の機械的性質について述べる。

表 2.3.2 ステンレス鋼材の分類 [8]

基本成分		代表鋼種	金属組織
クロム系	13 クロム系	SUS410	マルテンサイト
	18 クロム系	SUS430	フェライト
クロム・ニッケル系	18-8 系	SUS304	オーステナイト
		SUS316	

SUS はステンレス鋼を表す記号で、Steel Use Stainless の略
SUS304A、SUS316A、SUS304N2A は従来からの SUS304、SUS316、SUS304N2 に、建築構造材料として必要となる性能を規定した鋼材であり、2000 年に JIS G 4321「建築構造用ステンレス鋼材」として JIS 規格化されたものである。

1) 高温時の機械的性質 [6],[7]

図 2.3.15 にステンレス鋼（SUS304）と一般構造用圧延鋼材（SS400）（以下、一般鋼という）の 0.2%耐力および引張強さの温度依存性の比較を示す。ステンレス鋼の引張強さは約 300℃程度まではほぼ一般鋼と同程度であるが、これ以降の温度ではステンレス鋼の方が強度低下は少ない。一方、耐力についても 500℃程度までは一般鋼とほぼ同じであるが、合金元素の効果により 700℃に至るまで耐力の低下の割合は一般鋼に比べると少ないといえる。また、図 2.3.16 にステンレス鋼（SUS304）の高温時の応力－ひずみ曲線を示す。ステンレス鋼は、常温～750℃近辺までは塑性化開始後の明確なひずみ硬化勾配がみられるが、それ以上では完全弾塑性型に近い性状を示している。また、材料の基礎的な特性である常温時の比重、線膨張係数、熱伝導率、比熱について、ステンレス鋼（SUS304）と一般鋼（SS400）を比較すると、ステンレス鋼は一般的な炭素鋼と比べて、比重と比熱には大きな差異はないが、常温時の線膨張係数は約 1.4～1.5 倍（17.3×10^{-6}/℃）、熱伝導率は約 1/3（16.3W/m℃）となる。線膨張係数が大きいことから、耐火設計ではステンレス鋼の熱膨張に配慮する必要がある。

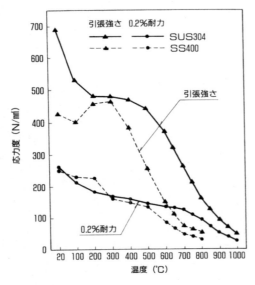
図 2.3.15 ステンレス鋼の高温強度特性 [7]

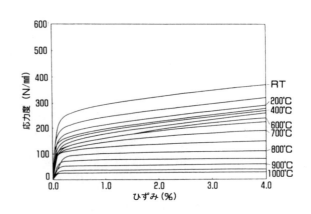
図 2.3.16 ステンレス鋼の応力－ひずみ曲線 [7]

2）加熱冷却後の機械的性質 [7]

図2.3.17にステンレス鋼（SUS304）の加熱冷却後の引張試験結果を示す。加熱冷却後の0.1%耐力および引張強さとも20℃の値と大きな変化はなく、熱履歴の影響は少ないといえる。また、加熱冷却後の特性は両特性共に規格値（JIS G 4321）を満足している。

2.3.3 ボルト用鋼材

1）高温時の機械的性質 [5]

免震部材とその周辺の構造部材とは、一般的にボルトによって接合されているが、そのボルトには高力ボルトが一般的に採用されている。高力ボルト用鋼材の高温時機械特性については、各種の実験が行われ、普通鋼材に比べると強度低下が著しい事が報告されている。

図2.3.18と図2.3.19に、高力ボルト用鋼材の0.2%オフセット耐力と引張強度の温度依存性を示す。図中 S10T

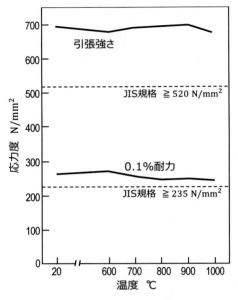

図2.3.17 ステンレス鋼の加熱冷却後試験結果 [7]

（トルシア形高力ボルト：日本鋼構造協会規格、JSS Ⅱ 09）とF10T（高力六角ボルト：JIS B 1186）の実験データーをそれぞれ○と△印で、また耐火鋼用高力ボルト（耐火鋼の接合部に使用）については●印で、ステンレス鋼用高力ボルト（ステンレス鋼の接合部に使用）については◎印で示す。なお、F10T高力ボルトとS10T高力ボルトの高温時引張強度（図2.3.19中△、○）については、ひずみ0.6%時（S10Tの場合）と1%時（F10Tの場合）に、ひずみ速度を0.3（%/分）から7.5（%/分）に変化させている。このため、これらの引張強度はひずみ速度の影響を若干受けている。また同図には、日本建築学会「鋼構造耐火設計指針」で提案されている高力ボルトF10Tの引張強度低下率の指針式を実線で併記した。

これらの図より、高力ボルトの高温耐力は、常温～300℃程度の温度域ではあまり強度低下が見られず、300℃以上になると急激に低下することがわかる。また、ステンレス鋼用ボルトと耐火鋼用ボルトは、S10TやF10Tに比べて高温時の強度低下がやや緩慢であることがわかる。

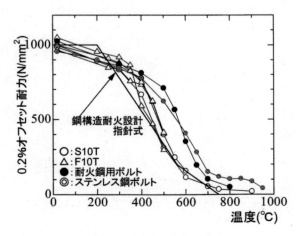

図2.3.18 高力ボルト鋼材の0.2%オフセット耐力（熱間試験）[5]

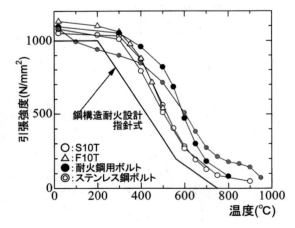

図2.3.19 高力ボルト鋼材の引張強度（熱間試験）[5]

2) 加熱冷却後の機械的性質 [5]

図 2.3.20 と図 2.3.21 に、高力ボルトにおける加熱冷却後の 0.2%オフセット耐力と引張強度の素材試験結果を示す。加熱冷却後の素材試験とは、高力ボルトを所定の温度まで加熱してから冷却し、その後常温下で素材試験をしたものである。図中の横軸はそれぞれ加熱履歴を与えた時の所定温度を示す。これらの結果より、約 400℃以下の温度履歴を受けたボルトについてはあまり強度低下しないものの、それ以上の温度履歴を受けたものについては、強度低下が激しいことがわかる。

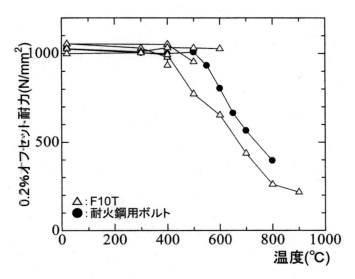

図 2.3.20 高力ボルト鋼材の 0.2%オフセット耐力（加熱冷却後試験）[5]

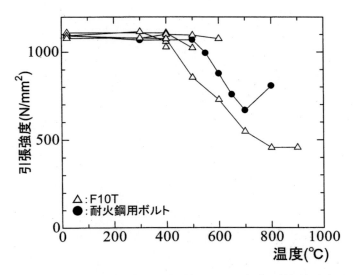

図 2.3.21 高力ボルト鋼材の引張強度（加熱冷却後試験）[5]

第2章　■■■■■■■

2.4　すべり材

2.4.1 四フッ化エチレン樹脂（PTFE）

　四フッ化エチレン樹脂（PTFE：Poly-Tetra-Fluoro-Ethylene）は、1938 年にプランケット博士（米国デュポン社）により発見される。その後、1940 年代に実用化され、今日ではあらゆる産業分野に使用されている。

　PTFE は、分子構造にふっ素原子が含まれることで、耐熱性、耐侯性、電気特性、機械特性のあらゆる特性においてポリエチレン、ナイロンなどの炭化水素系プラスチックでは見られない特性を有している。主な特徴を表 2.4.1 に示す。

表 2.4.1 PTFE の各特性に対する特徴 [9]

特性項目	特徴
耐化学薬品性	実質的に全ての工業薬品に対して不活性である。わずかな例外としては、溶融アルカリ金属および高温・高圧のふっ素ガスなどがある。
耐熱性	最高連続使用温度は 260℃である。融点は 327℃である。
電気特性	誘電率、誘電正接が固体物質中、最小であり広い周波数で安定している。
非粘着性	他物質がくっつき難いという特異な性質をもっている。粘着性の物質でも付着はし難く、離型性が抜群に優れている。
低摩擦性	固体中最小の静摩擦係数をもっている。（$\mu s = 0.04$）
耐侯性	優れた耐侯性を有し、屋外で長時間使用しても劣化は見られない。
難燃性	限界酸素指数（LOI）が 95%以上の難燃性材料である。
純粋性	PTFE は科学的に不活性で、かつ純粋。添加剤は一切含まれていない。

1）PTFE の製造方法

（1）原料の製造

　ふっ素樹脂はほたる石（CaF_2）を化学反応させ TFE モノマー（$CF_2=CF_2$）を生成し、これを重合させることにより PTFE（$(CF_2-CF_2)n$）が製造される。

（2）素材の成形

　PTFE の成形方法を図 2.4.1 に示す。一般には管、棒、板のような加工用素材を圧縮成形法により製造し、この素材を最終形態に加工仕上げを行い製品化される。

2）PTFE の応用

（1）充填剤による物性改良

　PTFE 単体のもつ優れた性質を変化させることなく、適切な充填材を加えることにより、次のような物性を改善することができる。また、充填材の種類と特徴を表 2.4.2 に示す。

　ア．耐摩耗性：1000 倍近く向上する。

　イ．耐クリープ性：常温で 1.5～4.5 倍（変性 PTFE ベースの場合は 2～6 倍）に、また高温で1.5 倍に向上する。

　ウ．曲げ弾性率：2～3 倍に増加する。

エ．硬さ：10～30%増加する。
オ．熱伝導性：最高 2 倍に増加する。
カ．線膨張率：約半分に減少する。

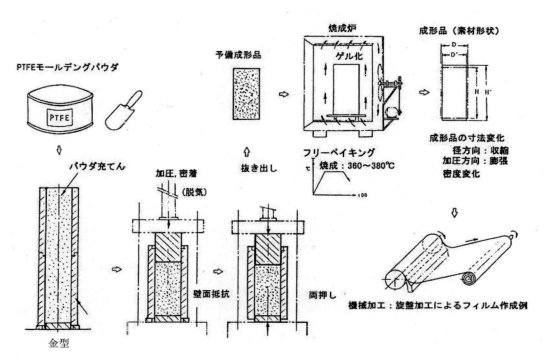

図 2.4.1 圧縮成形の概要 10)

表 2.4.2 充填材の種類と特徴 9)

充填材	特徴
ガラス繊維	・耐摩耗性を改良する。 ・耐化学薬品性に優れ、特に酸、酸化剤に強い。 ・電気特性をほとんど損なわない。
カーボン	・空気中、水中いずれの耐摩耗性も改良する。 ・耐クリープ性の向上、高温高荷重下でも他の充填材に比べて優れている。 ・広範囲の腐食性雰囲気に耐える。
グラファイト	・摩擦、磨耗性を改良する。 ・柔らかい相手金属の磨耗を減らす。
ブロンズ	・耐クリープ性、圧縮強さ、硬さ、寸法安定性を向上させる。 ・熱伝導率を最もよく向上させるため、製品の熱発散が良い。したがって耐摩耗性も良好。 ・化学反応性、電気伝導性があるため、耐化学薬品性と電気絶縁性は低下する。
二硫化モリブデン	・ガラス繊維単独に比べ、圧縮衝撃強さ、硬さ、耐摩耗性を向上する。 ・自身が潤滑剤で低摩耗性に優れる。 ・初期磨耗時間を短くする。
炭素繊維	・引張強さ、伸びは、カーボン粉使用より優れる。 ・空気中、水中いずれの耐摩耗性も改良する。 ・常温、高温とも耐クリープ性は最高である。

3) PTFEの拘束による改良

PTFEに充填材を充填する方法は、材料を内部から改質する方法であるが、すべり材を拘束して改質する方法は主に圧縮特性や摺動熱の放熱性を高めるために用いられ、特性の改質は限定される。

PTFEは、実質的に非圧縮性なので、拘束された部分は変形できない。拘束の方法は、図2.4.2に示すように埋め込み方式と接着方式があり、埋め込み方式の場合、積層ゴム支承と同様に形状係数の効果により、無拘束に比べ圧縮特性が向上する。また、接着方式でも同様の効果が得られる。また、裏金に金属を用いると摺動熱の放散性を高めるのに有効である。

例を挙げると、埋め込み方式でグラスファイバー20%、グラファイト5%の充填PTFEの場合、厚さ4 mmの成形品が無拘束では、29.4 MPaで20日間の圧縮クリープが約40%であるが、厚みの半分を拘束するとクリープは約10%となる。

接着方式でも、グラスファイバー25%の充填PTFEで厚み2.4 mmの場合、30 MPaの圧縮荷重に対して変形量はそれぞれ無拘束0.18 mmに対し接着方式では0.1 mmとなる。これは、接着によりすべり材の流動拘束効果が増大することによる。

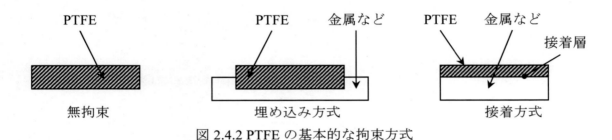

図 2.4.2 PTFEの基本的な拘束方式

4) PTFEのすべり特性を活かした使用例

PTFEは、鋼製ベアリングのように給油する必要がないことから、表2.4.3に示すような潤滑油の使用が困難な場所および用途に用いられる。方法としては、PTFEや充填材入りPTFEを部品に加工、あるいは金属との併用や、または各種機器の部品に直接コーティングして用いられることが多い。

表 2.4.3 応用分野と使用例 [10]

応用分野	使 用 例
機械工業	汚染をきらう品物を取り扱う機械(食品加工機など) 溶剤など非潤滑性液体を取扱う機械(攪拌機、ポンプなど) 酸、アルカリなど腐食性雰囲気の機械(ポンプなど) 禁油条件機械(無給油式ガス圧縮機など)のピストンリング、ベアリング
土木建築	鉄道橋や道路橋の支承、配管支持のベアリング 免震建物のスライドベアリング、渡り廊下の支承、カーテンウォールのエキスパンションジョイント
自動車	ボールジョイント、ブッシュ、ステアリング
製鉄	銑鉄用台車のベアリング、煙道用ダンパーのベアリング
交通	電車のボギーベアリング
OA機器	プリンタ・ファクシミリの軸受け
食品	ガイドロール、ガイドレール
家庭用品	芝刈り機用刃物、ハサミ、ノコギリなど

各種軸受け部品　　　　　建築物のスライディングパッド　　　　圧縮機のピストンリング

図 2.4.3 使用例

2.4.2 ポリアミド樹脂（PA）

プラスチック材料を大別すると、熱硬化性樹脂と熱可塑性樹脂に分けられる。熱硬化性とは熱をかけるとまず流動するが、その後三次元網目構造が形成されると、熱をかけても流動することがない。これに対し、熱可塑性とは熱をかけると流動し、その後冷やすと凝固するが、ふたたび熱をかけると流動する。すなわち流動と凝固が可逆的に起きる樹脂である。

ポリアミド（polyamide）は熱可塑性樹脂に分類されるものであり、モノマー内にアミド基を持つポリマーの総称で、記号は PA と表記される。また、ポリアミドの中でも脂肪族系のモノマーを原料とするものを一般的にナイロンと呼び、芳香族系モノマーを原料とするものをアラミドと呼んでいる。ポリアミドは 1931 年にウォレス・カローザス博士（米国デュポン社）により発見され、当初は PA6（ナイロン 6）、PA66（ナイロン 66）などが繊維用として用いられたが、その後 PA11、PA12、PA610、PA612 などが開発されると、樹脂としての優れた耐熱性や機械特性、成形加工性の特徴を生かし、現在では高機能樹脂の代表格として、幅広い分野・用途で使用されている。主な特徴を表 2.4.4 に示す。

表 2.4.4 ポリアミドの各特性に対する特徴

特性項目	特　　徴
耐化学薬品性	耐薬品性に優れており、一般的に有機溶剤に強く酸に弱い。
熱的性質	耐熱温度が高く、荷重たわみ温度が高い。
電気特性	吸湿の影響を受けるので、高級電気部品としては適さない。
摩擦特性	自己潤滑性があり不完全給油の状態でも使用できる。
磨耗性	機械材料の中でも耐摩耗性が優れている。

1) ポリアミドの製造方法

(1) 原料

ポリアミドとは、分子内に繰返し単位としてアミド基（－NHCO－）を有する高分子化合物である。ジアミンとジカルボン酸の重縮合反応によって、各種の代表的脂肪族ナイロンに用いられるモノマーが得られる。ナイロンを構成するモノマーとしては、ε-カプロラクタム、ヘキサメチレンジアミン、アジピン酸、セバシン酸、アミノウンデカン酸、アミノドデカン酸などがある。

(2) 素材の成形

ナイロンの種類によって重合方法は異なるが、ここでは代表としてナイロン6（PA6）についての製造方法を図2.4.4に示す。

ε-カプロラクタムを溶解槽で溶融した後、水や添加剤を混合して約260℃に加熱された常圧重合塔に送られる。ここで、約10時間重合平衡に達するまで時間を置き、その後水槽に抽出され、ペレット化される。最後にペレットに吸収された水分を加熱窒素ガスにより乾燥させてできる。

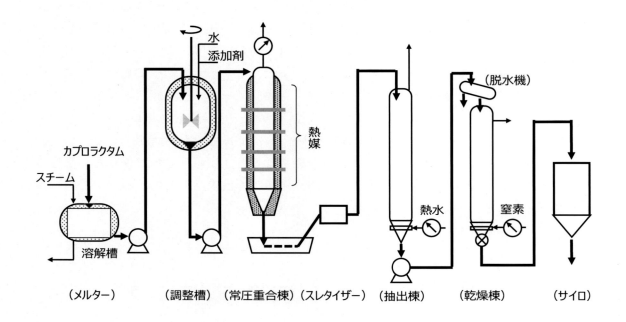

図 2.4.4 製造フロー[11]

2) ポリアミドの使用例

ポリアミドの最も多く用いられている分野は自動車関連で、次いで電気・電子分野となり、この用途で約60%となる。また、一般産業分野では優れた耐磨耗性を利用して、軸受、ブッシュ、歯車などにも多く使用され、さらに強靭性と耐薬品性を利用して、チューブなどの機械部品として多く使用されている。表2.4.5にポリアミドの使用例を示す。

表 2.4.5 応用分野と使用例

応用分野	使　用　例
自動車・車両	ラジエータタンク、ファン、ファスナー、ホイールキャップ
電気・電子	コネクター、コイルボビン、スイッチ部品
その他射出	サッシ部品、スポーツ用品、各種機械部品
押出分野	フィルム、モノフィラ（漁網、テグス）

3）ポリアミド樹脂の特性

代表的なポリアミド樹脂（ナイロン）と他のエンジニアリングプラスチックの比較を表2.4.6に示す。

表 2.4.6 ナイロンおよび他のエンジニアリングプラスチックの特性

項　目	単　位	ナイロン6 (PA6)	ナイロン66 (PA66)	ポリアセタール (POM)	ポリカーボネイト (PC)
融点	℃	220	260	180	―
比重	―	1.14	1.14	1.42	1.20
吸水率(24h)	%	1.8	1.3	0.22	0.24
引張強さ	MPa	72.6	78.5	59.8	61.8
破断伸び	%	200	60	60	100
曲げ強さ	MPa	122.6	127.5	89.2	93.2
曲げ弾性率	GPa	2.5	2.9	2.6	2.3
圧縮強さ	MPa	89.2	―	109.8	73.5
熱伝導率	W/(m・K)	0.24	0.24	0.23	0.20
熱変形温度（1.82MPa時）	℃	63	70	123	135
線膨張係数	10^{-5}/℃	8.5	8.5	10.0	7.0
連続使用温度	℃	110	―	104	120
比熱	kJ/(kg・K)	1.67	―	1.47	1.17
体積固有抵抗	Ω-cm	10^{15}	10^{15}	10^{14}	10^{16}
絶縁耐力	kV/mm	31	35	20	90

第2章

2.4.3 エポキシ樹脂（EP）

　エポキシ樹脂は 1938 年スイスのピエール博士によって発見され、1948 年に工業用の用途として使用が開始された。日本では 1960 年初頭から国内生産が始まり、以降、塗料や接着剤、電気電子材料などに幅広く用いられている。前述のポリアミド樹脂が熱可塑性樹脂であることに対し、エポキシ系樹脂は熱硬化性樹脂に分類されるものである。エポキシ樹脂は、1 分子中に 2 個以上のエポキシ基をもち、硬化剤または触媒の存在で三次元硬化ができる比較的分子量の小さい合成樹脂の総称をいう。硬化剤にはアミン系、脂肪族ポリアミンなど数多くの硬化剤があり、用途によって硬化剤の種類を選択する。

　熱可塑性樹脂と違い、単品の成形品として使用されることは少なく、コンポジット材料、塗料、接着剤などとして使用されている。特に高い絶縁性を持つことから、電気・電子部品にはほぼ全ての製品に使用されている。主な特徴を表 2.4.7 に示す。

表 2.4.7　エポキシ樹脂の各特性に対する特徴 [9]

特性項目	特　　　　徴
耐化学薬品性	耐薬品性に優れる。添加剤により強酸に少々侵される。
耐熱性	常用使用温度は 200℃である。
電気特性	絶縁性に優れ、電子部品などに用いられる。
低摩擦性	すべり支承には摩擦材としては使用しておらず、バック材として使用。
耐侯性	優れた耐侯性を有し、屋外で長時間使用しても劣化は見られない。

　すべり支承に用いているエポキシ樹脂も繊維で補強させたものが使用されており、これを繊維強化プラスチック（FRP：Fiber-Reinforced Plastics の略称）という。補強材にはガラス繊維、炭素繊維やアラミド繊維などが用いられる。また FRP にはエポキシ樹脂のほか、不飽和ポリエステル樹脂なども多く用いられている。前述の PTFE やポリアミド樹脂はそのものがすべり材として用いられるが、ガラス繊維で補強されたエポキシ樹脂（FRP）はすべり材のバック補強材として用いられる。

1）エポキシ樹脂の製造方法

　エポキシ樹脂の種類や用途により製法は異なるが、ガラスエポキシ樹脂の代表的な製造方法を示す。

　　ア.湿式積層法：液状樹脂に硬化剤を配合し、加熱して固める方法。
　　イ.乾式積層法：固状樹脂を溶剤に溶かし、低温で反応しない硬化剤を加え、ガラス繊維に含
　　　　　　　　　　浸させて乾燥させる。

2）エポキシ樹脂の主な用途

　エポキシの主な用途としては、塗料、電気電子部品、接着剤、プリント基板などである。塗料としては、自動車、船舶、橋梁などの重防食用途として使用されるものや飲料用缶の内面などに使用されるものが多い。電気電子部品としては家電、自動車、航空機などほぼ全てのものに使用されている。また、強化プラスチックとして橋梁の耐震補強やコンクリートの補強、建築物の床材などにも幅広く使用されている。表 2.4.8 にエポキシ樹脂の使用例を示す。

- 62 -

表 2.4.8 応用分野と使用例

応用分野	使 用 例
塗料	自動車、船舶、航空機、飲料缶内面、
接着剤	自動車、船舶、家具、電化製品などの接着剤として
ライニング材	上下水道施設のライニング
電気電子部品	プリント基盤、モーターの回転機コイル
その他	橋梁耐震補強材、コンクリート補強、床材、ゴルフクラブ、テニスラケット

2.4.4 すべり材の高温特性

1）各種プラスチック材料の特性比較

すべり材に用いられる各種プラスチック材料の融点、密度、伸び、引張強さ、連続使用温度（無荷重）特性比較を図 2.4.5～図 2.4.9 に示す。また、その他の特性比較表を表 2.4.9 に示す。

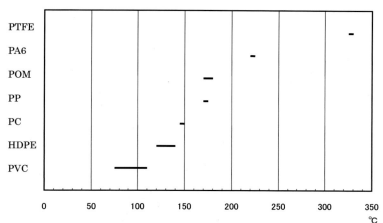

PTFE:四フッ化エチレン, PA6：ポリアミド 6, POM：ポリアセタール, PP：ポリプロピレン
PC：ポリカーボネイト, HDPE：高密度ポリエチレン, PVC：ポリ塩化ビニール

図 2.4.5 融点の比較 [10]

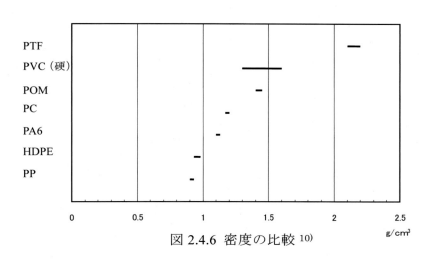

図 2.4.6 密度の比較 [10]

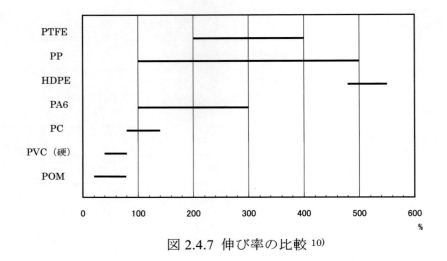
図 2.4.7 伸び率の比較 [10]

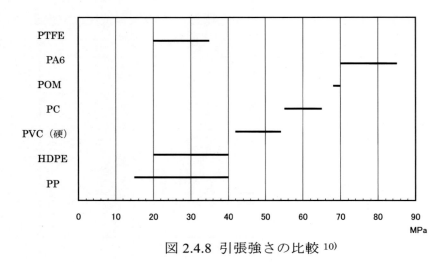
図 2.4.8 引張強さの比較 [10]

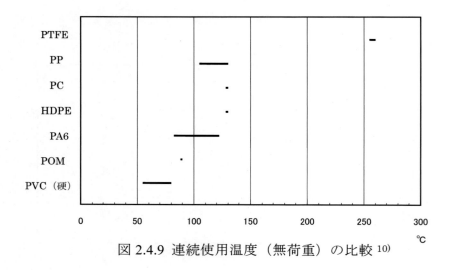
図 2.4.9 連続使用温度（無荷重）の比較 [10]

表 2.4.9 PTFE と各種プラスチック材料の特性比較 [10]

性質	PTFE	ナイロン	ポリプロピレン	ポリ塩化ビニール	備 考
耐 熱 性 （ ℃ ）	260	80〜	100〜	60	記号は次の通りとする。 ●相手を選ばず非常に優れている ◎非常に優れている ○優れている △使用可 ×使用不可 注： 1) LOI：限界酸素指数（Vol%）。数値が大きいほど難燃性大。 2) 薄い成形品の場合。
電 気 的 性 質	◎	△	◎	△	
難 燃 性[(1)] L O I （O₂%）	95＜	24	18	45	
機 械 的 性 質	△	◎	○	○	
低 摩 擦 性	◎	△	△	△	
耐薬品性　酸	●	×	○	○	
アルカリ	●	×	○	○	
溶　剤	●	×	△	△	
非 粘 着 性	◎	×	○	×	
耐 侯 性	◎	×	×	×	
透 明 性[(2)]	△	△	△	○	
成 形 性	△	◎	◎	◎	
密 度	2.17	1.13	0.90	1.35	

2）PTFE 材の機械的特性における温度特性

(1) 引張特性

　PTFE の引張特性の温度依存性を図 2.4.10、図 2.4.11 に示す。PTFE は熱可塑性樹脂であることから温度が高くなると軟化し、100%ひずみ時の引張応力では 20℃時の引張応力に対し、200℃でおおよそ 1/5 程度の保持率となる。ただし、素材の熱履歴の影響は小さく、高温に曝された素材を元の温度で試験した時の低下はほとんど見られない。

　図 2.4.11 に各種プラスチック材料の引張強さと温度の関係を示す。この結果、PTFE の引張強さは常温ではポリエチレンの 1/2 程度であるが、ポリエチレンが 100℃程度で急激に強度低下を起こすのに対し、PTFE は 200℃〜300℃においても強度を有している。

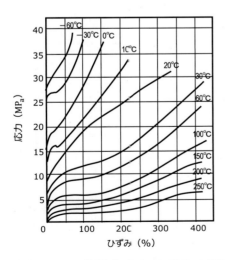
図 2.4.10 引張応力とひずみの関係 [12]

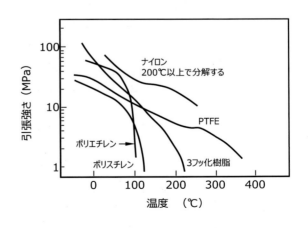
図 2.4.11 各種プラスチック材料の引張強さと温度の関係 [9]

(2) ヤング率

引張りにおけるヤング率と温度の関係を図 2.4.12 に示す。温度が高くなるとヤング率は急激に低下する傾向となる。

(3) 伸び

伸びと温度の関係を図 2.4.13 に示す。温度 50℃までは伸びが上昇するもののその後はやや低下傾向となる。また、-50℃でも伸びを確保しているのが特徴である。

(4) 圧縮特性

圧縮応力とひずみの関係を図 2.4.14 に示す。温度が高くなるとひずみも増加する傾向を示す。このひずみを抑制する構造方法として、図 2.4.2 に示す PTFE の拘束方式がとられている。また、表 2.4.10 に PTFE 材の 260℃までの特性を示す。

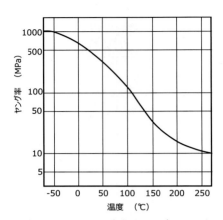

図 2.4.12 ヤング率と温度の関係 [13]

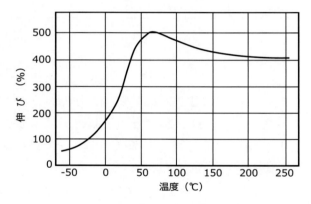

図 2.4.13 伸びと温度の関係 [12]

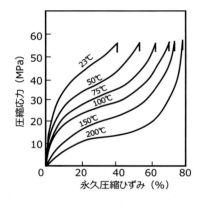

図 2.4.14 圧縮応力とひずみの関係 [12]

表 2.4.10 PTFE の高温特性 [9]

	ASTM試験法	23℃	100℃	200℃	260℃
引張強さ（破断）(MPa)	D638	27	17	10	6
伸び (%)	D638	300	>400	360	360
引張降伏点(MPa)	D1708	@2% 7	@3% 3	@4% 1.5	@8% 1.5
引張弾性率(GPa)	D638	0.53	0.09	0.02	0.01
曲げ弾性率(GPa)	D790	0.56	0.20	—	0.045
圧縮強度(MPa) 1%変形時 5%変形時	D695	5 13	2 5.5	0.7 3.0	0.4 2.0

(5) PTFE の接着特性

PTFE の高温時接着強さについては、図 2.4.15 に接着試験方法の概要、また図 2.4.16 にその試験結果を示す。試験は図のように 2 枚の金属の間に PTFE を挟み、一方は接着強度を増すための追加表面処理を施したものと、他は通常の接着処理を施したものを、図のように金属にスリットを入れたものを各温度下で引張り、その時の破断強度を求めたものである。この結果、常温時の接着強度に対し、100℃で約 1/2 程度、150℃で約 1/4 程度に低下する。

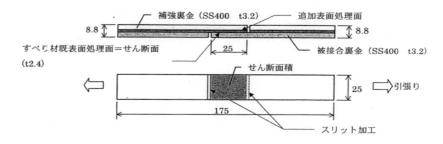

図 2.4.15 接着せん断試験方法の概要（単位 mm）

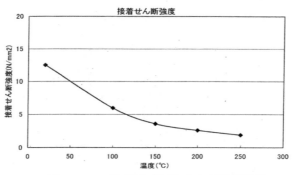

図 2.4.16 温度と接着せん断試強度

3）ポリアミド樹脂の温度特性
(1) ヤング率

　代表的なポリアミド樹脂である、ナイロン 6、ナイロン 66、ナイロン 610 のヤング率と温度の関係を図 2.4.17 に示す。樹脂の水分吸収率によりその変化は異なるが、大気中平衡水分（周囲の大気中水分と平衡するだけの水分を吸収させたもの）、あるいは水中飽和水分（水中に一定時間浸漬して飽和状態まで吸水させたもの）のいずれの場合も、温度の上昇とともに縦弾性係数が著しく低下し、変形に対する抵抗が小さくなる。

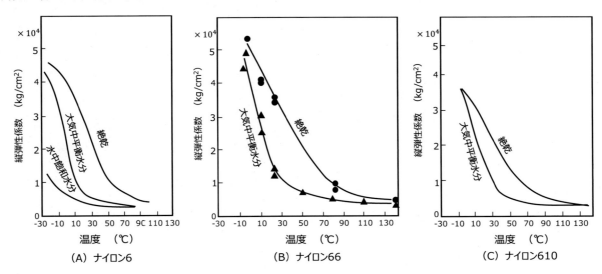

図 2.4.17 ナイロン樹脂における縦弾性係数と吸水率および温度の関係 [13]

(2) 圧縮特性

図 2.4.18 にナイロン 6 の圧縮弾性率および圧縮降伏応力と温度の関係、また図 2.4.19 にナイロン 66 の降伏強さと温度の関係を示す。いずれも弾性率と同様に温度によって著しく低下し、さらに水分吸収率によってその絶対値も低下する傾向を示す。

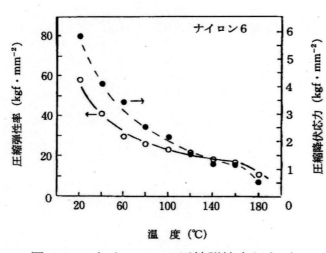

図 2.4.18 ナイロン 6 の圧縮弾性率および
圧縮降伏応力と温度の関係 14)

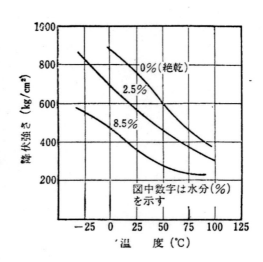

図 2.4.19 ナイロン 66 の降伏強さと
吸水率および温度の関係 13)

4) エポキシ樹脂の温度特性

一般的に合成樹脂（プラスチック）は、熱可塑性樹脂と熱硬化性樹脂に大別される。熱可塑性樹脂とは、加熱すると軟化・流動して可塑性（応力を除去しても形状を保持する性質）を示し、冷却すると固化するものをいう。一方熱硬化性樹脂とは、官能基をもつポリマーを主成分とするもので、熱可塑性樹脂と同じく加熱により軟化・流動するが、次第に三次元網目構造の架橋反応を起こして硬化し、一度硬化したものは熱をかけても可塑化することはない。

エポキシ樹脂は熱硬化性樹脂に属するもので、三次元網目構造のため表面硬度が高く、耐溶剤性、耐熱性、機械的強度などの諸点で熱可塑性樹脂よりも優れている。またエポキシ樹脂は金属表面との親和性が優れているため、特に金属の接着剤や塗料として用いられ、さらに機械的性質、電気絶縁性や耐熱性、耐薬品性、耐防食性に優れていることからエンジニアリングプラスチックとして多くの用途に用いられている。エポキシ樹脂の硬化物の最高使用温度は高いもので 350℃程度であるが、エポキシ樹脂をガラス繊維で補強複合させた繊維強化プラスチック（FRP）は、ガラスの温度特性の影響がでることにより使用温度は 200℃程度に減少する。

2.4.5 高温時の圧縮ひずみ特性

　JSSIでは、協会会員である弾性すべり支承および剛すべり支承製作会社のすべり材について、付属資料3の「すべり支承用すべり材の圧縮特性（温度依存性）試験方法」に基づいてすべり材の高温時圧縮特性試験を実施した。試験はφ50mm×厚さ4mmの円盤状のすべり材を基準温度23℃および50℃、100℃、150℃、200℃の温度状態で圧縮し、圧縮応力が10MPa、20MPa、30MPa、40MPaの時の圧縮ひずみを求め、基準温度23℃時の圧縮ひずみとの差を圧縮ひずみ差とした。これは、常温時から高温時に至る時の沈下量がどの程度進行するかをみるためのもので、その求め方の例を図2.4.20および図2.4.21に示す。

　図2.4.20は基準温度23℃と150℃におけるすべり材の応力-ひずみ関係を示したもので、23℃と150℃間の10MPa〜40MPa応力時におけるひずみ差をΔεとして求め、それを応力値ごとにプロットしたものが図2.4.21である。

　このようにして求めた、PTFE樹脂の高温特性を図2.4.22〜図2.4.25に、またポリアミド樹脂の高温時の特性を図2.4.26〜図2.4.29に示す。

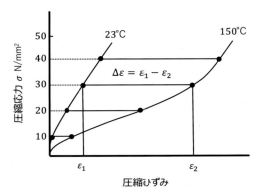

図2.4.20 圧縮ひずみ差の求め方（1）

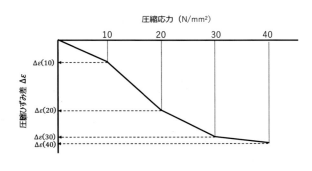

図2.4.21 圧縮ひずみ差の求め方（2）

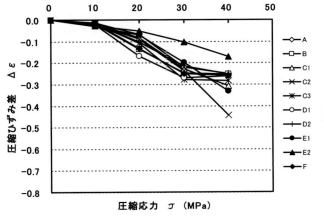

図2.4.22 PTFE 23℃-50℃間の圧縮ひずみ差

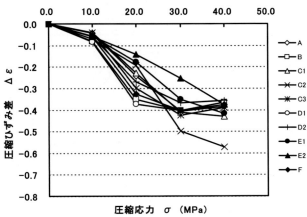

図2.4.23 PTFE 23℃-100℃間の圧縮ひずみ差

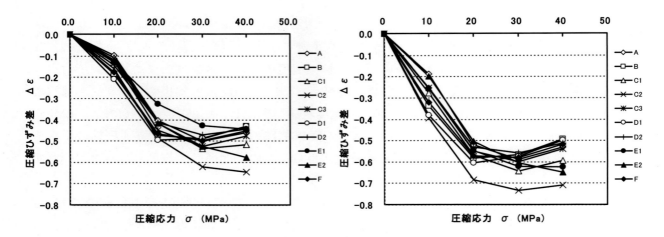

図 2.4.24 PTFE 23℃-150℃間の圧縮ひずみ差　　図 2.4.25 PTFE 23℃-200℃間の圧縮ひずみ差

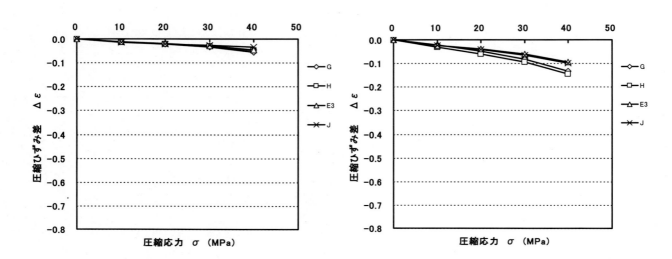

図 2.4.26 ポリアミド 23℃-50℃間の圧縮ひずみ差　　図 2.4.27 ポリアミド 23℃-100℃間の圧縮ひずみ差

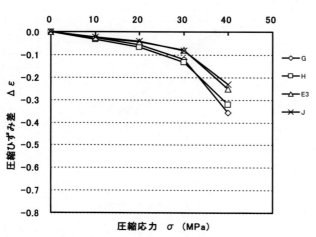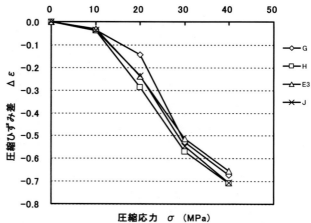

図 2.4.28 ポリアミド 23℃-150℃間の圧縮ひずみ差　　図 2.4.29 ポリアミド 23℃-200℃間の圧縮ひずみ差

2.5 転がり材

2.5.1 転がり支承を構成する鋼材

転がり支承を構成する材料のうち、一般鋼材については、「2.3 節 鋼材」に同じと考えてよい。転動体や転動面を構成する主要な材料が鋼材であれば、材料の降伏強度が低下しない程度の加熱を受けた場合、鉛直支持能力を失うことはない。

一方、転動体や転動面を構成する鋼材は、接触部の硬度を高めるために熱処理（焼入れ・焼戻し）が施されている。この熱処理の温度（焼戻しの温度）を超えた加熱を受けた場合、表面硬度が低下する恐れがある。硬度が低下しても鉛直支持能力に影響はないが、転がり摩擦係数の上昇すなわち構造性能の変化を伴う可能性がある。

なお、焼戻しは「耐摩戻し（低温焼戻し：100～200℃）」という種類のものが施されている場合があり、これは焼入れのみの処理よりも硬度は低下するが、熱応力や変態応力（組織変化に伴う応力）などのストレスを減少させ、耐摩耗性や耐衝撃性を向上させるものである。

火災を受けた後についても、部材の水平性能を著しく低下させないためには、耐火被覆を設計する際に、装置の熱処理温度について配慮する必要がある。

2.5.2 ゴム系の緩衝材

レール式転がり支承の中には、上下レール（ブロック）の間にゴム材料を挟み込んで、直交する部品を柔軟に接続しているものがある。このゴム部品は鉛直荷重を支持する構造となっているため、その耐火性能を検証する必要がある。天然ゴムの場合、「2.2.3 ゴム材料の温度特性」に同じくその性能担保温度は 150℃と考えてよいが、荷重支持能力を喪失する温度はもっと高温である。一方、ゴムが全て焼失した場合を想定し、厚み分（最大で 20mm）の沈下を許容した限界温度を検証する方法も考えられる。

2.5.3 防錆と潤滑を目的とした材料

鋼材の防錆とともに、装置が稼働する時の潤滑性を与える目的で、転動体や転動面に塗布または充填する材料である。潤滑の目的から、油脂系のものが用いられる装置が多い。防錆・潤滑材の例を表 2.5.1 に示す。

引火点は、ある液体について、空気中で点火したとき燃え出すのに十分な蒸気（液体と空気の混合物）が液面上に発生する最低の温度であり、この温度より低い温度では点火しない。また、一般に発火点は引火点よりも高温である。

表 2.5.1 防錆・潤滑剤の熱的材料定数例

材 質	規格等	密 度 (g/cm³)	引火点 (℃)
グリース	転がり軸受け用グリース	0.90	201
ポリブテン	電気絶縁油	0.87 (15℃)	160

第2章

【参考文献】

1) 「免震用積層ゴムハンドブック」、2000 年 1 月、（社）日本ゴム協会　免震用積層ゴム委員会編、理工図書

2) 赤石直樹、他：「高減衰ゴム系免震装置の載荷加熱試験による実験的検討」、日本建築学会大会学術講演梗概集、200 年 9 月（広島）、pp.127-128

3) JIS K 6254:2003「加硫ゴム及び熱可塑性ゴム-低変形における応力・ひずみ特性の求め方」、日本工業規格（日本規格協会）

4) 「設計者のための高分子力学」、2000 年 10 月、深堀美英、技報堂 pp.76-81

5) 「構造材料の耐火性ガイドブック」、2004 年 11 月、（社）日本建築学会

6) 「建築技術 No.542」、1995 年 6 月、（株）建築技術

7) ステンレス建築 NO.10」、1998 年 3 月、（社）日本鋼構造協会

8) （社）鋼材倶楽部　建築専門委員会/建築用鋼材研究会：新しい建築構造用鋼材、鋼構造出版

9) 「テフロン実用ハンドブック」、1999 年 8 月、三井・デュポンフロロケミカル㈱

10) 「ふっ素樹脂ハンドブック」、2008 年 6 月、（社）日本弗素樹脂工業会

11) 「プラスチック機能性高分子材料事典」、産業調査会事典出版センター

12) 「ダイキンフッ素樹脂ハンドブック」、2009 年 3 月、ダイキン工業㈱

13) 成形加工技術者のための「プラスチック物性入門」昭和 48 年 3 月 30 日、日刊工業新聞社、p.78

14) （社）日本塑性加工学会編、「プラスチック成形加工データブック」昭和 63 年 3 月 25 日、日刊工業新聞社、p.41

第3章　免震部材の耐火性能

3.1　要求される耐火性能

3.1.1　火災時の要求性能

　建築物の主要構造部（壁、柱、床、はり、屋根、階段）に要求される耐火性能は、非損傷性・遮炎性・遮熱性の三つに分類される。免震部材そのものは建築基準法上では主要構造部に該当しないが、中間層免震建物では免震部材が柱の一部として用いられることになる。したがって、免震部材も柱としての耐火性能が要求される。建築物の柱としての機能は、建物の荷重を支持する機能であることから、その一部を構成する免震部材にも同様の機能が求められ、この機能の非損傷性が要求されることになる。このことから、免震部材のうち荷重支持機能を負担する積層ゴム支承やすべり支承、転がり支承などについては、耐火性能のうち非損傷性のみが必要となる。非損傷性とは、火災による加熱が加えられた場合に、構造耐力上支障のある変形、溶融、破壊その他の損傷を生じず、免震部材が負担している荷重を火災終了後も保持する性能である。

　ただし、積層ゴム支承やすべり支承、転がり支承などの免震部材自体が建築基準法の要求する耐火性能を保有しているものではないことから、火災加熱から免震部材を保護するための耐火被覆を含めた免震部材または柱としての耐火性能が重要となる。

　2000 年の改正建築基準法の施行に伴い、免震部材の耐火被覆を上下の鉄筋コンクリート柱も含んだ耐火構造柱として、免震部材の耐火構造の認定が可能となった（第 1 章 1.1.5 項 3)「耐火構造としての免震部材」参照）。具体的には、「免震材料の表面温度を測定した場合にあっては、表面温度の最高が試験終了時まで性能担保温度を超えないこと。ここでいう性能担保温度とは、別途実施した JIS K 6254 または同等の圧縮強度試験等により求めた性能低下を起こさないことが明確な温度とする。」と定められ、要求耐火時間内では免震材料の表面温度が性能担保温度以下となることが条件となる。この「性能低下を起こさない」とは、前述の非損傷性を意味するが、免震部材の具体的な非損傷性としての荷重支持性能の定義が不明確なため、現状は柱としての要求耐火性能に準じることになる。

　一方、米国でのサンフランシスコ大地震（1906 年）、我が国の関東大地震（1923 年）を初めとして近年では兵庫県南部地震（1995 年）など、地震の直後に火災が発生し、都市火災にまで発展することもあるが、地震と火災の同時作用、即ち火災による建築物の燃焼中に大地震が重なることは、建築基準法では想定しておらず、火災時（燃焼中に）における建築物の耐震安全性能までは要求されていない。したがって、免震部材の性能としては、荷重支持性能と水平変形性能が重要であることはいうまでもないが、耐火被覆を施した免震部材に要求される火災時の性能としては、主に免震部材が水平に変形していない状態での、火災中および火災後の荷重支持性能に関する耐火性の研究が行われている。

　しかし、東北地方太平洋沖地震（東日本大震災）や熊本地震では、本震に相当する余震が短時間かつその回数もこれまでの想定を超える地震が発生している。したがって、地震→火災→地震の可能性もあり、火災後の建物の安全性を確認している余裕がないことも想定される。また、免震建物でも地震を受けた直後には耐火被覆や防火区画の免震スリット部に残留変位が残る可能性もあることから、残留変位が残った状態における火災時の荷重支持性能についても把

握しておくことも大切である。これらについては、今後の巨大地震波の想定や防災対策上での観点から重要な課題であると思われる。

一方、免震部材のうちダンパー（オイルダンパー、鋼材ダンパー、摩擦ダンパーなど）や復元装置などについては、建物荷重を支持しないため建築基準法における耐火性能の要求はない。

3.1.2 火災後に対する要求性能

火災を受けた後の建物健全性については、前述のとおり建築基準法上に要求はなく、建物所有者と設計者の判断に委ねられている。そのため、一般的な耐震建物においても主要構造部である柱、梁、床、壁などが火災後も火災前の性能を保持しているかどうかは、建築確認を得ているからといっても技術的な担保があるわけではない。

火災と一口にいっても、ごみ箱が燃えるだけに留まった極小規模の火災もあれば、室内の収容物が燃えたがスプリンクラーが作動し初期消火に成功した火災や、逆に初期消火が果たせず盛期火災に至ってしまった火災などさまざまな規模がある。現状では、火災後に火害診断を行い、損傷の程度を確認し、必要に応じて部材の補強や交換を行うことで建物を再使用している。

免震建物も耐震建物と同様に火災後は火害診断を行い再使用について検討を行うことが原則である。その際の判断根拠として、火災後の免震部材の鉛直および水平変形性能についてはいくつかの実験結果が報告されている。しかしながら、火災後の免震部材の各種依存性（面圧依存性、繰返し依存性、速度依存性など）や経年変化、クリープについては十分な報告がなく、火災前と同じ性能を保っているとはいえない部分も多い。また免震建物にダンパーが使われている場合には、免震建物の火災後再使用について、これらダンパーの火災加熱後の性能評価も十分に行う必要がある。

3.1.3 免震部材の荷重支持性能

積層ゴム支承のゴム部は中間鋼板の拘束効果により3軸圧縮状態となり、高い鉛直支持能力を発揮することができる。積層ゴム支承に作用させる鉛直荷重を増大させていくと、やがては中間鋼板が破断し、次にゴム層の破断に至る。この時の積層ゴム支承の圧縮破断強度は面圧で100 N/mm² を超える値となることが報告されている[1]。

一般的に実大積層ゴム支承の圧縮破断強度を実験的に求めることは困難であることから、平成12年建設省告示第1446号（以下、告示1446号）では、Haringx理論による圧縮荷重下でのせん断剛性を求める式において、せん断剛性が0となる時を積層ゴム支承の座屈限界と定義し、この時の座屈限界強度を「圧縮限界強度 σ_{cr}」としてもよいとしている。この Haringx 理論による座屈限界強度の式を簡略化したものを「座屈限界式」といい、式（3.1.1）で示される[2]。

$$\sigma_{cr} \fallingdotseq \zeta \cdot G \cdot S_1 \cdot S_2 \qquad (3.1.1)$$

$$\zeta = \pi \sqrt{\frac{\kappa}{8\left(1 + 2\kappa S_1{}^2 G/E_b\right)}}$$

ここで

σ_{cr} ：圧縮限界強度 （N/mm²）
G ：ゴムのせん断弾性係数（N/mm²）
S_1 ：一次形状係数
$$= \frac{D - d_i}{4t_r}$$
D:ゴム直径、d_i：ゴム内径、t_r：ゴム1層厚さ
S_2 ：二次形状係数
$$= \frac{D}{nt_r}$$
n:ゴム層数
E_b ：体積弾性係数（N/mm²）

この式からもわかるように圧縮限界強度 σ_{cr} は概ね一次形状係数 S_1、二次形状係数 S_2 、せん断弾性係数 G の積に比例することがわかる。積層ゴム支承の設計に用いられる設計用圧縮限界強度 σ_c は、積層ゴム支承の材料認定時に圧縮試験結果、圧縮試験機能力、座屈耐力、せん断変形時の荷重支持性能を総合的に判断して、製作会社がその値を決定している。告示1446号では形状係数やゴム材料のせん断弾性係数にもよるが、最大で 60 N/mm² を設定している場合が多い（図 3.1.1）。

さらに、設計用圧縮限界強度に 0.1～0.3 程度を乗じた面圧（圧縮応力度に相当）を、長期荷重支持に適切な面圧として基準面圧が設定されている。一般的に設計用圧縮限界強度を 60 N/mm² とした場合、最大で 60×0.3＝18 N/mm² となるが、さらに安全率を 20% 程度見込んで 18/1.2＝15 N/mm² としている場合が多い。この基準面圧を用いて、積層ゴム支承の鉛直剛性、水平剛性、水平変形限界、温度依存特性、クリープ特性、繰返し依存性などの積層ゴム支承の基本性能評価が行われており、各種試験データが充実している。

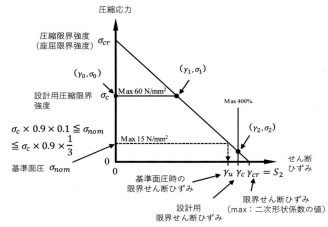

図 3.1.1 積層ゴム支承の限界性能

時刻歴応答解析法による免震建物の設計を行う際には、基準面圧程度の面圧がかかるよう積層ゴム支承の断面形状を調整することが多い。

なお、平成12年建設省告示第2009号（以下、告示2009号）では、告示1446号の圧縮限界強度に 0.9 を乗じた値を鉛直基準強度とし、長期許容応力度は、鉛直基準強度の 1/3 以下と定めていることから、設計用圧縮限界強度を 60 N/mm² とした場合には、長期許容応力度は 60×0.9×1/3＝18 N/mm² となる。しかし、一般的には製作会社が定めている基準面圧を長期許容応力度として用いる場合が多い。

一方すべり支承などでは、ゴム材料を使用している場合は積層ゴム支承と同様な考え方をし、設計用圧縮限界強度を 60 N/mm² としている。ただし、すべり材については設計用圧縮限界強度を実験によって求め、製作会社が適切な安全余裕度を持った強度を設定している。一般的には積層ゴム支承よりも大きな値を設定している場合が多く、弾性すべり支承ではすべり材の断面積がゴム部に比べて小さく設定されているものもある。

3.2 天然ゴム系積層ゴム支承

3.2.1 天然ゴム系積層ゴム支承の構成

天然ゴム系積層ゴム支承は薄い天然ゴム層と中間鋼板を鉛直方向に多数積層したものである。積層化により鉛直荷重支持能力が飛躍的に高まり、水平方向にはせん断荷重とせん断変位の関係がほぼ線形となり、免震建物には広く用いられている。天然ゴム系積層ゴム支承の構成図を図 3.2.1 に示す。

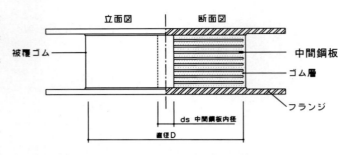

図 3.2.1 天然ゴム系積層ゴム支承構成図

3.2.2 常温時の荷重支持性能

積層ゴム支承の荷重支持機構は、3.1.3 項の免震部材の荷重支持性能で述べたとおりである。天然ゴム系積層ゴム支承では内部ゴムに温度依存性やクリープ特性に優れた天然ゴム材料を用いていることから、積層ゴム支承の一次形状係数 S_1 が 30 以上、二次形状係数 S_2 が 5 以上の形状を有していれば比較的安定した荷重支持性能を発揮する。先にも述べたが常温時での圧縮破断強度は 100 N/mm² を超えるような強度を有する。

3.2.3 高温時の荷重支持性能

天然ゴム系積層ゴム支承の高温時の荷重支持性能は、主な構成材料であるゴムおよび鋼材の高温時の物性変化により、常温時に比べて低下することが予想される。またゴムは可燃性であるため、耐火被覆のない状態で火災加熱を受けると燃焼する。

積層ゴム支承が火災加熱に曝された場合、直接の加熱に曝されるゴム表面温度が最も高温となり、内部ほど表面温度より低温になる。また積層ゴム支承は軸力支持を行う内部ゴムの外側に、紫外線やオゾンなどによる劣化を防止するための被覆ゴムが巻かれている。したがって、被覆ゴム表面温度が多少高温となっても、全体の荷重支持性能への影響は小さいと思われる。ただし、積層ゴム支承は内部に鋼板が層状に多数積層されていることから、鋼板を介して熱が内部に伝導されるため、単なるゴムブロックよりも早く内部に温度が伝達されることとなる。

光阪らは、φ670 の積層ゴム支承を用い、耐火被覆無しの場合と有りの場合の JIS A 1304 の標準加熱曲線による面圧 4.6 N/mm² での載荷加熱試験を行っている[3]。図 3.2.2 に試験体図および温度測定位置を、また図 3.2.3 と図 3.2.4 に耐火被覆無しの場合の積層ゴム支承内部温度の変化と、載荷荷重と鉛直変位の変化を示す。ただし、ゴム表面から 15 mm 入った⑫番測定点の温度が加熱開始から 111 分で 500℃に達したと同時に、鉛直荷重のバランスが崩れはじめ試験体の傾斜が生じたため加熱を停止している。

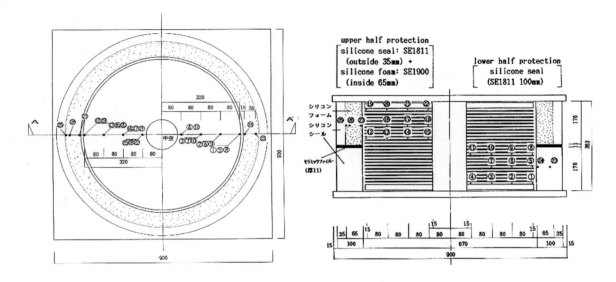

図 3.2.2　試験体図および温度測定位置 [3]

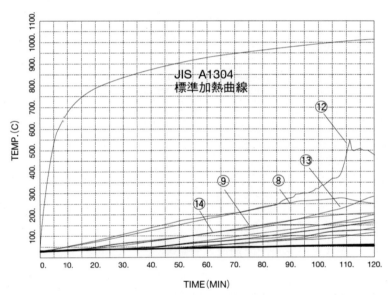

図 3.2.3　積層ゴム支承内部温度測定結果（耐火被覆なし）[3]

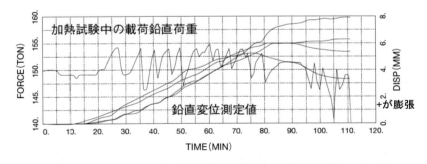

図 3.2.4　載荷荷重と鉛直変位履歴（耐火被覆なし）[3]

　これらの結果から、111分時点では表面層が275℃〜500℃に対し、中央部温度（⑨⑬⑭）は150℃〜250℃と中心に近いほど低温に留まっており、火災加熱を受ける積層ゴム支承の温度は表面部と中心部で大きな温度差が生じることが明らかとなっている。また、加熱中は積層ゴム

第3章

支承に熱膨張が生じており、膨張変位中（荷重バランスが崩れない限り）は鉛直荷重支持性能が維持されていた（図 3.2.4）。

　上記のとおり、当該試験で用いた無耐火被覆の積層ゴム支承は 100 分程度の荷重支持能力があったが、ゴム材料が自己燃焼性を有しているため火災終了後までは荷重支持性能を保証できない。そこで光阪らは、同 φ670 の積層ゴム支承に、厚さ 100 mm のシリコーン耐火充填材を現場成型し、JIS A 1304 の標準加熱曲線による 180 分の載荷加熱試験を行っている。この結果、積層ゴム支承の表面部 ㉗ の温度は 100℃程度であり、この時の装置内部温度は 50℃以下（初期温度からの上昇は 25℃以下）（図 3.2.5）に留まり、3 時間加熱に対しても荷重支持性能は十分に維持されることを確認している（図 3.2.6）。また、この加熱試験中に変位計により測定した膨張変位は約 3 mm であり、試験終了後に耐火被覆を除去した結果、積層ゴム側面のゴム表面外観には何らの変化・異常も認められなかったと報告されている。[3]

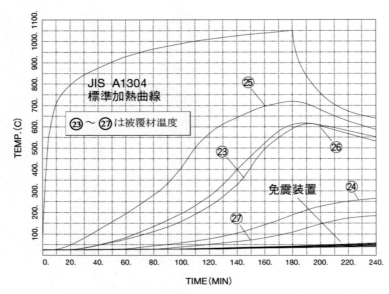

図 3.2.5　支承内部温度測定結果（耐火被覆有り）[3]

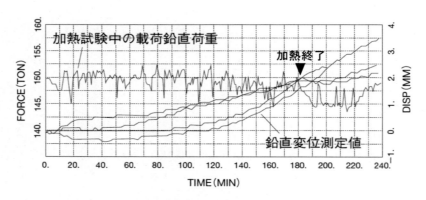

図 3.2.6　載荷荷重と鉛直変位履歴（耐火被覆有り）[3]

　この他にも、火災終了後までの荷重支持性能を確保するため、すなわち耐火性能を確保する目的で積層ゴム支承に耐火被覆を施した試験体を用いて、いくつかの検証実験が行われている。[4],[5],[6] 以下にそれらについての概要を示す。

宮本ら[4]は、10 mm厚のセラミックファイバーブランケットを5層ないし3層重ねて耐火被覆とし（図3.2.7）、120分の加熱試験（無載荷）を行いゴム表面最高温度が99℃に留まったことを確認している（図3.2.8）。なお図3.2.7のリングは耐火被覆取り付け用に使用している。青木[5]および高山ら[6]も、同様にセラミックファイバーブランケットを用いた耐火被覆を用いて、加熱試験（無載荷）を行っている。

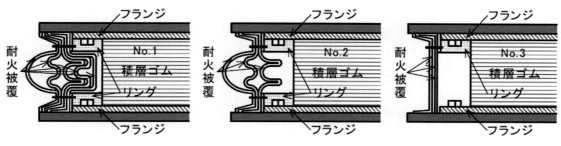

図3.2.7 耐火被覆取付図[4]

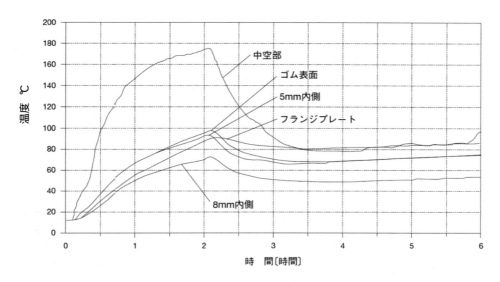

図3.2.8 温度測定結果（No.2）[4]

3.2.4 性能担保温度について

JSSIでは、積層ゴム支承に用いられる主要な天然ゴムのせん断弾性係数（$G=0.29$ N/mm^2〜$G=0.98$ N/mm^2）について、JIS K 6254:2003「加硫ゴム及び熱可塑性ゴム－低変形における応力・ひずみ特性の求め方」に準拠した、23℃から200℃における規定圧縮ひずみ時（$\varepsilon = 10\%, \varepsilon = 20\%$）の圧縮弾性率の変化を測定している（第2章、図2.2.9）。その試験結果によると、23℃から150℃まで温度が上昇しても弾性率の低下は約20%以内であるが、150℃を過ぎると急激に低下している。このことから、積層ゴム支承のゴムの表面温度が150℃以下であれば、内部温度はさらに低温であり、荷重支持性能としては十分に安全性が保たれていると考えられる。さらに、実際の圧縮限界強度は基準面圧に対してきわめて大きな安全余裕度を有していると考えられることから、JSSIでは天然ゴム系積層ゴム支承の性能担保温度を150℃と設定している。

3.2.5 熱膨張について

　高温時にはゴムと鋼材に剛性低下と熱膨張が同時に生じることになる。熱膨張量は温度に依存するが、積層ゴム支承の高温時の熱膨張係数については十分な研究が報告されていない。しかしながら、積層ゴム支承の膨張により建物が崩壊する危険性は小さく、載荷加熱試験により熱膨張を含んだ軸収縮量（熱膨張および熱収縮を含んだ軸変化量を軸収縮量という）を確認しておけば、建物の安全性を検討することができる。載荷加熱試験については前述したとおり、多くの既往の報告がある。

　実際の建物においては、全ての積層ゴム支承が同じ程度の熱膨張を生じていれば、建物部材に大きな付加応力は生じないと考えられるが、一部の積層ゴム支承のみ加熱され熱膨張が生じると、構造架構の部材に付加応力が発生することになるため、設計上留意する必要がある。

3.2.6 火災前後の鉛直性能

　青木らは、天然ゴム系積層ゴム支承φ700にセラミックファイバーブランケット入りクロスの被覆を行った試験体に3時間の加熱試験（無載荷）を行っている[5]（図3.2.9）。加熱開始から10時間後において、積層ゴム表面温度は85℃程度の最高温度に達していた。加熱の前後において5.9～9.8 N/mm^{2}の面圧に対し±2.9 N/mm^{2}の鉛直加力試験を行っている。加熱試験前後での鉛直剛性の変化は2%程度であり、試験結果から荷重支持性能への影響はほとんどないと判断できる。

　高山らは、天然ゴム系積層ゴム支承φ800にセラミックファイバーブランケットの被覆を行った試験体に3時間の加熱試験（無載荷）を行っている[6]（図3.2.10）。ゴムの内部温度は加熱停止後も上昇を続け、フランジ近傍では25時間経過後に、さらに中央層では40時間経過後に最高温度が約60℃に達した。加熱試験の前後に9.8 N/mm^{2}の面圧に対し±30%の鉛直加力試験を行い、加熱試験後の鉛直剛性は加熱前に対して1.2%程度の低下であったと報告している。[6]

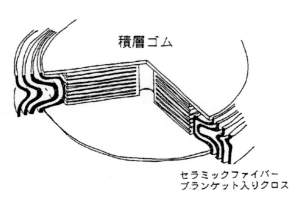

図3.2.9 試験体の概念図 [5]

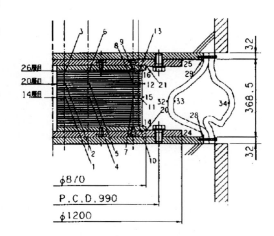

図3.2.10 試験体の概念図 [6]

3.2.7 火災前後の水平性能

天然ゴム系積層ゴム支承の水平性能はゴムのせん断特性に依存するものであり、ゴムが火災加熱を受けた場合には水平性能が変化することになる。

青木らは、天然ゴム系積層ゴム支承φ700の加熱試験の前後に水平性能確認試験を行っている[5]（3.2.6項で述べた試験と同じ試験体を用いている）。加熱前後で面圧5.9〜9.8 N/mm^2、水平振幅±250 mmの加力試験を行った結果、水平剛性の変化率は2%以下であり、かつ水平履歴性能にほとんど変化が無いことを確認している（図3.2.11）。

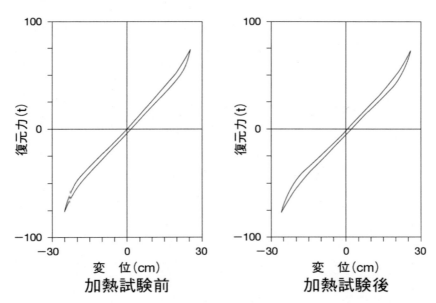

図3.2.11 天然ゴム系積層ゴム支承φ700の加熱試験後の履歴曲線[5]

高山らは、天然ゴム系積層ゴム支承φ800の加熱試験の前後で水平性能確認試験を行っている[6]（3.2.6項で述べた試験と同じ試験体を用いている）。面圧9.8 N/mm^{2}で水平振幅±156 mm（せん断ひずみ100%）の試験では、加熱試験前後での水平剛性の変化率は0.5%程度であり、水平履歴性能にほとんど変化がないことを確認している（図3.2.12）。

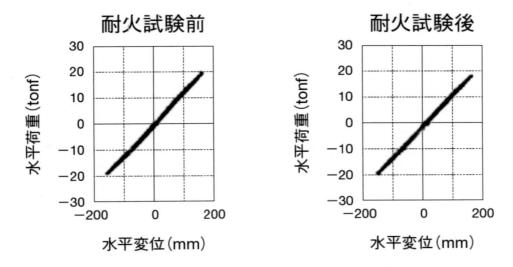

図3.2.12 天然ゴム系積層ゴム支承φ800の加熱試験後の履歴曲線[6]

3.3 プラグ挿入型積層ゴム支承

3.3.1 プラグ挿入型積層ゴム支承の構成

プラグ挿入型積層ゴム支承は天然ゴム系積層ゴム支承に中心孔を設け、エネルギー吸収用のプラグなどを挿入した免震部材である。図3.3.1に鉛プラグ入り積層ゴム支承（以下、LRB）の構成図を示す。水平変形時には、積層ゴムのせん断変形と鉛プラグのせん断変形が同時に生じることで、免震部材に必要とされる荷重支持性能と水平方向の変形性能と減衰性能

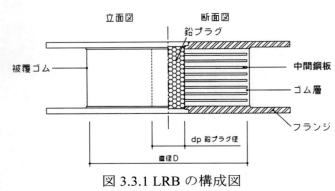

図 3.3.1 LRB の構成図

を併せ持つため、LRB 単独での免震建物を構成することができる。

3.3.2 常温時の荷重支持性能

LRB の鉛プラグは、クリープしやすい材料であるため、長期的な荷重支持は積層ゴム部のみで行っていると考えてよい。したがって LRB の荷重支持性能は天然ゴム系積層ゴム支承とほぼ同等と考えられる。

時刻歴応答解析による免震建物設計における使用面圧、および告示 2009 号による設計での長期許容応力度の考え方は、天然ゴム系積層ゴム支承と同じとなる。

3.3.3 高温時の荷重支持性能

加藤らは、無耐火被覆の φ1000 天然ゴム系積層ゴム支承と φ1600 の LRB に対し、JIS A 1304 による標準加熱温度と、これに 0.5 を乗じた加熱温度で載荷加熱試験（面圧 4.9 N/mm^2）を行っている[7]。実験パラメータを表 3.3.1 に、試験状況図を図 3.3.2、試験体形状を図 3.3.3 に示す。また、この時の温度経時変化を図 3.3.4 〜図 3.3.6 に示す。

この結果によると、ステップ 1 の標準加熱試験において、表面部（ゴム表面および 8 mm 深さ部）はほぼ加熱温度と同様な温度変化を示すが、内部については遅れて変化することがわかる。

しかしながら、30 mm の位置の温度が約 50 分で急激に上昇している。これは、表面被覆ゴムの焼失により、中間鋼板へ火炎が直接作用したためか、または燃焼領域が当該測定点に達したためと考えられる。

表 3.3.1 実験パラメータ[7]

試験体名	寸法	加熱	耐火被覆	面圧 (N/mm^2)
中規模ステップ1（予備）	φ1.0m	標準加熱	無し	49
中規模ステップ1				
中規模ステップ2		0.5×標準加熱		
実大	φ1.6m	標準加熱		

図 3.3.7 に鉛直変位の経時変化を示す。これによると、載荷直後の状態から 7〜11 mm までの膨張が測定されている。中規模ステップ 1（予備）、中規模ステップ 1 および実大試験体は、上部鋼板フランジが面外に回転し、荷重支持性能を失ったので実験を途中終了している。また実

第3章

大試験体（φ1600）の載荷加熱試験では、加熱29分で炉内に黒煙が充満し観察が不可能になったため加熱を一時中断し、10分後に標準加熱の原点から加熱を再開している。

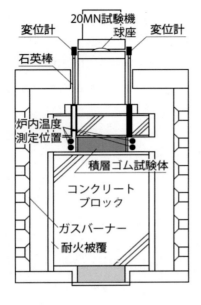

図 3.3.2 試験状況図 [7)]

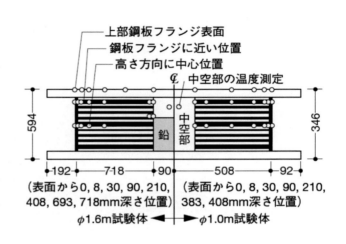

図 3.3.3 試験体の形状寸法 [7)]

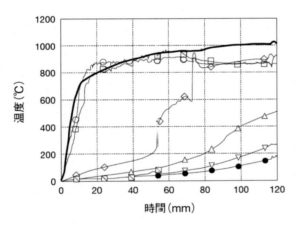

図 3.3.4 温度経時変化（中規模ステップ1）[7)]

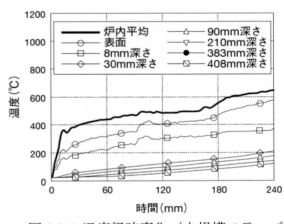

図 3.3.5 温度経時変化（中規模ステップ2）[7)]

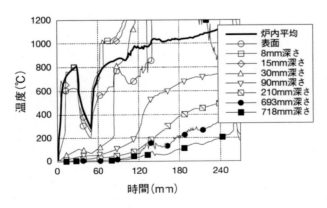

図 3.3.6 温度経時変化（実大試験体）[7)]

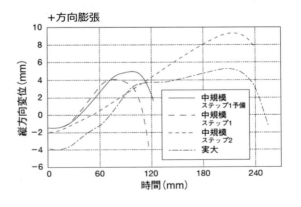

図 3.3.7 鉛直変位経時変化 [7)]

第3章

耐火被覆を行ったLRBの高温時での荷重支持性能についても報告がある。宮﨑らは、φ670のLRBの外周を円形リング状に積層したセラミックファイバーリング（厚25 mm×奥行50 mm×15段）で耐火被覆し、180分の載荷加熱試験を行っている[8]。図3.3.8にLRB試験体と温度測定位置、図3.3.9に載荷加熱試験方法を、また図3.3.10に温度測定結果を示す。耐火被覆層とLRB表面の隙間（15 mm）の温度は、180分後310℃まで上昇したが、180分後のゴム層温度は表面から15mmの位置（図3.3.10の③）で95℃程度であった。鉛直荷重は150±5 tfの範囲で制御（LRBの膨張により鉛直荷重が上昇するため油圧ジャッキのオイルを抜きながら荷重を一定に制御）され、図3.3.11に示すように180分の間、試験体LRBの荷重支持性能は十分に保持されていた。

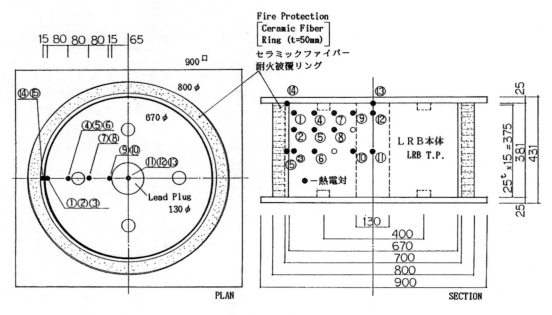

図 3.3.8 LRB 試験体と温度測定位置 [8]

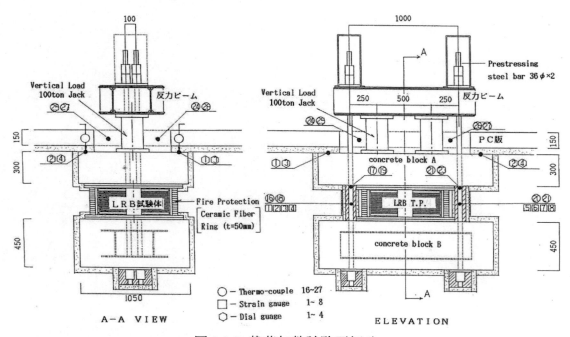

図 3.3.9 載荷加熱試験要領 [8]

- 84 -

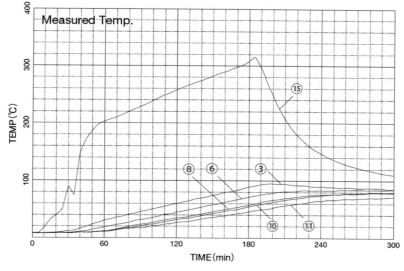

図 3.3.10 温度測定結果 [8]

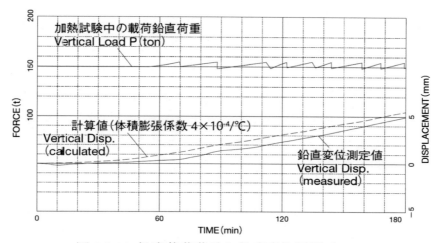

図 3.3.11 鉛直載荷荷重と鉛直変位履歴 [8]

3.3.4 火災前後の水平性能

　プラグ挿入型積層ゴム支承に使用されるゴム材料は、一般に天然ゴムを主体としたものであり、加熱後の特性変化は前述の天然ゴム系積層ゴム支承と同程度であると考えられる。

　宮崎らは、鉛プラグ入り積層ゴム支承の載荷加熱試験（面圧 4.6 N/mm^2）の前後で常温状態の性能確認試験を行っている[8]。その結果、載荷加熱前後で同等な履歴曲線（図 3.3.12）が得られており、構造性能上の大きな変化は認められなかったと報告している。

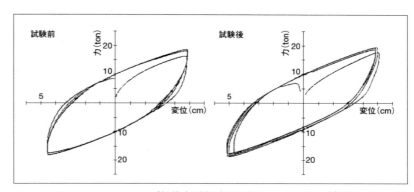

図 3.3.12 LRB の載荷加熱試験前後の履歴曲線 [8]

3.4 高減衰ゴム系積層ゴム支承

3.4.1 高減衰ゴム系積層ゴム支承の構成

高減衰ゴム系積層ゴム支承（以下、HDRという）の形状は、天然ゴム系積層ゴム支承と同様であるが、ゴム材料に減衰性能を有する合成ゴムを用いている。水平変形時に大きなエネルギー吸収性能を有しており、LRBと同じく、長周期化性能と減衰性能をあわせ持った支承である。図 3.4.1 に構成図を示す。

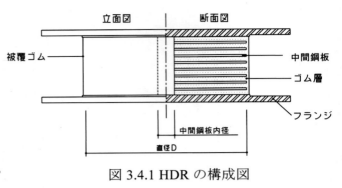

図 3.4.1 HDR の構成図

3.4.2 常温時の荷重支持性能

HDR の常温時荷重支持能力の考え方は、天然ゴム系積層ゴム支承と同じである。圧縮限界強度の値は、圧縮試験結果、圧縮試験機能力、座屈耐力、せん断変形時の荷重支持性能を総合的に判断して決定されている。

3.4.3 高温時の荷重支持性能

JSSI では HDR に使われている高減衰ゴム材料のせん断弾性係数（G=0.39 N/mm^2～0.6 N/mm^2）について、23℃から 200℃における規定圧縮ひずみ時の圧縮弾性率の変化を測定している（第2章、図 2.2.10）。試験方法は天然ゴム系積層ゴム支承の場合と同じ方法である。この試験結果によると、23℃から 150℃まで温度が上昇すると圧縮弾性率は約 80％低下し、天然ゴム材料よりも変化率は大きい。また、天然ゴムのようにある温度から急激に特性が変化するような変曲点も見られず、温度上昇にほぼ反比例して特性変化が生じている。これは高減衰ゴム材料には、減衰性能を得るために温度依存性の大きいゴム素材と粘性材料が配合されていることと、JIS K 6254 の試験に用いる試験サンプル形状（一次形状係数が極端に小さい）による影響によるものと考えられる。

高減衰ゴム材料の試験では 150℃までの特性変化が大きいが、耐火被覆を施した実際の支承においては、積層ゴム内部ほど温度が低く留まるため、表面最高温度を 150℃以下に管理することにより、荷重支持性能は確保できると考えられる。

赤石らは、φ600 の HDR にケイ酸カルシウム板からなる耐火被覆を施した試験体（図 3.4.2）を用いて、ISO 834 による 300 分の載荷加熱試験（二次形状係数 $S_2 = 3.0$ を考慮して面圧 6.3 N/mm^2）を行っている[9]。

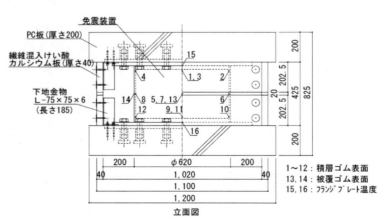

図 3.4.2 試験体の形状および寸法 [9]

図 3.4.3 に積層ゴム支承表面温度の測定結果を示す。積層ゴム表面の最高温度は 162℃であった。試験中の積層ゴム支承は冷却までの間、最大 7mm 程度の熱膨張を生じたが、鉛直方向に収縮は起こらず、載荷荷重を支持し続けていた。有効な耐火被覆を施し、積層ゴム支承表面温度が 162℃程度であるならば、火災時において十分な荷重支持性能を保持していることが確認できた。

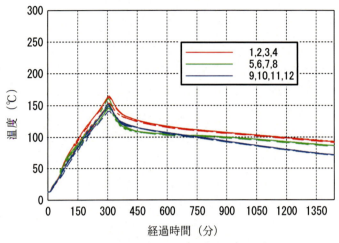

図 3.4.3 積層ゴム表面温度の測定結果 [9]

3.4.4 火災前後の水平性能

HDR に使用されるゴム材料は、ゴム自体に減衰性能が付与された合成ゴムであり、天然ゴムに比べると比較的温度依存性が大きい材料である。HDR の載荷加熱試験前後の水平性能確認試験が行なわれて、加熱による影響が確認されている [10]。この結果を図 3.4.4 に示す。

試験の結果から、荷重－変位曲線はほとんど変化していないことが確認できる。僅かな性能の変動はあるものの、加熱後にも概ね所定の性能を有しており、履歴曲線にも大きな変化は見られない。

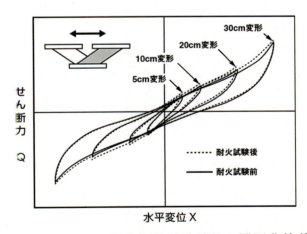

図 3.4.4 HDR の載荷加熱試験前後の履歴曲線 [10]

3.5 すべり支承

3.5.1 すべり支承の構成

すべり支承はすべり材とすべり板を組合わせたすべり機構をもつ免震部材であり、すべり材と天然ゴム系積層ゴム支承を重ねた弾性すべり支承と、すべり材と回転変形吸収部を重ねた剛すべり支承に分類される。弾性すべり支承は水平方向の小振幅時には天然ゴム系積層ゴム支承が水平変形し、その水平力がすべり摩擦力に達するとすべり材がすべり板上をすべり始め、大振幅の応答変位に対応する。このとき、すべり板との摩擦によりエネルギー吸収を行う。剛すべり支承は、積層ゴム部を持たないので小振幅時もすべり機構が発揮される。なお、剛すべり支承は施工誤差による回転変形を吸収するため、水平変形を拘束した形で数ミリ厚の緩衝ゴムを1層挟み込んでいる。構成例を図3.5.1に示す。

積層ゴム材料としては主に天然ゴムが用いられ、剛すべり支承の緩衝ゴムにはクロロプレンゴムなどが使用されている。またすべり材にはPTFE材（四フッ化エチレン）やポリアミドが用いられている。すべり板はステンレス板であり、摩擦係数の調整のためふっ素や特殊潤滑剤によるコーティングが行われているものもある。

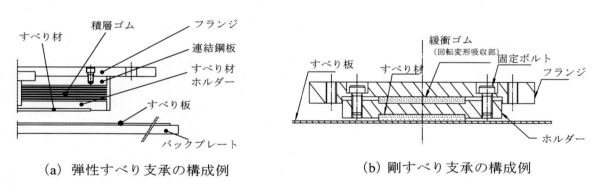

(a) 弾性すべり支承の構成例　　(b) 剛すべり支承の構成例

図3.5.1 すべり支承の構成例

3.5.2 常温時の荷重支持性能

弾性すべり支承は積層ゴム支承とすべり材を直列に重ね合わせた構造であるため、常温時荷重支持は積層ゴム部とすべり材部で同じ軸力を支持している。すべり材は圧縮試験により圧縮限界強度を確認している。ただし、すべり材は耐圧縮性能が高いので、圧縮限界強度が試験機能力を超える場合は、荷重支持性能が確認できた強度までを圧縮限界強度としていることから、大臣認定書に記載の圧縮限界強度は、圧壊まで余裕のあるものが多い。

3.5.3 高温時の荷重支持性能

JSSIではすべり支承に使われている天然ゴム材料（一部クロロプレンゴムを含む）のせん断弾性係数（$G=0.39\ N/mm^2$～$G=1.2\ N/mm^2$）と各種すべり材について、23℃から200℃における規定圧縮ひずみ時の圧縮弾性率の変化を測定している。

ゴム材料については、150℃での圧縮剛性は23℃に対し約50%低下し、天然ゴム系積層ゴム支承のようにある温度から急激に特性変化するような変曲点は見られず、高減衰ゴムと同様に温度上昇にほぼ反比例して特性変化が生じている（第2章、図2.2.11参照）。これは、すべり支承が小振幅時には比較的高い剛性を要求し、また大きな変形性能が不要なことから、カーボン量の多い天然ゴムを使用しているためで、このカーボンが温度依存性を大きくしている要因である。

すべり材については、載荷状態（一定面圧下）で温度が上昇した場合の軸収縮量を把握するために、各圧縮応力下における試験温度差に対応する圧縮ひずみ差を用いて評価している（付属資料3「すべり支承用すべり材の圧縮特性（温度依存性）試験方法：2018」参照）。PTFE材の23℃と150℃で最も大きい圧縮ひずみ差は、圧縮応力度40 N/mm^{2}時で約0.65であった（第2章、図2.4.24参照）。

しかし、上記のゴム材料およびすべり材の材料試験結果だけでは、すべり支承としての性能担保温度の妥当性を判断することは難しい。すべり支承においても載荷加熱試験により荷重支持性能を確認することとした。

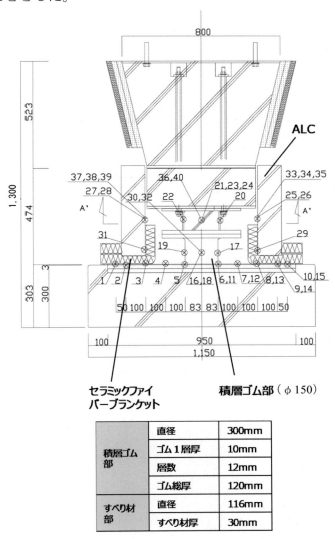

図 3.5.2 弾性すべり支承の試験体図 [11]

第3章

　既往の研究として、磯部らはφ150の弾性すべり支承にALC板（高温高圧蒸気養生された軽量気泡コンクリート）とセラミックファイバーブランケット入りクロスを組み合わせた耐火被覆を施した試験体に載荷加熱試験（加熱時間3時間）を行った結果を報告している[11]。積層ゴム部のゴム材料のせん断弾性率は0.78 N/mm^2、すべり材はガラス充填材入りPTFEで厚さは2 mm、すべり板にはコーティング無しを採用している。図3.5.2に試験体図、写真3.5.1に試験体設置状況、図3.5.3に弾性すべり支承の温度測定結果を示す。表面温度の最高温度は積層ゴム部で発生し114℃であった。図3.5.4に軸収縮量を示す。加熱開始から120分で軸収縮量の最大値約0.15 mmが生じた後、膨張に転じ、720分程度で1.3 mm（ゴム層総厚40 mm）の最大膨張量を示した。初期面圧18 N/mm^{2}を冷却後まで支持し続けた。

写真3.5.1　試験体設置状況[11]

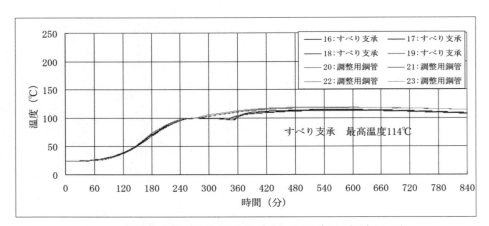

図3.5.3　弾性すべり支承の温度測定結果[11]

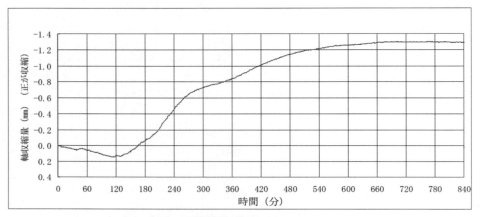

図3.5.4　弾性すべり支承の軸収縮量[11]

3.5.4 火災前後の鉛直性能

倉本らはφ150の積層ゴムにクロロプレンゴムを用いた弾性すべり支承にALC板とセラミックファイバーブランケット入りクロスの被覆を行った試験体を用いて3時間の載荷加熱試験を行っている（試験体は3.5.3項で述べた載荷加熱試験後のものを使用）。載荷加熱試験の前後で18 N/mm^{2}の面圧に対し±30%の鉛直加力試験を行った結果、載荷加熱試験後では圧縮剛性が33%上昇しているが確認されている（図3.5.5）[12]。これは、積層ゴム部の径が小さく、加熱の影響を受けている領域の割合が大きいため、変化率も大きくなっていると考えられる。

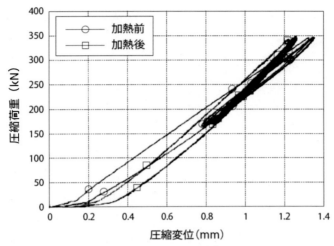

図 3.5.5 弾性すべり支承の圧縮試験結果 [12]

3.5.5 火災前後の水平性能

すべり支承では、すべり材や積層ゴム部分の材料が加熱の影響を受けた場合、摩擦係数と水平剛性が変化することが考えられる。また、すべり材とすべり面との接触面（摩擦面）の状態も加熱により変化すれば摩擦係数も変動すると推察されることから、すべり材の特性だけでなくすべり面（一般にステンレス鋼板が使用されている）の平面度や表面粗度も重要である。

倉本らは、弾性すべり支承の載荷加熱試験前後ですべり性能の確認試験を行っている[12]。この試験では、加熱によるすべり面の変形にも着目しており、すべり面中央部だけでなく、周辺部でのすべり試験を実施している。結果を図 3.5.6 に示す。火災の熱履歴により弾性すべり支承の水平せん断剛性は14～27%減少し、摩擦係数は18～52%増大した。すべり面の平面度は4箇所測定し加熱後の方が反り、凹みは大きくなったが、概ね管理値の範囲内の数値であった。

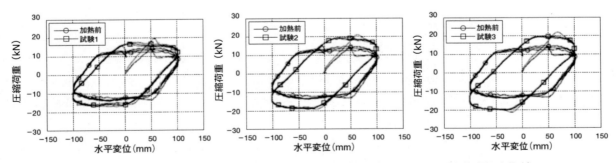

図 3.5.6 弾性すべり支承の載荷加熱試験前後のすべり性能履歴曲線
（試験 1：すべり板中央部での試験、試験 2,3：すべり板周辺部での試験）[12]

3.6 転がり支承

3.6.1 転がり支承の構成

転がり支承には多数の鋼球を並べて上下の鋼板間を転がす平面転がり支承と、引抜力に抵抗するため直交する鋼製レールの溝上を球体ベアリングが転動するレール式転がり支承がある。構成例を図 3.6.1 に示す。

平面転がり支承は上下の特殊鋼板間に球体保持機構（リテーナ）で保持された多数の鋼球を敷き並べたもので、球径を高精度で一定に揃え高強度材料を使用することにより実用上 0 に近い超低摩擦係数（$\mu \fallingdotseq 0.001$）を実現している。復元機能と減衰機能は持たないため、通常は積層ゴム支承などと組み合せて使用する。

レール式転がり支承は、鋼球の循環機構を持つリニアブロックと軸受けレールを勘合させて引き抜き力に抵抗し、この直動装置を直交させて上下に組み合わせ、任意の方向へ滑動可能な支承である。平面転がり支承と同様、きわめて小さな摩擦係数で動くことができる。

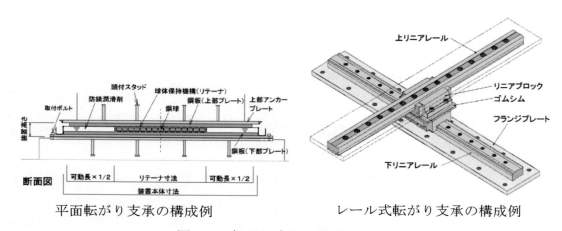

平面転がり支承の構成例　　　レール式転がり支承の構成例

図 3.6.1 転がり支承の構成例

3.6.2 常温時の荷重支持性能

転がり支承は球体と鋼板もしくはレール用鋼材を介して軸力を支持する機構である。鋼材どうしの接触で軸力を伝達するので、鉛直方向には高剛性で比較的経年劣化やクリープの影響が小さい支承であり、荷重支持性能は鋼球数により自由に調整可能である。

3.6.3 高温時の荷重支持性能

平面転がり支承およびレール式転がり支承の構成材料は、主として鋼材を使用しており、耐火被覆を施すことにより 180 分以上の耐火性能を得ることが可能である。耐火被覆を行った平面転がり支承およびレール式転がり支承に対し、田中らは載荷加熱試験（載荷荷重は長期許容荷重の 980 kN）を行っている[13),14)]。

平面転がり支承に、水酸化アルミニウム混入けい酸カルシウム板とガルバリウム鋼板（亜鉛とアルミニウムのメッキ鋼板）を組合わせた、厚さ 50 mm の耐火被覆を施した試験体を図 3.6.2 に示す。

ISO834による180分の載荷加熱試験における平面転がり支承の温度測定結果は、上下転がり面の最高温度で128℃、鋼球の最高温度は95℃であった。加熱冷却後まで長期許容支持力相当の荷重を保持していたことが確認されている。

レール式転がり支承に繊維混入けい酸カルシウム板の耐火被覆を施した試験体図を図3.6.3に示す。ISO834による180分の載荷加熱試験（載荷荷重は長期許容荷重の 2451 kN）に

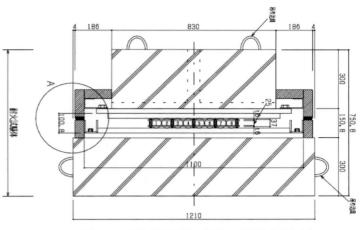

図 3.6.2 平面転がり支承の試験体図 [13]

おける、レール式転がり支承の温度測定結果を図 3.6.4 に示す。フランジプレートの最高温度は 109℃であり、リニアブロックの最高温度は 101℃であった。図 3.6.5 に軸収縮量を示すが、試験中において収縮は確認されず、2.8 mm の膨張が生じたのみであった。加熱冷却後まで長期許容荷重を保持していたことが確認されている。

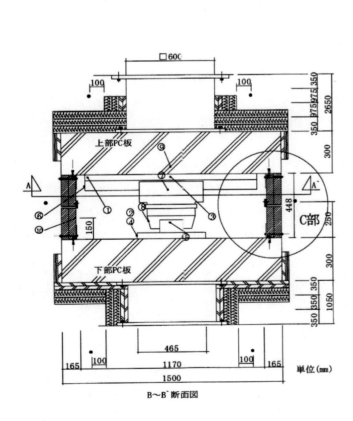

図 3.6.3 レール式転がり支承の試験体図 [14]

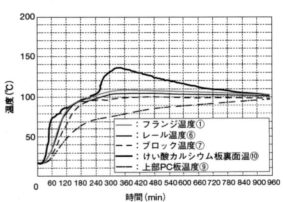

図 3.6.4 温度測定結果 [14]

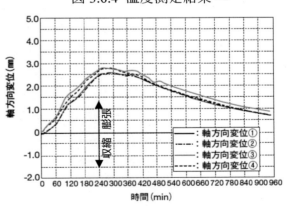

図 3.6.5 軸収縮量 [14]

3.6.4 火災前後の鉛直性能（鉛直剛性）

田中らは、レール幅 300 mm、長期許容荷重 2451 kN のレール式転がり支承に、繊維混入けい酸カルシウム板の被覆を行った試験体の載荷加熱試験を行っている。試験前後で、長期許容荷重 2451 kN に対し 53%～100%の荷重振幅を与えた圧縮試験を行い、試験後では圧縮剛性が 2%上昇していたことを確認している[14]。図 3.6.6 に結果を示す。

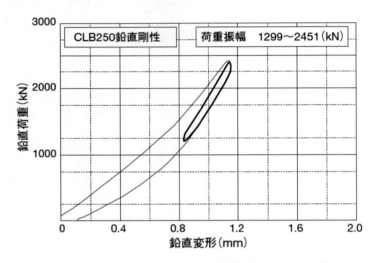

図 3.6.6 レール式転がり支承の載荷加熱試験後の圧縮試験結果 [14]

3.6.5 火災前後の水平性能

製品により構造が異なるが、転がり支承は構成材料のほとんどが鋼材であり 150℃程度の加熱では材料の変化が小さい。ただし回転吸収のための緩衝ゴムなどを取り付けた製品もあるため、耐火性能の確認が必要となる。加熱後に転動体に材質の変化や変形が発生しなければ、水平性能の変化はほとんどない。

平面転がり支承では、田中らが載荷加熱試験の前後に鋼球および転動面鋼板の硬さの測定と摩擦係数確認試験を行っている[13]。結果を図 3.6.7 と表 3.6.1 に示す。鋼球および転動面鋼板の加熱による硬さの変化は見られず、加熱試験後の転がり摩擦係数は鉛直荷重レベルにより 1.1～1.4 倍に増大しているが、その増加摩擦係数の絶対値は 0.0002～0.0005 である。

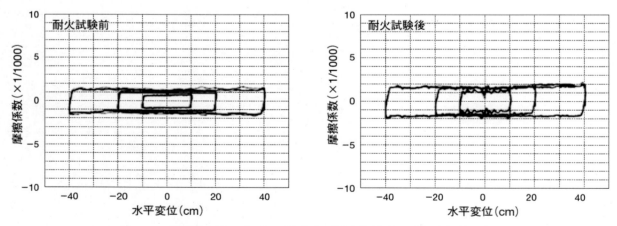

図 3.6.7 平面転がり支承の載荷加熱試験前後の履歴曲線 [13]

表 3.6.1 平面転がり支承の載荷加熱試験前後の試験結果 [13]

硬さの変化率 (加熱後/加熱前)		摩擦係数				
鋼球	鋼板	振幅	軸力比[*1]	加熱前	加熱後	加熱後/加熱前
1.0	1.0	±40cm	0.5	0.0025	0.0027	1.1
			1.0	0.0013	0.0016	1.2
			2.0	0.0014	0.0019	1.4

*1 基準面圧(=7.25 N/mm²)に対する比率

レール式転がり支承では、田中らが載荷加熱試験後の摩擦係数の確認試験を行っている [14]。結果を図 3.6.8 と表 3.6.2 に示す。載荷加熱試験後の摩擦係数は、製品の基準値との差がわずかで正常な値を示しており、載荷加熱試験により性能に変化が生じていないことが確認されている。

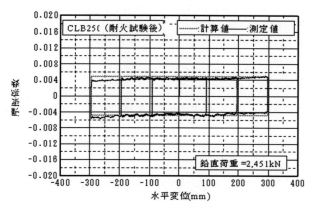

図 3.6.8 レール式転がり支承の載荷加熱試験後の履歴曲線 [14]

表 3.6.2 レール式転がり支承の載荷加熱試験後の摩擦係数 [14] (一部修正)

振幅	載荷加熱後の試験結果	製品基準値	加熱後/製品基準値
±100mm	0.0045	0.0048	0.938
±200mm	0.0046	0.0048	0.958
±300mm	0.0044	0.0048	0.917

第3章

【参考文献】

1) 多田 英之、高山 峯夫、森田 慶子、安藤 勝利：積層ゴムアイソレータの限界耐力に関する実験研究、日本建築学会大会学術講演梗概集、1991 年 9 月、pp.593-596

2) 日本免震構造協会他編：「建築免震用積層ゴムハンドブック」、2017 年 6 月、5.4.2 Haringx 理論による積層ゴム支承の水平特性評価

3) 光阪 勇治、宮﨑 光生、有馬 文昭：免震装置の耐火性能に関する研究（その 2：耐火被覆及び非被覆積層ゴム載荷加熱試験）、日本建築学会大会学術講演梗概集 B、1989 年 10 月、pp.493-494

4) 宮本 圭一、佐藤 博臣、大内 富夫、八坂 厚彦、飯塚 真巨：積層ゴムの耐火性能実験、日本建築学会大会学術講演梗概集 A、1990 年 10 月、pp.1049-1050

5) 青木 一夫、増田 秀昭、須藤 昌照、浅野 芳伸、西川 一郎、清水 克実：免震装置の耐火性能、日本建築学会大会学術講演梗概集 B、1991 年 9 月、pp.623-624

6) 高山 桂一、加藤 竹郎、山中 政文、羽沢 昭宗、西川 一郎：耐火被覆を施した免震アイソレータの実用化実験、日本建築学会大会学術講演梗概集 B-2、1997 年 9 月、pp.513-514

7) 加藤 朝郎、道越 真太郎、大場 政章、小林 裕、南 輝弥：FBR 免震設計に関する研究　その 28　積層ゴムの載荷加熱試験、日本建築学会大会学術講演梗概集 B-2、1999 年 9 月、pp.1215-1216

8) 宮﨑 光生、有馬 文昭、光阪 勇治、池永 雅良、細野 幸弘：免震装置の耐火性能に関する研究　（その 1：耐火被覆を有する免震装置の性能試験）、日本建築学会大会学術講演梗概集 B、1988 年、pp.389-390

9) 赤石 直樹、芳沢 利和、佐々木 頼孝、堀口 勉、大貫 寿文、西田 一郎、堀 正人：高減衰ゴム系免震装置の載荷加熱試験による実験的検討、日本建築学会大会学術講演梗概集、2006 年 9 月、pp.127-128

10) 株式会社ブリヂストン：MRB 耐火被覆 MRB カバーパンフレット

11) 磯部 共伸、倉本 真介、道越 真太郎、水野 敬三、関 清豪：弾性すべり支承の耐火被覆システムの開発その 2：載荷加熱試験、日本建築学会大会学術講演梗概集、2008 年 9 月、pp.311-312

12) 倉本 真介、水野 敬三、道越 真太郎、磯部 共伸、関 清豪：弾性すべり支承の耐火被覆システムの開発その 3：加熱後のすべり支承の性能確認、日本建築学会大会学術講演梗概集、2008 年 9 月、pp.313-314

13) 田中 久也、清水 玄宏：球体転がり支承(SBB)の耐火試験、日本建築学会大会学術講演梗概集 B-2、2001 年 9 月、pp.651-652

14) 田中 久也、鈴木 良二、田中 治：直動転がり支承(CLB)の実験検証(その 2　耐火性能確認試験)、日本建築学会大会学術講演梗概集、2005 年 9 月、pp.781-782

第4章 免震部材の耐火被覆

　免震部材の耐火被覆は、平成13年に指定性能評価機関の定める「防耐火性能試験・評価業務方法書」が改訂されたことで、積層ゴム支承を含む柱の耐火構造認定の取得が可能となった。

　これ以前の免震部材は、耐火性能の評価法が規定されていなかったため、物件ごとに旧建築基準法第38条の特別認定によって使用されていた。現在では、積層ゴム支承に限らず全ての支承について耐火構造認定を取得することが可能となっている。本章では、現在使用されている耐火被覆の認定耐火構造と、大臣認定品以外の耐火構造について、その種類と概要を紹介する。

4.1 要求性能

　耐火建築物とする建物において、免震部材を基礎に設置する場合には当該部分は主要構造部に該当しないため耐火構造とする必要はないが、中間層免震の場合には「免震材料を含む柱」（免震材料：一般的には免震部材という）が主要構造部に該当するため、耐火構造または政令で定める技術的基準（令108条の3）を満足することが求められる。免震部材を設置した柱を耐火構造とする場合には、免震部材に耐火被覆を施すのが一般的である。

　耐火構造の柱に要求される性能は、火災中および火災終了後も耐力を失わないこと（非損傷性）が必要であり、「免震材料を含む柱」についてもこの性能が法的に要求される。

　また、免震部材の耐火被覆は耐火性能を担保することはもちろんであるが、それ以外にも免震構造特有の次のような機能と性能を備えている必要がある。

　① 免震部材の水平変位に対して損傷なく、変形または追随すること。
　② 免震部材の機能を阻害せず、その性能に影響を及ぼさないこと。
　③ 免震部材の点検が可能であること。

　2010年時点においては、「免震材料を含む柱」の耐火構造は、天然ゴム系積層ゴム支承、プラグ挿入型積層ゴム支承および高減衰ゴム系積層ゴム支承についてのみ大臣認定の取得が可能であったが、その後耐火構造認定取得のための「防耐火性能試験・評価業務方法書」の改訂により、全ての免震部材について性能評価を行うことが可能となった。

　2018年現在では、前述の積層ゴム支承に加え、すべり支承およびレール式転がり支承についても大臣認定の取得が可能となり、すでに認定を取得しているものもある。これらについても、前述の機能および性能を考慮した構造となっている。

　また、これらの大臣認定は、「免震材料を含む鉄筋コンクリート（RC）造柱」としての耐火構造認定であったが、現在では鉄筋コンクリート柱の評価を行うことで鉄骨鉄筋コンクリート造（SRC）柱も適用が可能となっている。なお、鉄骨（S）造柱については、現在認定を取得したものはなく、ルートAによる設計はできない。個々の耐火構造認定書には適用できる構造種別や免震部材の材料認定番号が示されており、計画に際しては認定書の内容を確認する必要がある。

　なお、これまでの耐火被覆の耐火性能評価では、耐火試験前後の免震性能に有意な差が生じていないため、火災後における免震部材再使用の可能性が考慮されているものも多い。ただし、実際の火災を受けた場合には、火害診断に基づく適切な対処をすることが重要である。また、耐火構造認定では地震後の残留変位による耐火被覆のずれは考慮されていないため、使用に際しては各建材製作会社に耐火被覆のずれと耐火性能について確認することも必要である。

第4章

4.2 耐火被覆の種類

4.2.1 積層ゴム支承用耐火被覆

1) 多段スライド方式 [1]

　取り付け用の下地を必要とせず、予め工場生産された円形または矩形の分割パネルを積層ゴム支承の周囲に組み付けて積み重ねる方式である。各段に円形または矩形の分割パネルを留め金具で固定していく構造のため、現場施工が簡単で工期が短く、かつ免震部材の維持点検時にも容易に脱着が可能である。積層ゴム支承が変形した場合には、それぞれの段が積層ゴム支承にそって摺動するので、変位時や地震後の残留変位に対しても隙間が生じにくく、また積層ゴム支承と被覆材との離隔距離を大きくとる必要がなく、コンパクトに納めることができる。最上段の上部にはクリアランスを設け、変位時の沈み込みや積層ゴム支承のクリープに対応するとともに、火災時には熱を受けて膨張する加熱膨張シートが取り付けられ、隙間からの熱の浸入を防ぐ構造となっている。

図4.2.1 多段スライド方式（変位状況）[1]

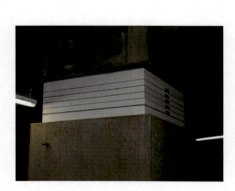

写真4.2.1 施工例 [2]

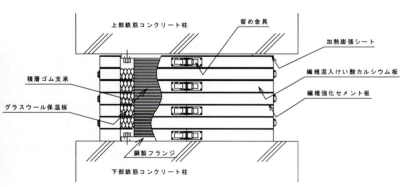

図4.2.2 構造概要

2) 上下2分割パネル方式 [3]

　積層ゴム支承の周囲を上下に分かれたパネルで被覆する方式。上部構造体と下部構造体から

- 98 -

立ち上げたパネル下地に、上下のパネルをそれぞれ固定する構造である。積層ゴム支承が変形した際、パネルが積層ゴム支承に接触しないように積層ゴム支承から離れた位置（変位量の1/2以上の離隔距離が必要）で被覆するとともに、上下パネルの目地部分には地震により目地がずれた際にも脱落・破損しない目地材（耐熱性の可撓性材料や加熱により膨張して目地を閉塞するものなど）が取り付けられ、火災時の熱の侵入を遮断する構造である。構造が簡単であり、柱が壁付きとなる場合でも目地高さを合わせることで対応が可能である。積層ゴム支承を点検する際には、パネルを取り外すシンプルな構造であり、またパネルに点検窓を設けて目視点検を可能にしたものもある。

なお、パネル厚さ以上の残留変位に対応する場合には、計画時に残留変位を見込んだパネル厚さの設定などが必要となる。

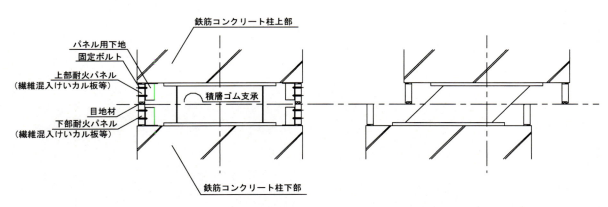

図 4.2.3 構造概要（平常時）　　　図 4.2.4 水平変位時

図 4.2.5 施工イメージ[2]

3) 開閉パネル方式

上部構造体に取り付けた丁番（ヒンジ）からパネルを吊るし、地震の変位時にパネルが積層ゴム支承に当たると開く構造である。隣り合った耐火パネルをバネで繋ぐことで変位が戻った時の復元力を確保している。パネルが開くことによって積層ゴム支承の変形を阻害しない構造であるため、積層ゴム支承と耐火パネルの離隔距離を大きくとる必要はなく、仕上がり寸法を小さく抑えることができる。開閉式耐火パネルと敷込み耐火材との間にはクリアランスが設けられ、変位時の沈み込みや積層ゴム支承のクリープに対応している。耐火パネル上下およびコーナー部の隙間には加熱膨張性の目地材が取り付けられ、火災時には熱を受けて膨張し、隙間からの熱の流入を防ぐ構造となっている。また耐火パネルを開くことで、積層ゴム支承の点検

第4章

を容易にすることができる。

　なお上下2分割パネル方式と同様、パネル厚さ以上の水平変位時にはパネル下部に隙間が生じるため、計画時に残留変位が生じないように留意する必要がある。

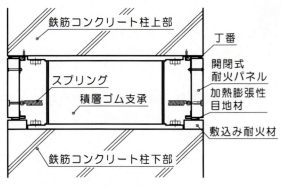

図 4.2.6　平常時構造概要

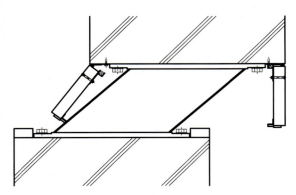

図 4.2.7　水平変位時

写真 4.2.2　施工後の内部点検状況

写真 4.2.3　水平変位試験状況

4) ブランケット方式（吊り下げ式）

　上部フランジまたは上部構造体に取り付けた耐火被覆材固定金物に、ブランケット状の耐火被覆材を3重（層）に取り付け、免震部材の全高にわたって耐火被覆材を吊り下げる方式である。耐火被覆材の下端は固定しないため、積層ゴム支承の水平変位に追従することができ、また、耐火被覆材をめくり上げることにより積層ゴム支承を点検することができる。

写真 4.2.4　施工例

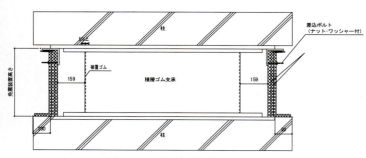

図 4.2.8　構造概要

- 100 -

4.2.2 すべり支承用耐火被覆

すべり支承は、平成24年に指定性能評価機関が定める「防耐火性能試験・評価業務方法書」の改訂によって耐火性能評価が可能となり、かつJSSIによってすべり支承の性能担保温度（内部ゴムおよびすべり材の表面温度≦150℃）が設定されたことにより、無載荷の加熱試験で性能評価ができるようになった。また、JSSIが提案したすべり支承用の共通加熱試験体を使用して性能評価を受けることで、一定条件を満たす弾性すべり支承および剛すべり支承の多くを対象とした耐火構造認定を取得することが可能となった。

1) 上下分割積層パネル方式

共通加熱試験体を用いた性能評価によって取得した耐火構造。基本的には積層ゴム支承の上下2分割パネル方式と同様の考え方であるが、上下構造体の大きさが異なることが多いすべり支承に適応した耐火被覆構造となっている。図4.2.9に示すとおり、水平面と鉛直面上下の分割パネルからなる構造で、鉛直面上下の耐火パネルはスリット（目地）によって分割され、地震時の上下構造体の水平変位に追従する。またスリット部にはクリアランスを設けることにより、変位時の沈み込みやゴムのクリープに対応している。さらにスリット部には加熱膨張性の耐火目地材が取り付けられており、火災時には熱により膨張することで、スリット部からの熱の流入を防ぐ構造となっている。なお、この構造は柱の柱頭部に上下逆方向に設置することも可能な構造となっている（写真4.2.5）。なお、すべり支承用耐火被覆には耐火被覆材の厚さや免震部材と耐火被覆材との離隔距離の設定により、2時間耐火構造と3時間耐火構造の認定品がある。

写真4.2.5 施工例

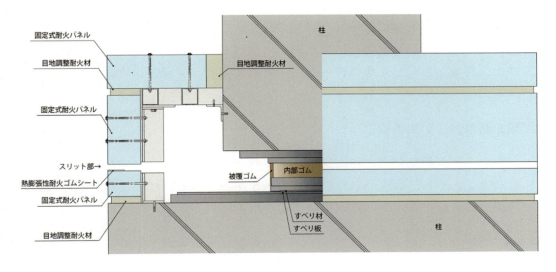

図4.2.9 構造概要（2時間耐火構造の例）

4.2.3 転がり支承用耐火被覆

転がり支承も、平成24年に指定性能評価機関が定める「防耐火性能試験・評価業務方法書」の改訂によって性能評価が可能となった免震部材の一つである。

転がり支承については、性能担保温度が規定れていないため、直接的に柱の荷重支持性能（非損傷性）を確認する載荷加熱試験方法によるか、または転がり支承の性能担保温度を明確にしたうえで、載荷をしないで加熱する方法のいずれかによって評価を行う必要がある。

現時点では、転がり支承用の耐火被覆構造として耐火構造の認定を受けているのはレール式転がり支承のみである。以下にその概要を示す。

1) 上下分割積層パネル方式

荷重支持性能を確認する載荷加熱試験方法によって認定を取得した耐火被覆材である。しかし、レール式転がり支承の耐火被覆については、火災後における免震性能の維持を期待しているため、当該支承の性能評価においては、免震部材の表面温度≦140℃（焼き戻し温度）を目標に耐火被覆構造の設計がなされている。

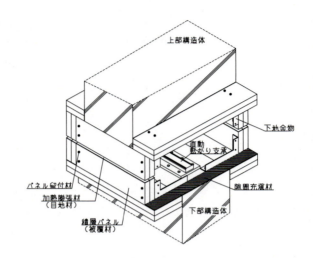

図 4.2.10 構造概要

積層ゴム支承の上下2分割パネル方式と同様、レール式転がり支承の周囲を上下に分かれたパネルで被覆する。上部構造体と下部構造体からそれぞれに立ち上げた下地金物に、上下の積層パネルを固定する方式である。レール式転がり支承が動作した際に、積層パネルが支承に接触しないレベ

写真 4.2.6 施工例

ルに目地を設けるとともに、目地部分には加熱により膨張して目地を閉塞する耐火目地材を設けている。また、目地からのじん埃の侵入を防ぐためにパッキンなどを設置することも可能である。

4.2.4 大臣認定品以外の耐火被覆

積層ゴム支承以外の免震部材（すべり支承、転がり支承など）についても耐火認定が取得できるようになったことから、認定品以外の耐火構造を採用する事例は少ない。既往の耐火被覆構造の中で、耐火構造認定品以外の耐火被覆構造を以下に紹介する。

1) 積層ゴム支承用

(1) ブランケット方式（袋式）[2]

シリカクロスなどで包んだセラミックファイバーブランケットを、積層ゴム支承の変位量を見込んだ寸法で作り、積層ゴム支承の周囲に提灯状に取り付けたもの。構造が単純で、柔軟性

を確保している。ブランケットが内折り型のものは、柱の側面からはみ出ず、コンパクトな仕上げが可能である。また、変位中もしくは変位後に残留変位が生じた場合でも火炎を通す隙間を生じない特徴を持つ。

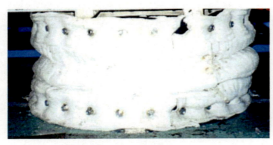 

写真 4.2.7　平常時[2]　　　　　　　　写真 4.2.8　水平変位時[2]

(2) シート方式[2][4]

　熱発泡ゴムを利用した工法で、無機の断熱性を持つセラミッククロスと組み合わせた3層構造となっている。火災の際には外装の熱発泡ゴムが4倍程度に発泡し断熱性を発揮する。外装がゴムのため仕上がりが綺麗である。

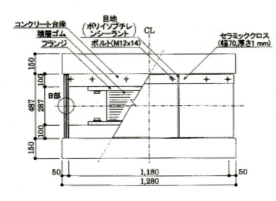 

図 4.2.11　構造概要[2]　　　　　　　　写真 4.2.9　施工例[4]

2) すべり支承用

(1) ALC・耐火ブランケット複合工法[5]

　弾性すべり支承の周囲をALC板（軽量気泡コンクリート板）で囲い、ALC板下部に取り付けられた耐火ブランケットで支承下部のすべり板をカバーする工法。大きな平面を占めるすべり板を可撓性の耐火ブランケットで覆うことで、水平変位時にブランケットが隣接する壁などに衝突しても耐火被覆材の損傷がなく、変位追従性と復元性を有する。また、耐火ブランケットをすべり板よりも大きくすることで、地震後の残留変位に対しても耐火性が保たれる。ALC板と耐火ブランケットを外すことにより点検を行うことができる。

写真 4.2.10　施工イメージ[5]

第4章

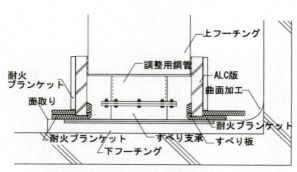

図 4.2.12 構造概要 [5]

写真 4.2.11 水平変位試験状況 [5]

4.3 防火区画の構成部材

　免震構造の建物は、地震時の水平変位に対応するため免震層の壁に免震スリット（目地）を設ける必要がある。特に、防火区画の壁に免震スリットを設ける場合には、その防火性（遮熱性と遮炎性）の確認が重要である。

　しかしながら、現状免震スリット付き壁の耐火構造認定は存在しない。また、壁に設けられる免震スリットの高さが変わる場合、地震時の変位に対応するため大きく開口部が設けられることがあり、この部分にも耐火の処理が必要とされるが、この部分の耐火構造の認定を行うシステムもない。したがって、計画にあたっては建材製作会社などが品質性能試験により耐火構造の壁と同等の性能を有することを確認したものが採用されている。

【参考文献】
1) 宮内康宏、河合孝夫、伊澤清治、大西良広、田中治、藤雅史：積層ゴム用多段スライド式耐火被覆の実験的研究：その2 加熱試験前後の積層ゴム水平履歴復元力特性と、耐火被覆の施工性について、日本建築学会大会学術講演梗概集 B-2、1998年9月、pp.577-578
2) 構造材料の耐火性ガイドブック：日本建築学会、2009年3月10日、pp.281-283
3) 小山実、長谷川治、横山隆太郎：耐火被覆を有する積層ゴムの耐火試験、日本建築学会大会学術講演梗概集 B-2、1998年9月、pp.573-574
4) 堀長生、高橋晃一郎、寺村彰：免震積層ゴム用耐火被覆システムに関する研究　その2 加熱発泡ゴムによる耐火被覆システムの性能、日本建築学会大会学術講演梗概集 A-2、1999年9月、pp.9-10
5) 弾性すべり支承用耐火被覆システムの開発、大成建設技術センター報、2008年、NO.41

第5章 免震建物の耐火設計の実務

5.1 現状の耐火設計

　我が国の免震建物は規模・用途などから耐火建築物となる場合が多い。耐火建築物は、外壁の開口部に必要に応じて網入りガラスなどの防火設備を設置したうえで、柱や梁などの主要構造部を「耐火構造」とするか、主要構造部が政令で定められる技術的基準（令108条の3）を満足することが求められる。その設計手続きは第1章で解説した通り、図5.1.1の三つの設計ルート（ルートA～C）のいずれかとなる。

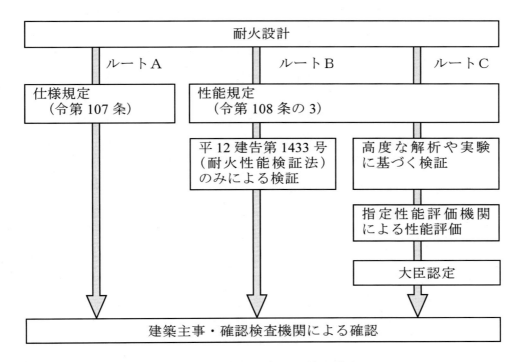

図 5.1.1 耐火設計の設計手続き

5.1.1 仕様規定による耐火設計

　仕様規定による耐火設計は、建築物の全ての主要構造部を耐火構造としなければならない。耐火構造の仕様は柱や梁など建築物の部位ごとに設定され、免震部材に関する耐火構造の認定も、「耐火被覆を施した免震材料を含む鉄筋コンクリート柱」などとして取得される。仕様規定による設計では、これらの耐火構造認定品を選択することになる。したがって、認定品を選択する場合には、免震部材が取り付く構造部などの認定条件に注意する必要がある。また、免震部材が基礎部分にある場合は基礎が法規上主要構造部に該当しないため、耐火構造とする必要はない。

5.1.2 性能設計による耐火設計

1) 耐火被覆を施す場合

　免震部材に耐火被覆を施したとしても、その構造が耐火構造の認定条件に合致しない場合は

仕様規定によって設計することはできない。2018年現在、耐火構造の認定を取得している構造は、JSSIが材料高温特性試験を実施した天然ゴム系積層ゴム支承、高減衰ゴム系積層ゴム支承、プラグ挿入型積層ゴム支承およびすべり支承からなる鉄筋コンクリート（RC）柱および鉄骨鉄筋コンクリート（SRC）柱についてである。また、転がり支承においては個別に耐火性能評価試験を受け、鉄筋コンクリート柱および鉄骨鉄筋コンクリート柱について耐火構造認定を取得しているものもある。なお、耐火構造認定を取得した耐火被覆構造でも、柱が鉄骨造（S）である場合や免震部材と耐火被覆との離隔距離が認定条件を満足しない場合はルートCによる設計が必要となる。

2）耐火被覆を省略する場合

2018年現在、耐火被覆を施さない「免震材料を含む柱」としての耐火構造の認定はないため、耐火被覆を施さない場合の設計手続きはルートCとなる。

この場合の耐火設計は、第1章、表1.1.1に示す三つの耐火性能評価方法を用いて行うことになるが、基本的な考え方は火災外力を設定して、その外力に対して免震部材が設計者の設定した性能を満足することを確認することによって行われる。以下に、現在実施されている免震建物と免震部材に対する耐火設計の概要を示す。

（1）火災外力の設定

建築火災で想定される火災外力は、広義には第1章、図1.1.2に示す四つの火災がある。火災外力もこれらを踏まえて決定されるべきであるが、実際の設計は建築基準法の枠の中で行われるため、以下の設定で行われるのが一般的である。

免震層の位置づけ	免震層の火災外力条件
中間層免震で専用免震層としない場合	屋内火災、屋外火災ともに、一般の柱や梁と同じ火災外力を設定する
中間層免震で専用免震層とする場合	屋内火災は、盛期火災が発生しないように専用免震層に耐火処置を施すことにより（図5.1.2参照）、局所火災（ケーブル火災など）となる。屋外火災については一般の柱や梁と同様である。

専用免震層は通常隣接区画と確実な防火区画が形成されているため隣接区画の火災の影響は少ないケースが多い。隣接区画との防火区画が不完全な場合は隣接区画の火災の影響を考慮しなければならない。図5.1.2に示すような部屋の火災については、電気ケーブルなどの可燃物が局所的に燃焼した場合と、スラブ下の断熱材など専用免震層内の可燃物が燃焼した場合の二つを考慮する。前者に対しては電気ケーブルなどの材料特性や配置形態から燃焼状況を安全側に仮定して火災外力とする。後者に対しては全ての可燃物が一斉に燃焼した場合の室内温度上昇状況を推定することによって火災外力とする。また現在の建築基準法では、屋外火災に対する規定は外壁のみに要求され、外壁の内側にある柱に設置された免震部材などには原則的に適用されない。しかし柱と外壁は一体化しているケースも多く、設計行為として屋外火災に対する安全性も担保する必要がある。なお屋外火災は、原則として令第108条の3第1項第一号ロの「通常の火災」が採用されるが、隣棟との間隔や木造建築物の密集状況により、隣棟の建物全体あるいは室の燃焼を考慮して決定する「隣棟火災」や周辺敷地の木造建築物などの配置状況を考慮して決定する「市街地火災」に対する安全性の確認が要求される。

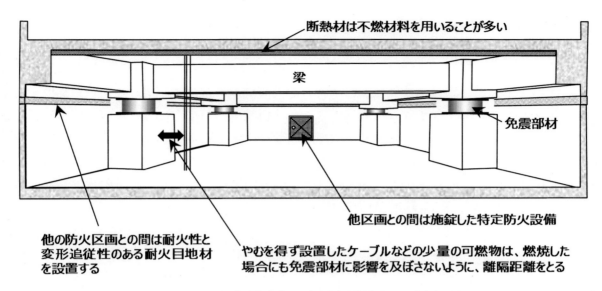

図 5.1.2 中間層免震建物の専用免震層内の耐火処置

(2) 耐火性能の確認

　建物の構造部材として、積層ゴム支承やすべり支承、転がり支承などの免震部材が火災時に担う役割は鉛直荷重の支持である。この荷重支持能力を評価する方法として、以下の三つがある。

・材料レベル：免震部材の構成材料ごとに、強度が大きく低下しない温度を材料試験で確認し荷重支持性能に大きく影響する材料で、かつ最も低いその温度を免震部材の性能担保温度とする。設定した火災外力を受けた場合に、その材料の最高到達温度が、性能担保温度以下であることを確認することで、その免震部材の耐火性能（荷重支持性能）を担保することができる。なお積層ゴム支承の場合は、ゴム材料の温度が性能担保温度となり、安全側を想定してゴム表面温度での評価を行う。

・部材レベル：材料レベルで性能担保温度の評価が困難な場合において、ゴムが部分的に高温となって強度が低下しても、高温とならない部分が必要な強度を保持していることを利用し、装置全体として必要な荷重支持能力を失わないことを証明する方法。この方法には解析的に免震部材が高温状態となっても荷重支持性能を保有していることを証明するか、または直接的に免震部材の載荷加熱実験によって高温時の装置の構造的安全性を明らかにする方法がある。しかし、積層ゴム支承のような複合材料の高温時の応力状態を解析的に求めることは困難であることから、一般的には直接載荷加熱試験による方法がとられている。

・架構レベル：免震部材の高温時の挙動を明らかにすることをせず、免震部材が荷重支持能力を失っても、当該免震部材が負担する荷重を、その周辺架構にスムーズに再配分されることを架構レベルで証明する方法。この方法の場合は、原則として高温となる架構部材が少ない場合に限られる。また、この方法の場合は架構形状によっては架構部材の熱膨張による二次応力も考慮しなければならない。

5.2 耐火設計の適用事例

5.2.1 設計ルートの選択

　免震建物を耐火建築物とする場合、いずれの耐火設計ルート（ルート A～C）を選択するかは建物発注者と設計者の判断に委ねられているが、免震建物の場合には、免震部材の配置、種類や採用する耐火被覆構造などによっては耐火設計ルートが限定されることがある。制約条件は多岐に渡るため、画一的な設計ルートの選択方法を提示することは難しいが、参考として一般的な免震建物の耐火設計ルートの選択フローを図 5.2.1 に示す。また、この選択フローにより選択される三つの典型的な設計事例を以下に示す。

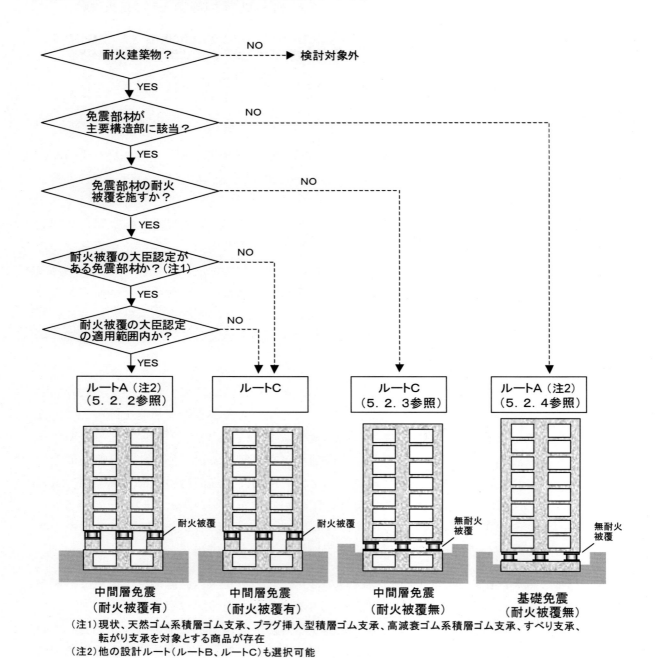

図 5.2.1　免震建物の一般的な耐火設計ルートの選択フロー

5.2.2 耐火被覆を施した免震部材を含む建物の耐火設計（ルートA）

本ケーススタディーでは、地上7階、地下1階の中間層免震建物（免震層は1階店舗部分）の主要構造部の耐火性能を仕様規定による耐火設計（ルートA）により確認した結果を示す。

ここでは、免震部材の耐火性能の確認結果のみを掲載するが、実際に適合を確認するためには建物全体の主要構造部の耐火性能を確認することが必要である。

1）建物概要

名　　　　称：Tビル
地域・地区：商業地域、防火地域
階　　　　数：地上7階、地下1階（免震層：1階店舗部分）
構　　　　造：鉄筋コンクリート造
用　　　　途：事務所
建　築　面　積：420.0m^2
延　べ　面　積：2940.0m^2
建　物　高　さ：28.5m

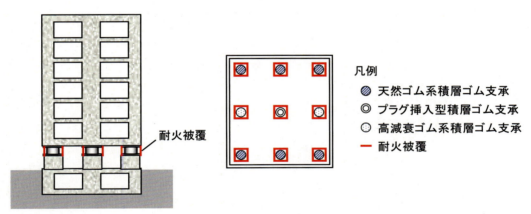

図 5.2.2 建物概要

2）免震部材の仕様

免震部材の配置を図5.2.2に、また免震層に配置される免震部材の構成を表5.2.1に示す。

表 5.2.1 免震部材の構成

免震部材種類	積層ゴム外径	基数
天然ゴム系積層ゴム支承(NRB)	φ700	6基
鉛プラグ入り積層ゴム支承(LRB)	φ700	1基
高減衰ゴム系積層ゴム支承（HDR）	φ700	2基

3）設計ルートの選択

本建物は防火地域内に建設される階数が3以上の建物であり耐火建築物とする必要がある。地上1階の柱に設置される免震部材は主要構造部に該当する。耐火建築物の主要構造部は、法第2条第九号の二より、耐火構造とするか、または、政令で定める技術的規準に適合するものである必要がある。本物件では、地上1階の免震層を店舗として利用しているため、免震部材には耐火被覆を施す計画である。そして、免震部材の種類と耐火被覆構造の大臣認定書を確認

第5章 ▩▩▩▩▩▩

した結果、耐火構造とすることができることが確認できたので、仕様規定による耐火設計（ルートA）を選択した。

表 5.2.2 確認事項一覧

確認事項	確認内容	判断
耐火建築物か？	防火地域内にある階数が3以上の建物のため、法第61条より「耐火建築物」とすることが要求される	YES
免震部材が主要構造部に該当？	地上1階の柱頭に設置される免震部材は、柱の一部とみなされることから、法第2条第五号の「主要構造部」に該当する	YES
免震部材に耐火被覆を施すか？	地上1階の免震層を用途利用しており、免震部材には耐火被覆を施す計画とした	YES
耐火被覆の大臣認定がある免震部材か？	本建物で採用される免震部材は、天然ゴム系積層ゴム支承、鉛プラグ入り積層ゴム支承、高減衰ゴム系積層ゴム支承の3種類であり、いずれも耐火被覆構造の大臣認定がある免震部材である	YES
耐火被覆の大臣認定の適用範囲内か？	免震部材の耐火被覆の大臣認定書を確認した結果、大臣認定の適用範囲内にあることを確認した	YES

4）耐火被覆を施した免震部材の耐火性能

耐火建築物を仕様規定により設計する場合（ルートA）は、主要構造部を耐火構造とし、その外壁の開口部で延焼のおそれのある部分に、政令で定める防火設備などを設けなければならない。具体的には、令第107条において部位別、階層別に規定される基準（表 5.2.3 参照）にしたがって各部位を耐火構造とする必要があり、本建物において免震部材には2時間耐火の耐火構造とすることが要求されている。

表 5.2.3 耐火構造に対する要求耐火時間（非損傷性）

建築物の部分	最上階から4階以内	最上階から5〜14階以内	最上階から15階以上
柱（免震部材を含む柱）	1時間	2時間	3時間

この仕様規定に適合する耐火構造としては、「国土交通大臣が定めたもの（平成12年建設省告示第1399号）（例示仕様）」または「国土交通大臣の認定を受けたもの（耐火構造認定）」がある。免震部材を耐火構造とする場合には、例示仕様は存在しないため、耐火構造認定を取得したものを採用する必要がある。

現在、免震部材の耐火構造認定としては、付属資料1の免震部材用耐火被覆構造一覧に示す天然ゴム系積層ゴム支承、プラグ挿入型積層ゴム支承、高減衰ゴム系積層ゴム支承、すべり支承、転がり支承を対象としたものが認定取得済みである。しかし、付属資料1に示す以外の免震部材を採用する場合には、性能規定による耐火設計（ルートC）を行う必要がある。

本建物で採用されている免震部材は、天然ゴム系積層ゴム支承、鉛プラグ入り積層ゴム支承、高減衰ゴム系積層ゴム支承の3種類であり、いずれも耐火被覆の耐火構造認定（3時間耐火）が取得されている。したがって、それぞれの免震部材に対応した耐火被覆を付属資料1から選

択する。さらに、それぞれの耐火被覆の認定書には適用できる免震部材の材料認定番号と最小径が記載されており、ここに記載が無い場合には認定の適用範囲外となることから、計画に際しては耐火構造認定書の内容を確認して、認定範囲内であることを確認した。

　前述の耐火被覆の耐火構造認定は、免震部材を含む柱としての耐火構造であるため、免震部材を設置する柱の構造についても認定範囲に含まれている。現在の認定は、そのほとんどが鉄筋コンクリート造（RC 造）および鉄骨鉄筋コンクリート造（SRC 造）の柱を対象としたものであり、鉄骨造（S 造）には適用できない。この場合には性能規定による耐火設計が要求される。

　本建物の場合には、免震部材を設置する柱の構造は鉄筋コンクリート造（RC 造）であり、認定範囲内であることを確認した。

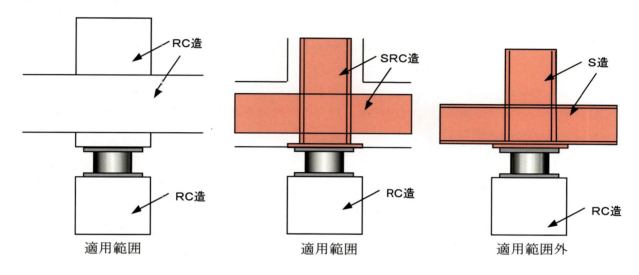

図 5.2.3　免震部材を含む柱としての耐火構造認定

　免震部材の耐火被覆は、耐火性能を担保することはもちろんであるが、それ以外に以下の機能を備えておく必要がある。本建物においては、計画の段階でこれら機能を保持していることを確認した。

　　①免震部材の水平変形時に周辺壁、設備材に耐火被覆が干渉しないこと
　　②免震部材の機能を阻害せず、その性能に影響を及ぼさないこと
　　③免震部材の点検が可能であること

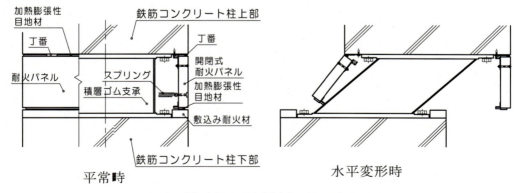

図 5.2.4　免震部材の耐火被覆工法の代表例

5) 防火区画の耐火性能

　防火区画壁の耐火性能については 4.3 節に示す免震スリットに免震耐火目地材を採用するのが一般的である。

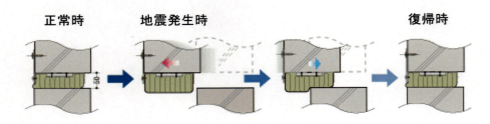

図 5.2.5 免震耐火目地材の変形性状

　本建物の場合、防火区画壁に免震スリットを設ける必要があるため、耐火性能試験により耐火構造の壁として耐火性能（遮熱性と遮炎性）が確認されたものを採用した。

5.2.3 耐火被覆を省略した免震部材を含む建物の耐火設計（ルートＣ）

本ケーススタディーでは、地上7階、地下1階の中間層免震建物（免震層は地上1階床下の専用免震層）の主要構造部に耐火性能検証法を適用した結果を示す。ここでは、免震層に設置される耐火被覆を省略した免震部材の耐火性能の検証結果のみを掲載するが、実際に適合を確認するためには建物全体の主要構造部を検証することが必要である。

1）建物概要

名　　　　称：Ｔビル
地域・地区：商業地域、防火地域
階　　　　数：地上7階、地下1階（免震層：地上1階床下の専用免震層）
構　　　　造：鉄筋コンクリート造
用　　　　途：集合住宅
建 築 面 積：420.0m^2
延 べ 面 積：2940.0m^2
建 物 高 さ：28.5m

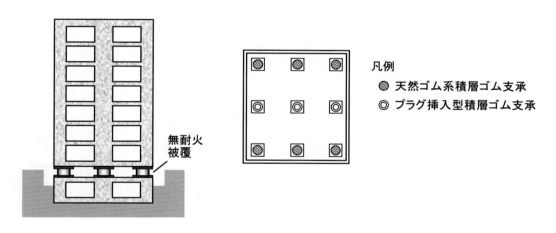

図 5.2.6　建物概要

2）設計ルートの選択

本建物は防火地域内に建設される地上7階、地下1階の建物であり耐火建築物とする必要がある。地上1階と地下1階の間に位置する専用免震層の柱に設置される免震部材は、主要構造部の一部となる。耐火建築物の主要構造部は、法第2条第九号の二より、耐火構造とするか、または政令で定める技術的規準に適合するものである必要がある。本物件の専用免震層は可燃物が殆どなく、常時施錠されており、火災の発生の可能性も極めて低いことから、免震部材の耐火被覆は省略する計画である。無耐火被覆の免震部材により、耐火構造認定を取得した事例は現時点ではないことから、性能規定による耐火設計（ルートＣ）を選択し、無耐火被覆の免震部材が政令で定める技術的規準に適合するかを確認する。

第5章

表 5.2.4 確認事項一覧

確認事項	確認内容	判断
耐火建築物か？	防火地域内にある地上7階の建物のため、法第61条より「耐火建築物」とすることが要求される	YES
免震部材が主要構造部に該当？	地上1階の柱頭に設置される免震部材は、柱の一部とみなされることから、法第2条第五号の「主要構造部」に該当する	YES
免震部材に耐火被覆を施すか？	専用免震層は火災の発生の可能性も極めて低いことから、免震部材の耐火被覆は省略する	NO
耐火被覆の大臣認定がある免震部材か？		
耐火被覆の大臣認定の適用範囲内か？		

3）免震部材（無耐火被覆）の耐火性能の検証

（1）検討方針

　本節では、専用免震層に設置される無耐火被覆の免震部材の耐火性能（非損傷性）の検証を行う。専用免震層には火災の原因となるような物が置かれることはほとんどなく、天井の断熱材も不燃材料を採用している。可燃物としては層内を経由する電気ケーブルおよび給配水系の免震継手のゴムがあるが、給排水配管は不燃材料で構成されており、火災拡大の危険性は少ないと考えられるため、ここではケーブル火災を想定して耐火性能の検証を行う。積層ゴム支承の許容温度（性能担保温度）を150℃と設定し、ケーブル火災に対してゴム表面温度が150℃以下であることを確認することにより、積層ゴム支承の耐火性能（非損傷性）を検証する。

　なお、ケーブル火災としては、垂直・水平に設置されるケーブルの燃焼実験により、垂直に設置されるものの燃焼だけが確認されたことから、垂直に設置されるケーブル（引込み部）の燃焼を想定した。

　なお、免震層における主な安全対策を以下に示す。

① 免震部材が設置される部屋とその他の部屋（階段室など）とは耐火構造の間仕切壁（免震スリットには地震時の変形に追随でき、耐火性能のある免震耐火目地材を設置）で区画する。

② 配管などについては、免震変位の最大値50cmが生じた場合でも機能が健全に保持されるようにフレキシブル継手を設けて変形を吸収する。

③ 電線の過電流に対しては、電気室内分電盤に設置する開閉器で保護し、漏電に対しては電気警報機で保護する。

④ 常時施錠される専用免震層に設置される免震部材は定期的に保守・点検を行い、構造上支障のないよう管理する。

（2）免震部材の仕様

免震部材の配置を図 5.2.6 に、免震層に配置される免震部材の種類、外径を表 5.2.5 に示す。

表 5.2.5　免震部材の構成

免震部材種類	積層ゴム外径	基数
天然ゴム系積層ゴム支承（NRB）	φ700	6 基
鉛プラグ入り積層ゴム支承（LRB）	φ700	3 基

（3）火源条件の設定

ア．火源の設定

ケーブルの配置計画を図 5.2.7 に示す。免震層内を経由する電力ケーブルは表 5.2.6 に示す 6 本であり、これらはケーブルラックに配置される。

表 5.2.6　ケーブルラックに敷き込まれるケーブル本数（水平方向に配置分）

ケーブルの種類		仕上がり外形	本数
CV-T 150（難燃）	単芯 3 個より合わせ型	47mm	3 本
CV-T 200（難燃）	単芯 3 個より合わせ型	55mm	3 本

また、図 5.2.8 に示すように、ケーブルラックから、上階にある集合住宅のMB（メーターボックス）に向かって垂直に、ケーブルは 2 本ずつ 3 箇所から引き込まれる計画となっている。これらケーブルを表 5.2.7 に示す。

表 5.2.7　引き込み部分のケーブル本数（垂直方向に配置分）

ケーブルの種類		仕上がり外形	長さ	本数
CV-T 150（難燃）	単芯 3 個より合わせ型（φ22mm×3）	47mm	1.6m	1 本
CV-T 200（難燃）	単芯 3 個より合わせ型（φ26mm×3）	55mm	1.6m	1 本

次頁以降にて報告しているケーブルの燃焼試験結果により、水平に配置されるケーブルはほとんど燃焼せず、垂直方向に配置されるケーブルのみ燃焼が確認されたことから、ここでは表 5.2.7 に示す垂直に配置されるケーブルを想定火源に設定した。また、検証箇所としては、火源からの輻射が一番厳しくなる場合、即ち垂直に配置されるケーブルと積層ゴム支承の表面の距離が最も短い箇所とした（図 5.2.7、図 5.2.8 参照）。

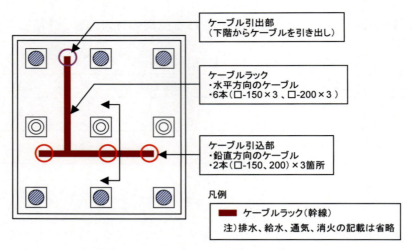

図 5.2.7 ケーブルの配置計画（平面図）

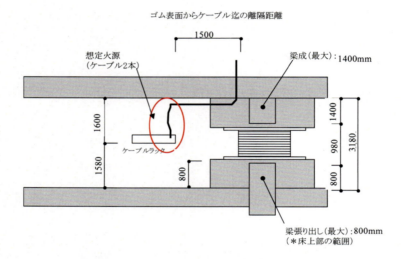

図 5.2.8 ケーブルの配置計画（断面図）

イ．ケーブルの燃焼実験
　＜実験計画＞
　耐火被覆を省略した免震部材の耐火検証の基礎データとすることを目的とし、専用免震層を貫通する難燃ケーブルの燃焼性状および発熱速度を確認する燃焼実験を実施した。
　試験方法は図 5.2.9 に示す JIS C 3521「通信ケーブル用難燃シース燃焼性試験方法」に準じた方法とし、ケーブルが垂直に配置される場合とケーブルが水平に配置される場合の燃焼実験を行った。ただし、JIS C 3521 に規定される加熱時間 20 分では十分な延焼の確認ができなかったため、加熱時間 90 分とした実験も実施した。なお燃焼源（バーナー）については、JIS C 3521 の規定通り炎の温度は 815℃以上、炎の長さは 380 mm 以上とした。
　また、図 5.2.7 に示す免震層内のケーブルの配置計画では、ケーブルは水平方向に 6 本、垂直方向に 2 本（3 ヶ所）配置される計画であるが、本実験では 5 本をケーブルトレイに敷き込み実験をした。また、実際のケーブルトレイでは、ケーブルは積み重ね具合によっては酸素供給が減り、発熱速度の低減が予測されるが、JIS C 3521 の規定に従い、

ケーブルは外径の 1/2 の間隔を開けて配列した。ケーブルの仕上げ外径は、実際には 47 mm と 55 mm が採用されるが、実験では 55 mm を実施した。

表 5.2.8 試験体一覧

試験体番号	ケーブルの設置方法	本数	仕上げ外径	敷込み幅	ケーブル長さ	バーナーによる加熱時間
No.1	垂直	5	55mm	385mm	3000mm	20 分
No.2	垂直	5	55mm	385mm	3000mm	90 分
No.3	水平	5	55mm	385mm	3000mm	90 分

＊：ケーブルは、外径の1/2の間隔を空けて一層に配列

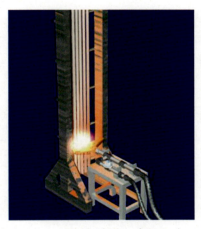

図 5.2.9 垂直トレイ燃焼試験の概要（JIS C 3521）

＜No.2 試験体＞
＜No.3 試験体＞

図 5.2.10 ケーブルの燃焼実験状況

＜実験結果＞

実験結果の概要を表 5.2.9 に示す。No.1 試験体は、火炎の長さは最大でも 700 mm に留まり、JIS C 3521 の判定基準である「ケーブルの最上段まで延焼しないこと」を十分に満足した。No.2 試験体は、時間の経過に伴い、上部に延焼が進行して、加熱終了後にはほぼ全焼した。No.3 試験体は、強制的に加熱している部分のみ燃焼して、延焼の進行もなく、残炎時間は 0 秒であった。ケーブルの発熱速度の計測結果を図 5.2.11 に示す。

表 5.2.9 実験結果の概要

項　目		No.1	No.2	No.3
試験体	ケーブル本数	5本	5本	5本
	ケーブル設置	垂直	垂直	水平
	バーナー燃焼時間	20分	90分	90分
最高火炎高さ		700mm	1500mm	300mm
最大シース溶融長さ		750mm	2100mm	400mm
最大シース炭化長さ		750mm	2100mm	400mm
最大導体露出長さ		100mm	2100mm	250mm
残炎時間		7分15秒	15分	0秒
火炎最高温度[*1]（℃）	バーナー位置	1212.8	－（882.1）[*2]	927.4
	30cm 上部	530.0	978.4	53.9
	60cm 上部	367.2	848.5	27.8
	120cm 上部	167.6	600.1	22.5
発熱速度（kW）		19.62	98.64	8.73

＊1：水平にケーブルを配置した場合、バーナーからの水平距離
＊2：熱電対不良

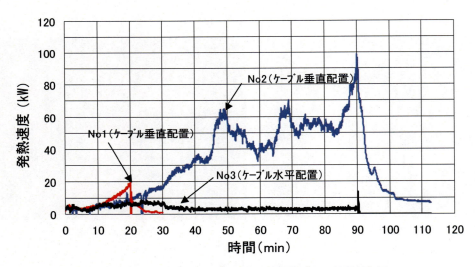

図 5.2.11　ケーブルの発熱速度の計測結果

　ケーブルを垂直に配置した No.1～No.2 試験体は、バーナーで加熱している間は、時間経過に伴い発熱速度は増大した。No.2 試験体は、50 分で火炎長さが最大（1.5 m）となり、発熱速度は一時ピーク（約 65 kW）を迎えるが、その後はバーナー周辺部とケーブル燃焼部の火炎が 2 つに別れて発熱速度の上昇はやや緩やかとなった。ケーブル燃焼部の火炎は 90 分でケーブル上部まで到達し、発熱速度は約 100 kW となった。バーナーを取り除いても火炎は消えずに、残炎時間は約 15 分であった。

ケーブルを水平に配置したNo.3試験体は90分加熱しても、発熱速度の上昇は小さく、発熱速度は最大でも10 kW以下に留まった。ケーブルは強制的に加熱している部分のみ燃焼して、そこからの延焼は確認されなかった。バーナー停止後は直ちに火炎が消滅し、残炎時間は0秒だった。

ウ．想定火源のモデル化

前述のケーブルの燃焼試験結果より、水平方向に配置されるケーブルは燃焼しなかったため、垂直方向のケーブルを想定火源とする。図5.2.11のNo.2試験体（垂直5本分）の発熱速度を参考にして、発熱速度がケーブル外周（本数 n×径φ）に比例するものとして、今回採用した垂直方向のケーブル2本分の発熱速度を求め、直線により近似すると、図5.2.12および表5.2.10に示すモデル火源（垂直2本分）となる。

ここで、燃焼を想定するケーブル長さ（1.6m）は、実験で燃焼したケーブル（2.1 m）より短いので、ケーブルの延焼速度を一定と仮定すると、燃焼時間は実験よりより短くなるが、ここでは安全を考慮して低減しなかった。また、残炎時間についても、同様の理由から、実験よりも短くなると思われるが低減しなかった。2本のケーブル（幅102 mm、長さ1.6 m）の燃焼面は、安全側の設定として幅150 mm、長さ1.6 mとした。

表5.2.10 引き込み部分のケーブル本数（垂直方向に配置分）

ケーブルの種類	仕上がり外形	長さ	本数
CV-T 150（難燃）	単心3個より合わせ形（φ22mm×3）	47mm	1.6m	1本
CV-T 200（難燃）	単心3個より合わせ形（φ26mm×3）	55mm	1.6m	1本

表5.2.11 火源のモデル化

	燃焼時間	残炎時間	発熱速度（最大）
実験結果（垂直5本分）	90分	15分	100kW
火源のモデル化（垂直2本分）	90分	15分	36.9kW

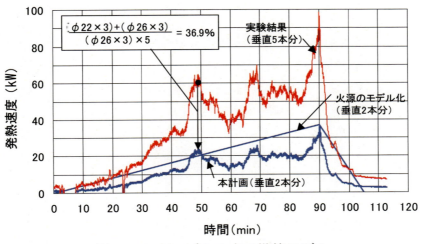

図5.2.12 ケーブル2本の燃焼モデル

第5章 ▓▓▓▓▓▓▓

(4)想定火源に対する免震部材への影響

　ケーブル（2 本）の想定火源に対する無耐火被覆の免震部材の非損傷性を検討する。検討は、以下の二つについて行う。

　　　ア．ケーブルの燃焼により発生した煙に免震部材が包まれる場合
　　　イ．ケーブル火災により免震部材が輻射熱を受ける場合

ア．発生した煙の熱の影響（空間内の平均的な温度上昇の検討）
　＜計算条件＞
　　煙層の発生を予測する火源には、図 5.2.12 に示すケーブル 2 本分の燃焼モデル（燃焼面：幅 150mm×長さ 1600mm）を採用する。専用免震層の区画の床面積と天井高さは表 5.2.12 に示す通りで、周壁材料の熱定数は表 5.2.13 に示すように設定した。

表 5.2.12 区画面積・天井高さ

床面積	380 ㎡
天井高さ	3.18m
周壁条件	普通コンクリート
排煙方式	蓄煙

表 5.2.13 周壁材料の熱定数[*1]

熱定数	普通コンクリート
熱伝導率（W/m・K）	1.51
比熱（kJ/kg・K）	1.09
密度（kg/m³）	2300
含水率（%）	5

＊1 （財)日本建築センター「建築物の総合防火設計法 第 4 巻 耐火設計法」平成元年

　＜計算結果＞

　　前述の条件設定より、2 層ゾーンモデル（BRIⅡ／日本建築センター）により煙層の降下と煙層の平均温度の上昇を算定した。その結果を図 5.2.13〜図 5.2.14 に示す。発生した煙の下端高さは 90 分後には床面まで降下し、免震部材は完全に煙の中に包まれる。煙層の最高温度は 27.3℃であり、RC 構造（不燃内装）の免震層ではフラッシュオーバ（FO）は起きないと予測される。また、煙の最高温度は 27.3℃であり、免震部材の許容温度 150℃を大きく下回る。したがって、ケーブル火災時に発生する煙が免震部材に与える影響は少なく、無耐火被覆の免震部材の非損傷性は確保される。

　　また、更なる安全性の確認をするために、図 5.2.12 に示すケーブル 2 本分の発熱速度を 2 倍にした火源条件により同様の解析を行ったが、これによっても煙層の最高温度は 30.5℃に留まり、免震部材の非損傷性は確認された。

- 120 -

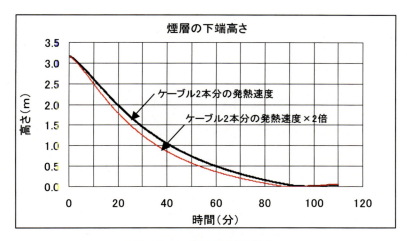

図 5.2.13 煙層下端高さ

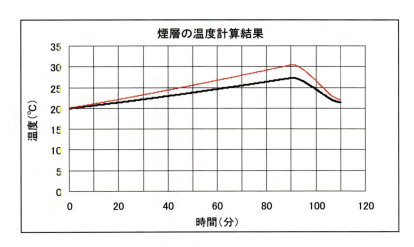

図 5.2.14 煙層平均温度

イ．火炎からの輻射による影響

　ケーブル（2 本）の火炎からの輻射に対する、無耐火被覆の免震部材の非損傷性を検討する。検証箇所は、火源からの輻射が一番厳しくなる場合として、ケーブルと積層ゴム支承の表面の距離が最も短い箇所を選定した。図 5.2.15 にケーブルと免震部材の位置関係を示す。

＜輻射面の設定＞

　ケーブル（2 本）から火炎が上がったものとして輻射面を想定する。輻射面の幅は、燃焼実験によると横方向への火炎の広がりは小さいので、図 5.2.16 に示すケーブル 2 本の幅 102 mm に、多少の余裕として 50 mm 程度を加えた 150 mm に設定した。

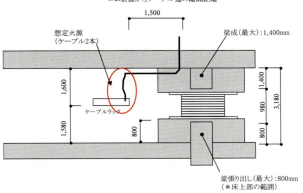

図 5.2.15 ケーブルの配置計画（断面図）

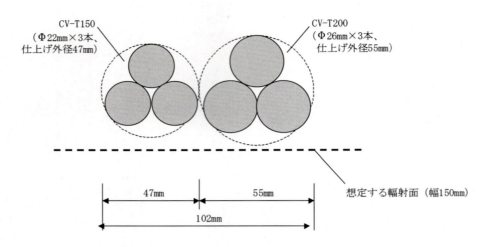

図 5.2.16 ケーブルと想定する輻射面の関係

また、輻射面の高さは、ケーブル立上り部の長さ（1.6 m）に、図 5.2.17 に示す実験で確認した火炎の長さ（0.4 m）を加えた 2.0 m とした。

ただし、ここで実際に建物に配置されるケーブルと天井面（RC 躯体）の関係（図 5.2.15 参照）から、天井面（RC 躯体）を超えて火炎が伸びることはなく、輻射面の形状は図 5.2.18 左図）に示す通りになると思われるが、受熱面に対する輻射面の形態係数が大きくなるように、図 5.2.18（右図）のように安全側にモデル化した。なお、輻射面の温度は 800℃に設定した（日本建築学会：鋼構造耐火設計指針）。

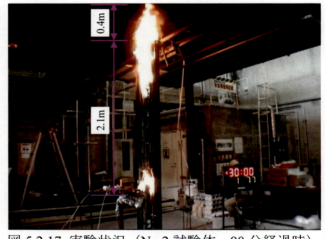

図 5.2.17 実験状況（No.2 試験体、90 分経過時）

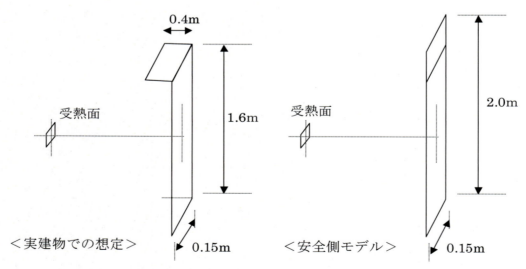

図 5.2.18 ケーブルの燃焼による輻射面の設定

受熱面（積層ゴム支承の表面）の温度は、火炎からの放射および煙層からの輻射と対流を考慮して、下記の定常状態の熱平衡式により求める。形態係数 ϕ_f は図 5.2.19 の位置関係に基づき算定する。

$$\alpha_0(T_0 - T_s) + \varepsilon_{r,fs}\phi_f\sigma(T_f^4 - T_s^4) + \varepsilon_{r,os}(1 - \phi_f)\sigma(T_0^4 - T_s^4) = 0 \qquad (5.2.1)$$

ここに、

- α_0 ：部材と雰囲気との間の熱伝達係数（23.2 W/m²K）
- σ ：ステファン・ボルツマン常数（5.675×10⁻⁸ W/m²K⁴）
- T_s ：部材の表面温度（K）
- T_f ：火炎温度（1073K＝800℃）
- T_0 ：煙層の温度（303.5K＝30.5℃）
- $\varepsilon_{r,fs}$ ：火炎と部材の合成放射率（1.00）
- $\varepsilon_{r,os}$ ：周辺物体と部材の合成放射率（1.00）
- ϕ_f ：部材に対する火炎の形態係数

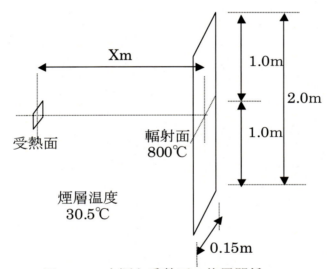

図 5.2.19 火源と受熱面の位置関係

式（5.2.1）の熱平衡式により算出された受熱面（積層ゴム支承の表面）の温度と火源面と受熱面までの距離 x の関係を図 5.2.20 に示す。本計画ではゴム表面とケーブルは 1.5 m 離す計画となっているので、積層ゴム支承の表面温度は 107℃と予測される。よって、本計画では積層ゴム支承の検証上の許容温度 150℃以下となり、免震部材の非損傷性は確保されると判断する。

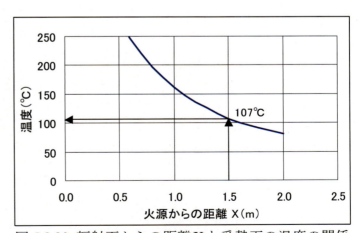

図 5.2.20 輻射面からの距離Ｘと受熱面の温度の関係

5.2.4 基礎免震建物の耐火設計（ルートA）

本ケーススタディーでは、地上8階の基礎免震建物（免震部材は基礎部分に設置）の主要構造部の耐火性能をルートAの耐火設計により確認した結果を示す。ここでは、免震部材の耐火性能の確認結果のみを掲載するが、実際に適合を確認するためには建物全体の主要構造部の耐火性能を確認することが必要である。

1）建物概要

名　　　称：Tビル
地域・地区：商業地域、防火地域
階　　　数：地上8階（免震部材は基礎部分に設置）
構　　　造：鉄筋コンクリート造
用　　　途：事務所・店舗
建 築 面 積：420.0m^2
延 べ 面 積：3360.0m^2
建 物 高 さ：32.5m

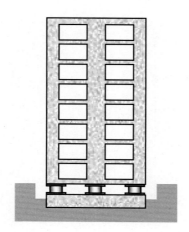
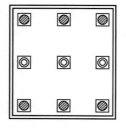

凡例
◎ 天然ゴム系積層ゴム支承
◉ プラグ挿入型積層ゴム支承

図 5.2.21 建物概要

2）設計ルートの選択

本建物は防火地域内に建設される階数が3以上の建物であり耐火建築物とする必要がある。基礎部分に配置される免震部材は、建築基準法第2条第五号により主要構造部とはならないため、耐火性能が要求されておらず、耐火被覆は不要である。

表 5.2.14 確認事項一覧

確認事項	確認内容	判断
耐火建築物か？	防火地域内にある階数が3以上の建物のため、法第61条より「耐火建築物」とすることが要求される	YES
免震部材が主要構造部に該当？	基礎部分に設置される免震部材は、法第2条第五号の「主要構造部」に該当しない	NO
免震部材に耐火被覆を施すか？		
耐火被覆の大臣認定がある免震部材か？		
耐火被覆の大臣認定の適用範囲内か？		

第5章

3) 基礎部分の耐火性能の考え方（基礎梁が鉄骨梁の場合も含む）

免震部材および基礎梁は以下の理由により、特別な耐火処置は施さない。

① 免震部材のある空間は、用途の発生しない免震専用層であるため火災の発生確率は極めて低い。

② 同空間は免震専用層であり、可燃物がほとんどないため、万一火災が発生したとしても局所火災であるため、その火災継続時間は数分程度と想定され、耐火被覆のない鉄骨梁や免震部材の構造性能に大きく影響するものではない。

③ 同空間は他の空間と防火区画されており、他の空間の火災の影響を受けない。

④ 万一放火や想定外の火災などに対して、免震部材のゴムが着火して燃焼したとしても、荷重支持能力は、1時間程度継続するという工学データがある。

⑤ 当該部分を収納スペースなどにすることがないように、建物の所有者・管理者に上記事項を伝え、確認する。

5.3 設計事例紹介

＜設計例１＞

■建物概要
- 建物名称　　：日本システムウェア㈱
　　　　　　　　山梨 IT センター
- 建設地　　　：山梨県東八代郡
- 竣工年　　　：1998 年
- 構造種別　　：鉄骨造（S）
- 規模　　　　：地上 4 階
- 設計者　　　：㈱白江建築研究所・㈱森村
　　　　　　　　設計・あい造園設計事務所
　　　　　　　　共同企業体、
　　　　　　　　㈱ダイナミックデザイン
- 耐火設計者：㈱ダイナミックデザイン
- 施工者　　　：五洋建設㈱横浜支店
- 耐火設計ルート：旧 38 条認定

写真 5.3.1 日本システムウエア外観
山梨 IT センター（アトリウム棟）

写真 5.3.2 日本システムウェア外観
山梨 IT センター（コンピュータ棟）

■免震構造上の特徴

　本プロジェクトは、2 棟の事務所ビル（コンピュータ棟、オフィス棟）および両者を繋ぐアトリウム棟の 3 棟から構成されるコンピュータセンターである。

　同一形状の 2 棟の事務所ビルは、大地震時における収容物も含めた建物全体の安全性確保、機能維持、資産保全を目的として免震構造を採用している。上部構造は、「無柱のオフィス空間 21 m×45 m」を提供しながら、かつ応答加速度の抑制に効果的である「高い水平剛性と耐力を確保」するために、全外構面を 3 層分の高さを利用したトラス架構とし、建物全体（3500 トン）を直径 φ1200 mm の鉛プラグ入り積層ゴム支承 4 基のみで支持し、減衰定数 20% 以上、変形性能 80 cm を確保している。

写真 5.3.3 施工中のトラス架構と免震部

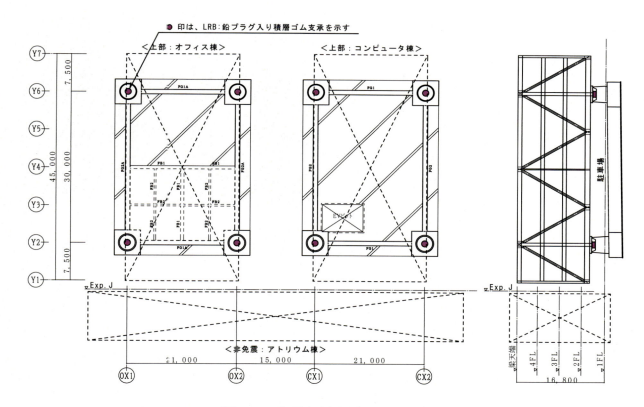

図 5.3.1 免震部材配置図および軸組図

■**耐火設計上の特徴：**

　免震部材は、駐車場となる1階ピロティ空間に直径3.0～3.4 m、高さ2 mの円錐形状の基壇を構成し、その上に配置されている。装置を支えるコンクリート基壇の外周部が免震部材の周囲に立ち上がり、免震部材を火災および物理的危害から防護する"Fire & Physical Protection"として設計されている。その周囲4箇所に免震部材を確認できるように着脱可能の点検用扉が配置されている。（写真 5.3.4、写真 5.3.5）

写真 5.3.4 工事中の免震部材

写真 5.3.5 竣工後の免震部材

＜設計例2＞

■建物概要

- 建物名称　　：清水建設技術研究所本館
- 建設地　　　：東京都江東区
- 竣工年　　　：2003年
- 構造種別　　：鉄骨造（S）
- 規模　　　　：地上6階
- 設計者　　　：清水建設一級建築士事務所
- 耐火設計者　：清水建設一級建築士事務所
- 施工者　　　：清水建設㈱
- 耐火設計ルート：ルートC

写真 5.3.6　建物外観

■免震構造上の特徴：

　写真 5.3.6 に建物の外観、図 5.3.2 に基準階平面を示す。写真 5.3.7 に1階ピロティー、写真 5.3.8 に1階上部の積層ゴム支承を示す。本建物は1階にピロティーを持つ6階建ての事務所ビルであり、基準階は中央のコアと吹き抜けとその両側の事務室空間から構成される。構造架構は、2階から5階を貫く斜材と柱からなるメガ架構であり、これら上部の荷重を1階ピロティー部分に設置した6基の鉛プラグ入り積層ゴム支承で支持している。この積層ゴム支承は1階の鉄筋コンクリートの柱と耐火被覆を施した鋼製の組板台座の間に設置されている。

写真 5.3.7　1階のピロティー　　　写真 5.3.8　1階上部の積層ゴム支承

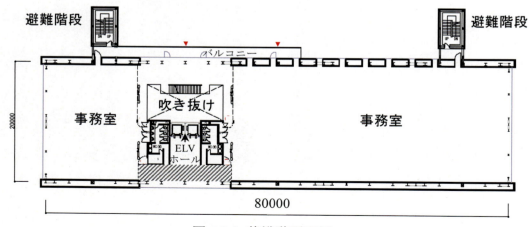

図 5.3.2　基準階平面図

■**耐火設計上の特徴：**

本建物は、「火災によって建物を崩壊させない」ことを目標性能にあげ、メガ架構である構造形式を考慮し、架構全体で火災時の構造安定性を担保する方法を採用した。

目標性能達成に向けての耐火設計シナリオは、以下の原則により作成した。

・地震と火災は同時に発生しない。
・火災は防火区画で終了し、区画を超えて延焼しない。

具体的な耐火設計のシナリオを以下に示す。

・1階ピロティー部分の火災によって免震部材が鉛直荷重支持能力を失っても上部架構が崩壊しない。
・各防火区画内で発生した火災によって、区画内の荷重支持部材の一部が荷重支持能力を喪失しても、メガ架構を含む他の部材への応力の再配分によって架構を崩壊させない。

これらのシナリオを満足するように構造部材の断面を決定した。火災時の架構の構造安定性は、独自に開発した3次元弾塑性熱応力変形解析プログラム(FIRE3D)を用いて検討した。図5.3.3に1階ピロティー部分の局所火災によって1体の免震部材が荷重支持能力を失った時の架構の変形図を示す。図5.3.4に耐火設計によって耐火被覆を省略した部分を示す。

以上の耐火設計によって、建物の構造安定性を失うことなく、次に示す計画が可能となった。

・6基の免震部材のうち、中央2台の免震部材の耐火被覆を無くし、コストダウンを図るとともにメンテナンスを容易にした。
・室内に露出する多くの鉄骨部材の耐火被覆や耐火塗料を省略した。

本建物は、新しい耐火設計の考え方と設計システムによって、合理的な耐火設計を具現化するとともに過剰な耐火被覆を省略し、建設コストを低減した。

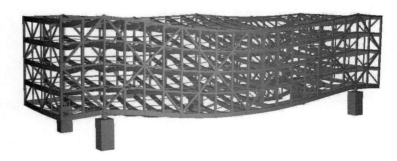

図 5.3.3　1階火災時の架構の変形図(1基の柱が耐力を失った場合)

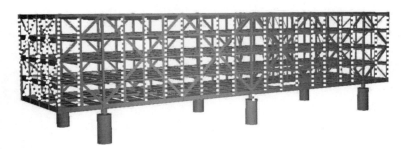

図 5.3.4　耐火設計による耐火被覆省略部分

点線部分：耐火被覆省略部分

第5章

<設計例３>

■建物概要
- 建物名称　　：相模原市営上九沢住宅
- 建設地　　　：神奈川県相模原市
- 竣工年　　　：2005年（第1期竣工:2002年）
- 構造種別　　：免震人工地盤上にRC造(21棟)
- 規模　　　　：地上6～14階、地下1階
- 設計者　　　：㈱アルコム、㈱構造設計集団、
　　　　　　　　㈱ダイナミックデザイン
- 耐火設計者　：㈱アルコム
- 施工者　　　：谷津建設・相模鉄建・金子建設JV、
　　　　　　　　鹿島建設㈱、住友建設㈱、
　　　　　　　　小山建設・相陽建設・肥後建設JV、
　　　　　　　　㈱鴻池組
- 耐火設計ルート：旧法第38条認定

図5.3.5　全体パース

■免震構造上の特徴

　本プロジェクトは、老朽化した木造平屋建ての長屋式市営住宅254戸をRC造21棟の集合住宅546戸に建て替える計画である。

　約150m×250mの敷地の周囲に若干のレベル差があることを利用して、半地下レベルに300台収容の駐車場を構成し、その上部GLから半階上がったレベルに新たな人工地盤を構築し、その上に6階建てから14階建てまでの21棟の集合住宅郡を配置、地上面に広場や緑を確保した高耐久・環境共生住宅を目指した計画となっている。

　人工地盤はRC造の格子梁方式で構成されており、総重量約11万2千トンを駐車場の柱頭部に配置した242基の免震部材が支えている(図5.3.6)。

　免震部材には、全体の復元力と減衰を負担するφ1200mmの鉛プラグ入り積層ゴム支承(LRB×48基)、減衰を補う弾性すべり支承(SLR×109基)、摩擦≒ゼロの平面転がり支承(SBB×85基)の3種類の免震部材を採用し、免震周期6.7秒、許容変形量80cm、全変形領域に渡ってほぼ減衰定数30%を確保している。施工が4期に分けられ、「着工→竣工→入居→次工区着工」という順序であったため、各工区が接続されていく過程においても、免震層の水平性能や偏心率に差が出ないように配慮し、免震部材を配置している。

写真5.3.9　相模原市営上九沢住宅
（2002年竣工の第1期部分）

写真5.3.10　耐火被覆施工後の駐車場空間

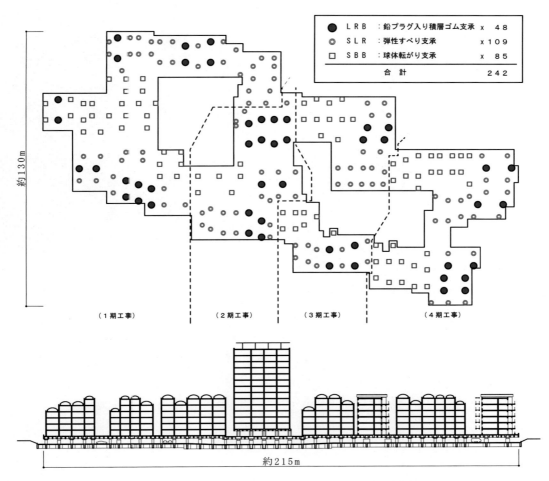

図 5.3.6 免震部材配置図と全体断面構成図

■耐火設計上の特徴

免震層は、駐車場として利用されるため、柱頭部に配置された全免震部材にけい酸カルシウム板を主体とする耐火被覆を施し、3時間以上の耐火性能を有することを実大装置の載荷加熱試験により確認している。

駐車場は図5.3.7に示すように外部に開放された空間として計画されている。

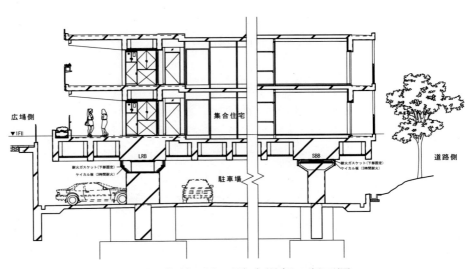

図 5.3.7 住棟および駐車場部の断面図

- 131 -

第5章

＜設計例4＞

■建物概要
- 建物名称　　：清水建設技術研究所安全安心館
- 建設地　　　：東京都江東区
- 竣工年　　　：2005年
- 構造種別　　：鉄骨造（S）
- 規模　　　　：地上4階
- 設計者　　　：清水建設一級建築士事務所
- 耐火設計者：清水建設一級建築士事務所
- 施工者　　　：清水建設㈱
- 耐火設計　　：ルートC

写真 5.3.11　建物外観

■免震構造上の特徴：

写真5.3.11に建物の外観、図5.3.8に建物断面、図5.3.9に4階平面図、写真5.3.12に建物上部の免震部材を示す。本建物は1階がピロティーである地上4階建ての事務所ビルであり、基準階は中央の階段室とそれを囲む空間から構成される。階段室は鉄筋コンクリート造であり、その最上部に4台×2段、計8基の積層ゴム支承が設置されている。各フロアーはこの免震部材からφ42〜φ55の鋼製タイロッドで吊られている振り子免震構造である。

■耐火設計上の特徴：

本建物の耐火設計項目と設計手法を以下に示す。

①上部免震部材の耐火被覆の省略
　　確認性能：火災時に装置が長期荷重を支持できること。
　　確認方法：下層階の噴出火炎と隣接建物の火災時の放射熱によって装置の温度が許容値以下（ゴムの温度は150℃以下）であることを確認する。

②各階の吊り材の耐火被覆として耐火塗料を用いる。
　　確認性能：火災時にロッドが長期荷重を支持できること。
　　確認方法：耐火塗料を施工した鋼製ロッドの加熱実験をもとにした熱伝導解析により当該ロッドの温度を推定する。推定された温度でのロッドの耐力低下から当該ロッドが長期荷重を支持できることを確認する。

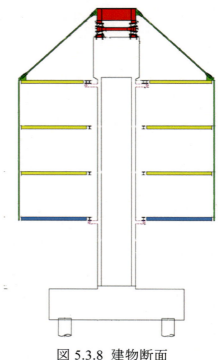

図 5.3.8　建物断面

③各階のH形鋼梁はスラブに内蔵し、防火区画性能を確保する。
　　確認性能：火災時に装置が鉛直荷重を支持でき、裏面温度が延焼のおそれのある温度を超えないこと。
　　検証方法：類似の実験結果をもとに熱伝導解析を行い、梁の温度を推定し、その温度での

梁の耐力低下から当該梁が長期荷重を支持できることを確認する。また、同様にスラブ裏面温度を推定する。

④2階床梁の下部の耐火被覆の省略
　確認性能：火災時に床梁が長期荷重を支持できること。
　確認方法：1階の局所可燃物の燃焼による当該梁温度を算定し、その温度での床荷重を支持できることを確認する。

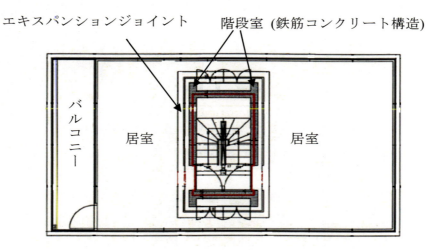

図 5.3.9 4階平面図

写真 5.3.12 建物上部の免震部材

第5章

＜設計例5＞

■建物概要

- 建物名称　　　：鹿島本社ビル
- 建設地　　　　：東京都港区
- 竣工年　　　　：2007年
- 構造種別　　　：S造（一部CFT造、SRC造、RC造）
- 規模　　　　　：地下2階、地上14階、塔屋1階
- 設計者　　　　：鹿島建設株式会社一級建築士事務所
- 耐火設計者　　：同上
- 施工者　　　　：鹿島建設株式会社
- 耐火設計ルート：ルートC

写真5.3.13 鹿島本社ビル

■免震構造上の特徴

　本建物は、白色の構造体を格子状に建物の外側へ出した外観とし、室内に柱を設けないユニバーサルな空間を確保している。また、大地震時の災害発生時に業務を継続できる震災対策本部として機能させるために、極大地震時にも大きな損傷が生じないSグレードを耐震性能の目標とし、地下2階の柱頭に積層ゴム支承を22基設置した中間層免震構造である。

　積層ゴム支承としては、鉛プラグ入り積層ゴム支承（天然ゴム系）を使用している。下部構造の基礎と地下2階はRC造である。上部構造は、地下1階と地上1階が鉄骨鉄筋コンクリート（SRC）造で、地上2階以上で内柱をコンクリート充填鋼管（CFT）柱、外柱を鉄骨（S）造柱とした純ラーメン構造である。桁行方向は7.2 mスパン、梁間方向は7.2 mと14.4 mスパンである。

　建物全周にわたり、最大応答変位を考慮して600 mmのクリアランスを設けている。

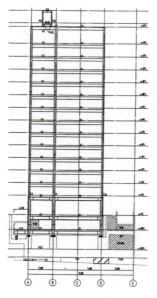

図5.3.10 軸組図

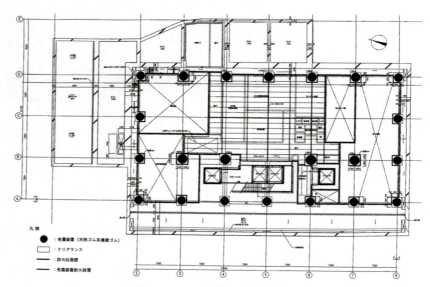

図5.3.11 免震部材配置図

■耐火設計上の特徴

　本建物は、地下2階の柱頭に積層ゴム支承を設置した中間層免震構造で、無耐火被覆の積層ゴム支承があることから、耐火設計ルートCの性能評価を受け、国土交通大臣の認定を取得している。

　建物外周のクリアランスに面する積層ゴム支承は、ALC板で室内と区画し、近傍火源により積層ゴム支承表面温度が150℃を超えないことを確認して無耐火被覆としている（写真5.3.14）。それ以外の積層ゴム支承は、写真5.3.15に示すように耐火構造認定品の耐火被覆を施し、H12年建告第1433号の「耐火性能検証法」に基づく検証を行い、屋内火災保有耐火時間が当該火災室の火災継続時間より長いこと確認している。

　耐火設計ルートCにおいては、積層ゴム支承以外に、CFT造柱の無耐火被覆、S造の柱と梁の無耐火被覆、合成デッキスラブの検証も行っている。地下2階の一部の室では、防火区画しかつ開口部に特定防火設備を設けて密閉室にし、密閉空間における火災性状（室内温度）を算定し、主要構造部が当該室の火災に対して耐火性を有することを確認している。

写真5.3.14　積層ゴム支承をALC板で区画　　写真5.3.15　積層ゴム支承の耐火被覆（内柱）

第5章

＜設計例6＞

■建物概要
- 建物名称　　：ふくおかフィナンシャルグループ本社ビル
- 建設地　　　：福岡県福岡市
- 竣工年　　　：2008年
- 構造種別　　：鉄骨造
- 規模　　　　：地下1階、地上14階、塔屋2階
- 設計者　　　：（株）松田平田設計
- 耐火設計者　：新日本製鐵（株）
- 施工者　　　：戸田建設（株）
- 耐火設計ルート：ルートC

写真 5.3.16 ふくおかフィナンシャル
グループ本社ビル
（撮影：川澄建築写真事務所）

■免震構造上の特徴

　本建物の構造形式は、2階床下階に免震層を有する中間層免震構造である。免震層は、建物四隅の組立柱と梁せい5.45 m のメガトラス梁からなる門形架構（メガストラクチャー）の上層に位置しており、免震部材を介して上部構造柱を支持している。メガトラス梁はスパン約28.0 m あることから、大きな応力が生ずるため鋼材に建築構造用550N級鋼を使用している。下部構造の構造種別は柱にコンクリート充填鋼管（CFT）柱を用いた鉄骨（S）造、構造形式はブレース付ラーメン構造である。上部構造は、柱にCFT柱を用いたS造の純ラーメン構造である。代表的スパンは梁間方向で22 m スパン、桁行方向で7.2 m スパンである。

　免震層は免震部材に天然ゴム系積層ゴム支承と弾性すべり支承を使用し、エネルギー吸収部材としてオイルダンパーをXY両方向に設置した。

　本建物は、メガトラス梁上部に免震部材を配置するため以下の点が懸念された。
①各支承下の剛性の違いにより、各支承に入る軸力が偏ること。
②上部構造の建て方が進むにつれ免震部材自体が次第に傾くこと。

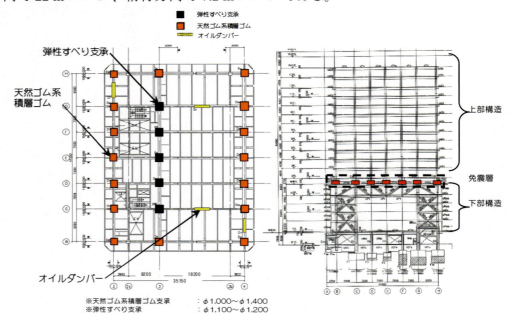

図 5.3.12 免震部材配置図　　図 5.3.13 代表軸組図

- 136 -

③免震部材の沈下に伴い、上部構造に付加的応力が発生すること。

そのため、免震部材下にジャッキを配置し、鉄骨建て方が数節立ち上がった時点で、ジャッキアップを行い、2階床をフラットに保持しながら建て方を行っていくことを前提に設計を行った。これにより、免震部材に導入される軸力を均等化し、さらに免震部材が傾くのを防ぐ計画とした。

■**耐火設計上の特徴**

本建物は、中間層免震構造であり、免震部材（積層ゴム支承など）が主要構造部とみなされ、免震部材にも所定の耐火性能が要求される。本建物の計画時（平成18年9月）においては、弾性すべり支承向けの耐火構造認定を取得した耐火被覆はなく、耐火建築物に適合させるためには、耐火被覆の有無に関わらず性能評価による耐火設計を適用する必要があった。

免震部材は、専用免震層内に配置されているが、天然ゴム系積層ゴム支承、弾性すべり支承のいずれにも、繊維混入けい酸カルシウム板による多段スライド方式の耐火被覆を施している。弾性すべり支承は、耐火性能試験結果をもとに、耐火被覆を施すことにより3時間の耐火構造と同等の性能を有していることが実験により確認されている。

写真 5.3.17
ふくおかフィナンシャルグループ
本社ビル（近景）
（撮影：川澄建築写真事務所）

免震層以外の階については、平12建告第1433号（耐火性能検証法）に基づき、各室における火災継続時間、主要構造部の保有耐火時間を算定し耐火性能を検証した。仕様設計と比較し、低層階での耐火被覆が低減できた。逆に、高層階では仕様設計より要求耐火時間が長くなる室が発生した。

1階上部吹抜空間のメガトラス梁の下弦材（室内部分を除く）については、直下階の室に外周部開口がなく噴出火災にさらされる恐れがないこと、直下階床（屋根）面から梁下までの最短距離が7.0 m以上と局所火災の影響もないこと、火災温度が平12建告第1433号に示される鋼材の常温時の基準強度を保持できる最高温度である325℃以下であることから無耐火被覆としても十分な火災時耐力を有していることを確認している。

建物の位置（階）と火災の激しさには相関は無く、耐火性能検証を行うことで耐火被覆厚の合理化を行っている。

第5章

<設計例7>

■建物概要
- 建物名称　　：LIVMO ライジングビル
- 建設地　　　：神奈川県横浜市
- 竣工年　　　：2008 年
- 構造種別　　：RC 造（一部鉄骨梁）
- 規模　　　　：地下 1 階　地上 11 階
- 設計者　　　：大成建設株式会社一級建築士事務所
- 耐火設計者：同上
- 施工者　　　：大成建設株式会社
- 耐火設計ルート：ルート C

写真 5.3.18　LIVMO ライジングビル
（撮影：アダボス）

■免震構造上の特徴

本建物は賃貸オフィスを主用途とし、1 階に店舗を設けた RC 造の建物である。事務室は約 40m×15m の無柱空間であり、ロングスパン部分の大梁には梁中央部に鉄骨、端部を RC 造とした C.S.Beam 構法を用いている。地上階の地震時水平応答加速度を低減するため 1 階床下に免震層を設けた中間層免震としている。

免震システムには天然ゴム系積層ゴム支承と弾性すべり支承を並列に用いるハイブリッド TASS 構法を採用している。中小地震時においては弾性すべり支承が弾性変形し、建物周期を長くすることにより地震力を低減する。大地震時には弾性すべり支承がすべり挙動を生じて、地震エネルギーの入力を頭打ちすると同時に、すべり材の摩擦により建物に入力されたエネルギーを消費し免震層上部の構造損傷を抑制している。

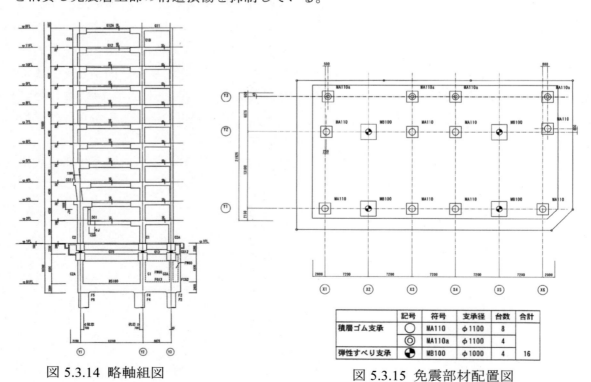

図 5.3.14 略軸組図　　　　　　　　図 5.3.15 免震部材配置図

ハイブリッド TASS 構法は支承材以外のエネルギー吸収部材が必要無いため、免震部材の維持管理項目数を減らせる効果も得られている。

一次周期を弾性すべり支承のゴム層厚で調整でき、すべり後の建物周期に変位依存性があり特定周期を持たないので大地震時には共振が生じ難い点がハイブリッド TASS 構法の特徴となっている。当該敷地の地盤固有周期は 1.0 秒程度の比較的長周期であったが、免震建物の一次固有周期を 1.9 秒に設定して、地盤固有周期を外した周期とすることができた。

写真 5.3.19 免震層（弾性すべり支承（手前）・天然ゴム系積層ゴム支承（奥））（撮影：足立和久）

■ **耐火設計上の特徴**

免震層は設備配管の振り回し以外の用途を持たない専用免震層であるため、ケーブル等以外は可燃物が無く、火災は局所に限定される。天然ゴム系積層ゴム支承と弾性すべり支承は耐火被覆することなく火災時の荷重支持能力を確認した。

支承の温度上昇についてはケーブルなどが燃える局所火災からの輻射の影響を考慮して算定した。ケーブルと支承の配置から天然ゴム系積層ゴム支承は、被覆ゴム表面温度が 150℃以下であること、弾性すべり支承は 50℃以下であることを確認した。

弾性すべり支承の積層ゴム部分に使っているクロロプレンゴムの高温時荷重支持能力については、支承の試験体を製作し、試験体温度 50℃での鉛直剛性測定と耐圧試験を行い、鉛直剛性が 20℃時と比較して+8％であること、および面圧 50 N/mm^2（使用面圧 12 N/mm^2）でも試験体に損傷がないことを確認した。

地下駐車場への自動車用リフトは免震層内で水平エキスパンションを設け、地上部の免震挙動を妨げないよう構造的に分離している。目地部には免震変位に対して変位追従性を有する耐火目地材を設けて、免震層内の火災がリフトシャフトに進展すること、またはその逆が生じないよう配慮している。

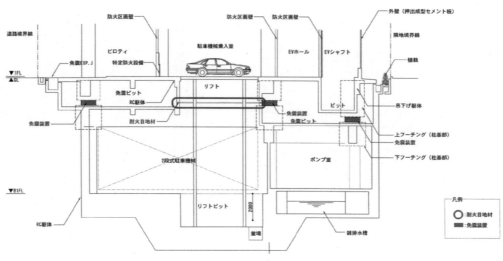

図 5.3.16 免震層断面図

第5章

<設計例8>

■建物概要
- 建物名称　　：三菱一号館
- 建設地　　　：東京都千代田区
- 竣工年　　　：2009年
- 構造種別　　：煉瓦組積造
- 規模　　　　：地下1階、地上3階
- 設計者　　　：㈱三菱地所設計
- 耐火設計者：（特）災害情報センター
    　　　　　　㈱明野設備研究所、㈱三菱地所設計
- 施工者　　　：㈱竹中工務店
- 耐火設計ルート：ルートC

写真5.3.20　三菱一号館とオフィスビル

■免震構造上の特徴：

　本プロジェクトは、地上37階、地下4階建ての超高層オフィスビルと三菱一号館から成っている。免震建物である三菱一号館は、煉瓦組積造建物の復元であり、高層棟の地下1階の上に免震構造で支持されている。復元計画において、耐用年数（長寿命）、活用用途（美術館）を考慮し、旧建物の上部構造を極力改変せず耐震性を上げるために、免震構造としている。

　免震部材としては、天然ゴム系積層ゴム支承(NRB)と鉛プラグ入り積層ゴム支承（LRB）を使用し、さらにダンパー要素としてオイルダンパーを付加している（写真5.3.21）。また、本体と一体の屋外階段部分には剛すべり支承を使用している。本体部の免震部材は、煉瓦壁が直交する交点に配置することを基本とした。建物平面形がL字形をしており、免震層における水平剛性の偏心が生じないように配慮しながら、かつ捩り剛性が高くなるように、水平剛性の比較的高いLRBはL字形平面の外周部に配置した。また、最大減衰力931 kNのオイルダンパーを各方向4基設置している。建物全周囲にわたり、最大応答変位を考慮して500 mmのクリアランスを設けている。

写真5.3.21　積層ゴム支承とオイルダンパー

写真5.3.22　積層ゴム支承の耐火被覆（施工中）

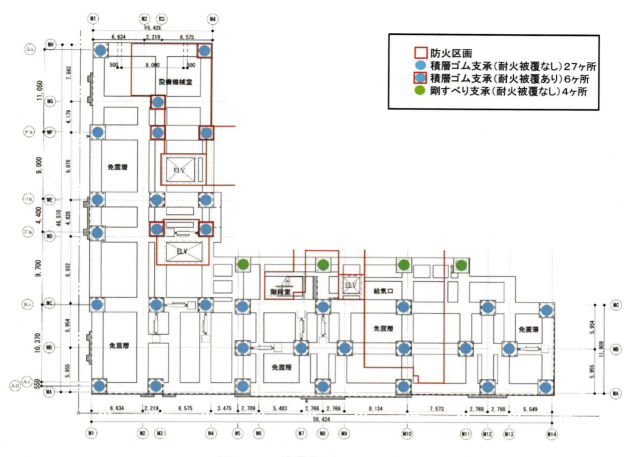

図 5.3.17 基礎伏図

■**耐火設計上の特徴**：

　免震層内には、空調ダクト・衛生配管・電気通信ケーブルなどが通過している。これらのうち配管・ダクト類は金属製の材質のものを使用することで可燃物とならないよう配慮した。また、配管類に接続されている免震継手はステンレス製などの難燃性能の高い材質の使用することで出火時の延焼拡大を防ぐ計画とした。

　さらに免震層内には、設備機械室・エレベーターシャフトなどの室があるが、これらは耐火構造の壁で仕切り、その壁に接する積層ゴム支承には耐火被覆材、壁の免震スリットには免震耐火目地材または耐火帯を取り付けた（写真 5.3.22）。また免震層内への出入り口は施錠管理を徹底し、メンテナンス以外の出入りを制限する。

　以上より、免震層内に火災の原因となるような可燃物は無く、出火の可能性は極めて低いものと考えられるが、ケーブルを可燃物として想定し火災性状予測を行った。その結果、必要な離隔距離が確保できないケーブルラックには金属のカバーを設置し、出火時に輻射熱の影響が免震部材へ及ばないように配慮した。

　以上より、告示第 1433 号による盛期火災、ケーブルによる局所火災それぞれについて、免震部材の表面温度が 150℃を下回るため、主要構造部の柱としての非損傷性に支障が無いことを確認し、性能評価を受け国土交通大臣の認定を取得している。

　また免震建物としての耐火設計に加え、耐火性能を有する木造屋根の開発を行った。天井耐火被覆材（強化せっこうボード厚 21 mm、3 枚張り）を木造小屋組の下に敷き込み、これに空

第5章

調ダクト・衛生配管・電気通信ケーブルなどの貫通を加味した耐火実験を行い、屋根の非損傷性・遮炎性を確認した。一部の部屋では、ガラス天井越しに小屋組が見える仕様とするため、耐火ガラス（ケイ酸ソーダ充填フロート板ガラス複層ガラス）を鋼製枠にはめ込み、水平材としての耐火性能を実験により確認している。

さらに小屋裏内には排気ファンや強電ケーブルなどの可燃物があるため、前者は防火区画壁で囲い、後者は免震層と同様の考え方で金属カバーにて覆うことで木材へ輻射熱の影響が及ばないこととした。以上により、当初の建物と同様、木造小屋組による屋根を実現した。

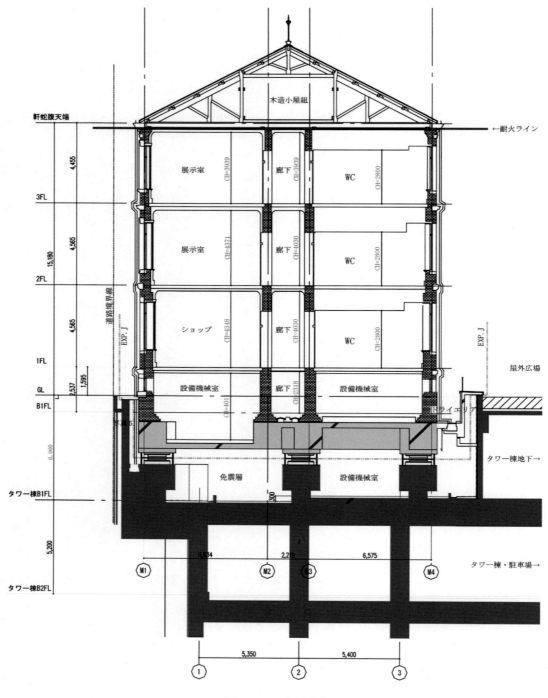

図 5.3.18 断面図

<設計例9>

■ 建物概要

- 建物名称　　：北秋田市民病院（仮称）
- 建設地　　　：秋田県北秋田市
- 竣工年　　　：2010年
- 構造種別　　：SRC造（内部梁S造）
- 規模　　　　：地下1階、地上4階、塔屋1階
- 設計者　　　：㈱日建設計
- 耐火設計者　：㈱日建設計
- 施工者　　　：鹿島建設㈱
- 耐火設計ルート：ルートA

図5.3.19 外観パース

■免震構造上の特徴

　本敷地は、大館能代空港に近い「北欧の森」公園の一部にあたり、大小の池に面している。建築計画としては、池に面する側を中心に病棟部を円弧状に配し、診療棟部は駐車場等入り口に近い方向に長方形配置した計画とした。結果として東西方向130m、南北方向110mの平面形を一体の構造で計画している。また、病棟部は地上4層、診療棟部は地上1層～3層としており、敷地の傾斜なりに建物一部（中心部～南西部）を地下階とする計画としている。

　構造は、柱SRC造、内部梁S造を基本とし、外周部の梁をSRC造としている。病棟部は6m×8.5m、診療棟部は11m×14mを基準のスパン割りとしている。地下部と地上部の間に専用免震層を設け、免震層が一部地下の上にあることから、中間層免震構造の建物となる。なお、地下部はRC造で直接基礎、1階部はRC造基礎・鋼管杭により、建物を支持する計画としている。

　免震部材は1階柱下に天然ゴム系積層ゴム支承を配置し、建物のねじれ挙動に対抗すべく剛性の高いU2426型鉛ダンパーを外周側に、また耐力の大きなU型鋼材ダンパーを建物内部に配置して、ダンパー量としては約4%、積層ゴム支承のみで固有周期約4秒の免震構造とした。

第5章

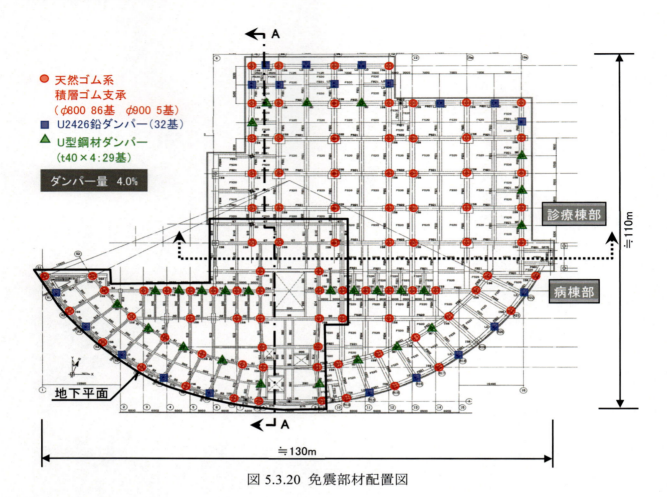

図 5.3.20 免震部材配置図

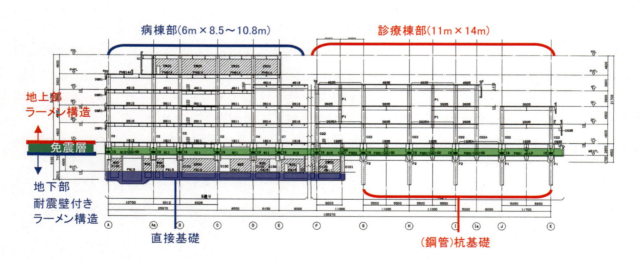

図 5.3.21　A－A 軸組図

■耐火設計上の特徴

　耐火設計上は、地下部まで通しとなる柱の積層ゴム支承は「柱」とみなして耐火構造認定品の耐火被覆を施し、1階にて終了する柱の積層ゴム支承は「基礎束柱」として基礎免震と同様に耐火被覆不要とした。また免震層は基準法では階に含まれないため、免震層内で地下部と基礎部を区画する必要はないが、地下階の主要設備諸室に接続する配管・配線が比較的多いため、防火区画化を行った。

　耐火被覆を行う積層ゴム支承のうち、外周側は外周垂れ壁との納まりがコンパクトにできる耐火構造認定品を用い、内部はメンテナンスが容易な認定品を用いた。また、防火区画は上下からRC造の壁を設け、中心の免震スリットには免震耐火目地を設けて行った。

写真 5.3.23 基礎免震部

写真 5.3.24 外周被覆部

写真 5.3.25 区画と内部被覆部

第5章

＜設計例10＞

■建物概要

- 建物名称　　：東京都医師会館
- 建設地　　　：東京都　千代田区
- 竣工年　　　：2016年
- 構造種別　　：S造（柱CFT）
- 規模　　　　：地上8階、地下1階
- 設計者　　　：㈱松田平田設計
- 耐火設計者　：㈱松田平田設計
- 施工者　　　：東急建設㈱
- 耐火設計ルート：ルートA

図 5.3.22 全体パース

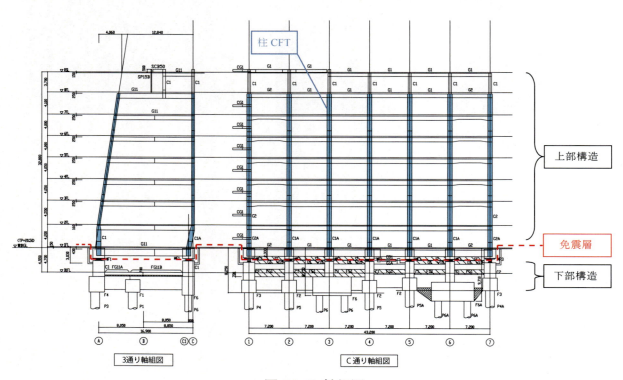

図 5.3.23 軸組図

■免震構造上の特徴

　本計画建物は、東京都千代田区駿河台に建設する事務所・集会所・駐車場の施設である。本施設は老朽化した既存の建物を建て替え、安全性と快適性を兼ね揃えた新たな東京都医師会館とすることを目的としている。災害時には、災害医療活動の指令拠点となる安全、安心な施設として機能する必要があるため、構造は免震構造とすることで高い防災性能を確保し、建物の長寿命化を図った。建物構成は、地下階は機械式駐車場、機械室、ロッカー室や防災倉庫などとし、1階はエントランス、駐車場、2階は講堂、3～7階が執務室、8階には会員に開かれたメディアセンターを計画している。

　本建物の構造形式は、B1階の柱頭に免震部材を有する中間層免震構造である。構造種別は、

免震層より上部を鉄骨造（S造）、免震層より下部を鉄筋コンクリート造（RC造）とし、地上階の架構形式は純ラーメン構造、地下階は耐力壁付きラーメン構造としている。上部構造にコンクリート充填鋼管構造柱（CFT柱）を採用し、免震上部架構の剛性を確保している。構造上の特徴としては、Y方向が1スパンであり、道路斜線制限および建築ボリュームを一体的に表現するという意匠的な理由から、前面道路側の柱が2階から傾斜している。免震層は減衰機能を有する鉛プラグ入り積層ゴム支承を9基、免震層長周期化と、16mの1スパンラーメンかつ傾斜柱であることから生じる、常時および地震時の大きな引抜力に対応するため、レール式転がり支承を5基設置している。また、免震層での過大な変形を抑えるため粘性系ダンパーを4基設置している。

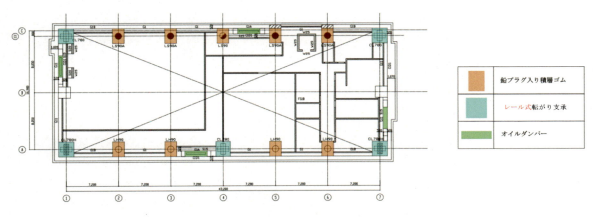

図5.3.24 免震部材配置図

■耐火設計上の特徴

本建物は中間層免震であり、「免震材料を含む柱」は基準法上、耐火構造認定品を用いた耐火構造とするか（ルートA、B）、免震部材の耐火性を工学的に証明する（ルートC）必要がある。免震部材には、1スパンラーメンかつ傾斜柱であることから、常時および地震時の引抜力に対応するため、レール式転がり支承を採用している。レール式転がり支承用耐火被覆が、平成24年に大臣認定を取得したことから、その製品を採用することでルートAの耐火設計とし、設計スケジュールの合理化および柱頭免震構造を採用したことによる根切り・躯体量の削減を図った。上部躯体のCFT柱脚はRCで被覆し、SRC柱として大臣認定品の耐火被覆を採用している。

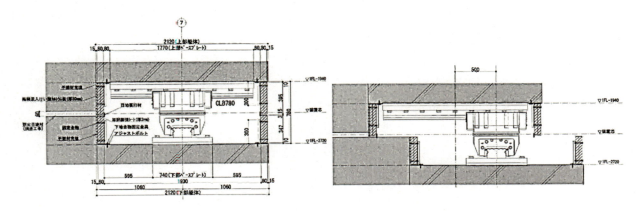

図5.3.25 レール式転がり支承耐火被覆概要

- 147 -

第5章

<設計例 11>

■建物概要
- 建物名称　　：鉄鋼ビルディング
- 建設地　　　：東京都千代田区丸の内一丁目
- 竣工年　　　：2015年
- 構造種別　　：地上 S 造（CFT 柱）
　　　　　　　　地下 SRC 造（一部 S 造、RC 造）
- 規模　　　　：本館　地下 3 階 地上 26 階 塔屋 1 階
　　　　　　　　南館　地下 3 階 地上 20 階 塔屋 1 階
- 設計者　　　：㈱三菱地所設計
- 耐火設計者　：㈱三菱地所設計
- 施工者　　　：大成・増岡組建設共同企業体
- 耐火設計ルート：ルート A

図 5.3.26　全体パース

■免震構造上の特徴

　本建物は、一体となった地下と地上低層部の上に、それぞれ免震層を設けた、2 棟の中間層免震構造である。事務室としての機能を有する本館と、宿泊施設としての機能を有する南館からなり、南館の低層部には店舗の機能を有している。地下には店舗と駐車場および機械室の機能が配置されている。本館の免震層は地上 3 階と 4 階の間に設けており、免震部材には天然ゴム系積層ゴム支承、U 型鋼材ダンパーおよびオイルダンパーを採用している。また、強風の影響を受けやすい短辺方向に配置されたオイルダンパーにはロック機構付のオイルダンパーを採用し、強風時に免震層の変位を抑えている。
　南館の免震層は地上 5 階と 6 階の間に設けており、免震部材には天然ゴム系積層ゴム支承とオイルダンパーを採用している。

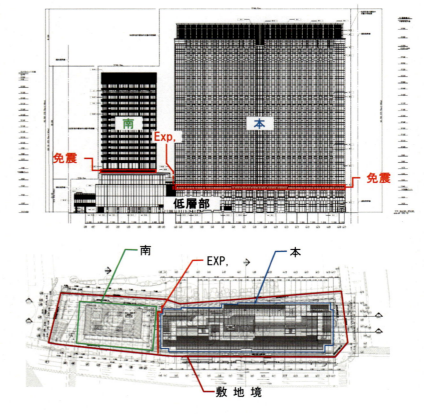

図 5.3.27　建物立面図・配置

■耐火設計上の特徴

　本建物は中間層免震構造であり、積層ゴム支承にも柱としての耐火性能が求められるため、大臣認定品により耐火被覆を施している。積層ゴム支承の耐火被覆の形式には 4 種程度あるが、本建物では、本館の積層ゴム支承に多段スライド方式、南館の積層ゴム支承に 2 分割パネル方

式のものを採用している。

　なお、本建物の地上部は柱、梁、ともに鉄骨造（柱はCFT造またはS造）であるが、耐火被覆の大臣認定の性能を確保するために、積層ゴム支承上下の柱頭・柱脚にはコンクリートでの根巻を行っている。

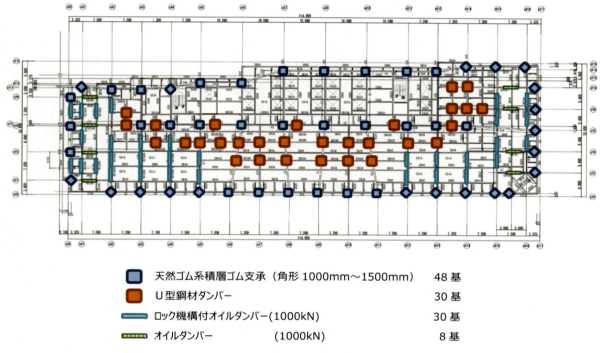

■　天然ゴム系積層ゴム支承（角形1000mm～1500mm）　48基
■　U型鋼材ダンパー　30基
▬　ロック機構付オイルダンパー(1000kN)　30基
▬　オイルダンパー　　　　　　　(1000kN)　8基

図 5.3.28　本館 免震部材配置図

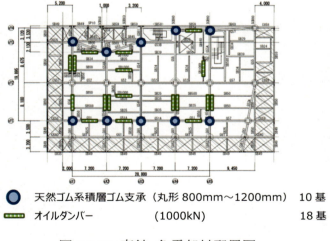

●　天然ゴム系積層ゴム支承（丸形800mm～1200mm）　10基
▬　オイルダンパー　　　　　　　(1000kN)　18基

図 5.3.29　南館 免震部材配置図

写真 5.3.26 本館耐火被覆
（多段スライド方式）

写真 5.3.27 南館耐火被覆（2分割パネル方式）

- 150 -

第6章　耐火被覆の設計・施工における注意点と維持管理

6.1　設計上および施工上の留意点

　免震建物の耐火設計については、第5章にも述べられているように仕様設計によるものと性能設計によるものに大別される。仕様設計による場合は、大臣認定を取得した耐火構造を採用することになるため、認定書に記載されている仕様を満たすように計画することになる。一方、性能設計による場合は、免震部材に仕様設計と同様の耐火被覆を施す場合と、耐火被覆を軽減または省略する場合に分かれるため、施工者は施工前に設計図書で仕様を確認する必要がある。

　建物の耐火設計が性能設計による場合は、耐火に関する詳細な性能検証がなされていることから、施工中および竣工後に建物内部の居室などに用途変更や面積変更があった場合には、再度性能設計をやり直すことが必要となる。したがって、設計者は事前に発注者にこのことを十分説明する必要があり、また施工者からの変更提案についても十分吟味しなければならない。

　免震建物に耐火設計が必要な場合の多くは、中間層免震建物であることが多い。中間層免震建物の場合は、免震部材の耐火措置以外にも免震層を通るケーブル類を不燃材で被覆することや、免震層内部の構成部材を不燃化（断熱材含む）するなど、基礎免震構造では発生しない特別な対応が必要となる場合がある。中間層免震建物の耐火設計に関する留意点を以下に示す。

① 周辺建物外壁と免震層の外壁および内壁の免震層上下相対変位に対する対応（免震スリットの防火区画処理）
② 免震層を通過するエレベーター、シャフト、階段の変位に対する対応
③ 免震層を通過する設備配管継ぎ手に対する対応
④ 免震部材の耐火被覆処理と変位に対する対応
⑤ 免震層を通過する竪穴区画部の変位に対する対応

6.1.1　免震部材の耐火被覆に対する設計上および施工上の留意点

　中間層免震建物における免震部材は耐火構造認定上では柱とみなされ、原則として免震部材ごとに柱としての耐火構造認定（大臣認定）が必要となる。現在、建築基準法上はいずれの免震部材についても大臣認定の取得が可能であり、天然ゴム系積層ゴム支承（プラグ挿入型積層ゴム支承を含む）、高減衰ゴム系積層ゴム支承、弾性および剛すべり支承、レール式転がり支承などについては、既に大臣認定を取得したものもある。しかし、免震部材のサイズや形状によってはこれらの認定の適用対象になっていないものや、またこれら以外の免震部材については、評価方法が確立されていないものもあり、その場合は前述の性能設計により耐火設計する必要がある。大臣認定を取得している耐火構造の場合、認定書に記載されている仕様に従って施工する必要がある。耐火被覆構造ごとに免震部材の種類や被覆材の種類および被覆方法が異なり、その構造は、大きく図6.1.1に示す四つに分類される。図6.1.1に示す四つの構造はそれぞれに特徴（表6.1.2参照）があり、施工上の注意点も異なるので施工者は事前に耐火構造認定書を確認し、耐火被覆施工業者と施工管理・取付け方法について協議する必要がある。なお、丸形の積層ゴム支承と角形の積層ゴム支承の取り扱いについても、耐火被覆の仕様が異なるため留意が必要である。

第6章

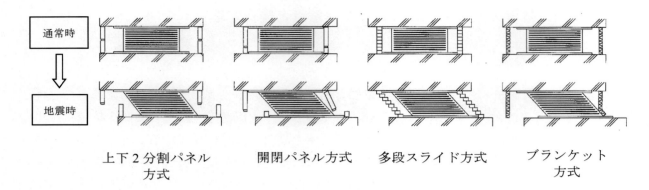

図 6.1.1 耐火被覆構造の分類

これらの耐火被覆を施工する場合の留意点を以下に示す。

① 免震部材周りに耐火被覆を取付けるにあたり、確保すべき水平変位量によっては、耐火被覆と積層ゴム支承との干渉を防ぐために柱躯体を増し打ちする必要があるため、納まりを事前に十分検討することが重要。
② 耐火被覆を取り付ける躯体の設置面は、水平レベルや設置面の平滑性を確保する必要性がある。また、耐火被覆取り付け用の下地金物を固定するために、予めベースプレートなどにタップ孔を明けておく必要な場合もある。したがって、予め精度や納まり、施工手順を十分に検討することが大切である。
③ 免震部材の維持管理・点検のため、耐火被覆は容易に取外しが可能な納まりとする。
④ 柱が外部に露出する場合には、雨仕舞いを十分に検討し対応する。免震部材の耐火被覆材は外部での露出使用を想定していないため、雨ざらしでの使用は避ける必要がある。
⑤ 変位時に周辺壁や設備に耐火被覆が干渉しないか確認する。特に、柱と連続する壁については、X通りとY通りで免震スリットの高さレベルが異ならないように注意する。
⑥ 耐火被覆は、免震部材の竣工時検査後に施工することが望ましい。

6.1.2 防火区画に対する設計上および施工上の留意点

免震建物の免震層に防火区画を形成する場合には、防火区画壁の免震スリット部に施す免震耐火目地材やエキスパンションジョイント部への耐火帯が不可欠となる。しかしながら、このような防火区画を構成する耐火目地材や耐火帯には大臣認定制度の適用がないため、大臣認定品は現時点では存在していない。施工に際しては、施工者は設計図書に記載されている仕様を確認し、具体的な仕様の記載が無い場合は、その仕様を設計者に確認する必要がある。

免震層の防火区画も免震部材の耐火被覆と同様に、免震建物特有の注意点がある。防火区画に限ったことではないが、竣工時の検査で設備材（設備配管・電気設備など）と壁が地震時に干渉することが分かり、設備を施工し直した事例も見られるため、特に設備と壁との位置関係は注意すべきである。施工上の留意点を以下に示す。

① 変位時に周辺壁（垂れ壁、腰壁など）や設備に免震スリット部分が干渉しないか確認する。
② 免震層の外壁免震スリット部は耐火性能と同時に雨仕舞いを十分に検討し対応する。

③ 免震層の免震スリットの高さレベルが一律でない場合、変位時の干渉を避けるため納まりが複雑になるので注意する。

④ 免震層の免震スリットが平滑でない場合、免震耐火目地材による防火区画処理の際に隙間が生じやすくなるので平滑性に心掛ける。

⑤ 免震層の免震スリット部は、上下動を考慮したクリアランス（50 mm 程度）を確保する。なお、高層免震建物などでは 50 mm 以上を確保する場合もあるので、設計クリアランスについては、設計図書を十分確認する。

⑥ 防火区画としての免震スリットやエキスパンションジョイントなどには、耐火構造の認定がないため、設計・施工時には仕様について十分確認する必要がある。

6.1.3 耐火被覆および防火区画選定上の注意

表 6.1.1 に耐火被覆および防火区画の設計上の注意点を示す。

表 6.1.1 設計上のチェック項目

	チェック項目
耐火被覆関係	地震時に耐火被覆が変位・変形できるだけの柱躯体寸法（耐火被覆の納まりに必要な寸法）は確保されているか？
	耐火被覆が変位・変形した際、周辺設備と干渉しないか？
	耐火被覆が変位・変形した際、壁材と干渉しないか？
	免震部材の点検ができる納まりとなっているか？
	雨掛かり部への使用の際、その対策が施されているか？ （耐火被覆材単体では雨掛かりに対応していない）
防火区画関係	区画部の免震スリットは、十分な高さ（50 ㎜程度）を確保しているか？
	区画部の免震スリットは、平滑な仕上がりになっているか？
	区画部の免震スリットは、一定のレベルにあるか？
	開口部などの関係で免震スリットのレベルを変える場合、耐火エキスパンションジョイントは設けられているか？
	耐火エキスパンションジョイントが設けられている場合、防火区画の免震目地材と耐火エキスパンションジョイントが干渉しないか？
	雨掛かり部への使用の際、その対策が施されているか？

このように、耐火被覆にはそれぞれの特徴や仕様があり、これを用いるための設計や施工にも十分な検討が必要である。十分な検討が不足している場合は、初期段階の設計で意図した性能が得られないばかりではなく、免震機能の阻害要因ともなり得る。表 6.1.2 に各耐火被覆構造の特徴を示す。

表 6.1.2 各種耐火被覆構造の特徴

項目	上下2分割パネル方式	開閉パネル方式	多段スライド方式	ブランケット方式
断面図				
施工写真				
特徴	上下2分割に分かれているシンプルな構造。すべり支承や転がり支承の耐火被覆にも多く見られる構造。周辺壁との納まりが容易。取りの外しが容易。	開閉機能があり、積層ゴムの目視点検が容易。積層ゴムの変形に対し被覆しているパネルが開閉するため、耐火被覆の外寸を小さくできる。	多段式のため、耐火被覆の外寸を小さくでき、柱躯体サイズを抑えることができる。積層ゴムの残留変形に対し、耐火被覆のずれ量を小さく抑えることができる。	柔軟性がある材料で、柱躯体サイズを抑えることができる。。
注意点	免震部材と耐火被覆の離隔距離が大きくなり、柱躯体サイズが大きくなる。壁と取合う場合、点検方法の検討が必要。	壁と取合う場合、パネルが開閉するためのクリアランスが必要になり、エキスパンションジョイントなどが必要になる。	壁と取合う場合、エキスパンションジョイントなどが必要。点検時に仮置きスペースが必要。	壁との取合いが難しい施工できない。変形時に隙間が生じやすい。点検時に繊維が飛散する可能性がある。

6.2 残留変位と耐火被覆材のずれ

　免震建物は、強風や地震の後に残留変位を生じることがあり、この残留変位の許容値については、JSSIの維持管理基準にその目安値として50mm程度と記載されている。一方免震部材の耐火被覆構造にとって重要なのは、耐火被覆材の「ずれ量」（以後、耐火被覆のずれ、またはずれ量という。）であるといえる。例えば角形の耐火被覆構造では辺長方向の残留変位はそのまま耐火被覆のずれ量に相当するが、残留変位が45度方向に残った場合、耐火被覆のずれ量は残留変位に対して$1/\sqrt{2}$となる場合や、多段スライド方式では段数分の1になる。このように耐火被覆構造によっては残留変位量とずれ量が同じとなる場合と、異なる場合があるので留意する必要がある。以下に耐火被覆のずれに対する考え方を示す。

6.2.1 耐火被覆のずれ量と耐火性能

　現在の「免震材料を含む柱」としての耐火構造認定は、免震部材の水平変位（残留変位など）が無く、かつ耐火被覆のずれが無い状態で評価されており、免震部材の残留変位や耐火被覆のずれやその維持保全については耐火構造認定上規定されていない。したがって、ずれや残留変位の修正については、運用上（設計および維持保全など）の判断となる。

　既存の免震建物では、耐火構造認定の仕様通りに設計しているものが多く、耐火被覆に残留変位やずれが生じた場合は、初期の性能を保持しているとはいい難い。しかし、残留変位やずれがあったとしても耐火性能が全て無くなるものではなく、耐火性能の低下は残留変位量やずれ量によって漸減するものである。このずれ量による耐火性能の減少は、各耐火被覆構造によって異なるため、耐火設計に際しては、残留変位や耐火被覆のずれを考慮した耐火被覆構造の選定や対策が必要となる場合がある。耐火設計および維持保全に際しての留意点を以下に示す。

① 設計者は、耐火被覆構造の「ずれ」と耐火性能の関係を良く理解したうえで採用を検討する。（ずれと耐火性能の関係については耐火被覆製作会社に確認する。）
② 残留変位や耐火被覆のずれ量によって、耐火性能が低下することを見込んだ耐火設計を行う場合は、認定仕様に加えずれ量の余裕を見込んだ耐火設計（耐火被覆材の厚さなどの検討）をする。
③ 建物所有者または建物管理者は設計者と相談して、耐火性能が維持できなくなる程の大きな「ずれ量」が生じた場合には、耐火被覆の耐火性能が確保できる位置まで復元するか、補修などにより耐火性能を回復することが望ましい。

6.2.2 耐火被覆のずれ対策

　以下に耐火被覆のずれを考慮する場合の耐火設計上における留意点と、耐火被覆のずれがある場合の免震部材の加熱実験結果を例として示す。

1）耐火被覆のずれに対する耐火設計

　耐火被覆にずれが生じた場合は、原則として初期状態に戻すことが望ましいが、建物の変位に伴うずれの場合は、わずかな変位に対して復元することは難しい。したがって、ずれが生じた場合の耐火性能をどう設定するか検討することは重要である。耐火被覆のずれを想定

第6章

した耐火被覆の設計手法例を以下に示す。

① ずれ量による耐火性能の減少が少ない耐火被覆構造を選定する。
② ずれを想定した耐火性能が、必要な耐火性能（要求耐火時間）を満足することを確認した耐火被覆構造を選定する。
③ 設定したずれ量に応じた余裕度を持たせた耐火被覆構造を使用する。（耐火被覆材の厚さにずれ量分の厚さを加えるなど。）
④ 設計仕様について、シミュレーションや熱解析による性能確認をする。

2）耐火被覆のずれを想定した耐火性能確認試験例

(1) 上下2分割パネル方式 [1]

上下2分割のパネル式耐火被覆構造においては、耐火被覆材が上下の構造体と一緒に動くため、残留変位の方向によっては免震部材の変位量と同じずれ量が発生する。この上下2分割パネル式耐火被覆構造において、耐火被覆材水平断面の対角線方向に $30\sqrt{2}$ mm の残留変位が生じた場合を想定して耐火性能確認試験を実施している。耐火被覆は辺長方向の X 方向および Y 方向にそれぞれ 30 mm ずれた状態で試験を行った。

なお、耐火被覆がずれているため認定耐火時間である3時間の性能は満足できないことが予測されることから、加熱は積層ゴム支承の表面最高温度が、性能担保温度150℃の10%安全率を考慮した135℃に到達した時点で終了した。

図 6.2.1 に試験体図、図 6.2.2 に試験結果を示す。この試験の結果では、加熱時間 130 分で積層ゴム支承の表面温度が 135℃を超えたため加熱を終了した。この時の積層ゴム支承の表面最高温度は、138℃であった。これより、上下2分割パネル式耐火被覆構造において、耐火被覆が X 方向および Y 方向にそれぞれ 30 mm、対角線方向に $30\sqrt{2}$ mm ずれた場合の耐火性能は約2時間であることが確認できた。

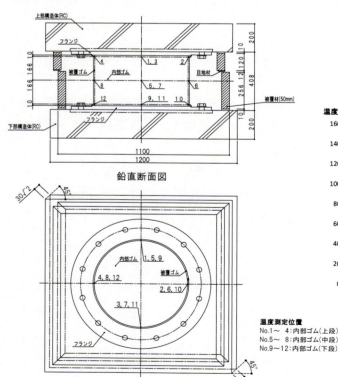

図 6.2.1 試験体図

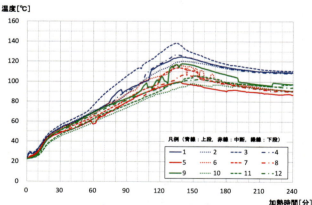

図 6.2.2 試験結果（免震材料表面温度）

(2) 多段スライド方式 [2]

多段スライド式耐火被覆構造で被覆した鉛プラグ入り積層ゴム支承（φ600 mm）に、50 mm の残留変位が生じた想定での耐火性能を確認した。積層ゴム支承に 50 mm の残留変位が生じた場合の耐火被覆のずれを図 6.2.3 に示す。耐火 3 時間の認定仕様では、耐火被覆材の幅は 100 mm の製品である。耐火被覆内部のクリアランスの設定により各段には不均等なずれが生じるが、ずれ量の最大値は約 24 mm であり、各段の重なり（有効被覆厚さ）は 76 mm 以上確保できる。これより耐火被覆材の厚さを耐火構造認定仕様より 25 mm 減じた仕様（通

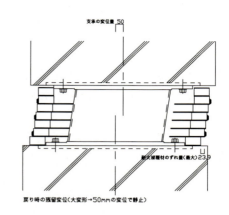

図 6.2.3 残留変位 50mm に対する多段スライド式耐火被覆のずれ

常 100 mm の被覆材幅を 75 mm とした仕様）について 3 時間の加熱試験を実施した。なお、試験体の仕様については、実際の使用状況を考慮し、上下のプレキャストコンクリート板（PC）板の大きさを 1400×1400×300 mm とした。図 6.2.4 に試験体図、図 6.2.5 に試験結果を示す。

試験の結果、3 時間の加熱試験において、鉛プラグ入り積層ゴム支承表面の最高温度は 99℃（規定値＜150℃）であり、3 時間の耐火性能（性能担保温度 150℃以下）を満足していることが確認された。試験においては、耐火被覆材以外の条件（免震部材や上下構造体の熱容量など）によりその耐火性能に差異が生じることが考えられるが、当該試験体寸法以上の多段スライド式耐火被覆材については、残留変位 50mm に対して 3 時間の耐火性能を保持できると考えられる。

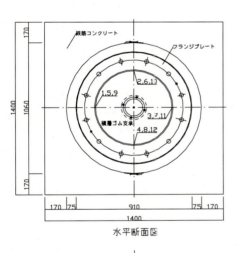

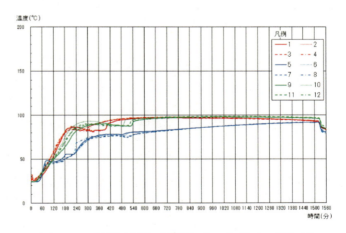

図 6.2.5 試験結果（積層ゴム支承表面温度）

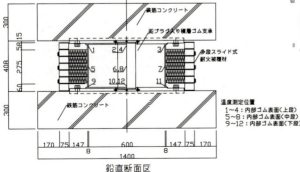

図 6.2.4 試験体図

第6章

6.3 維持管理

免震建物は、免震部材の性能を維持・保全するために、免震部材の材料認定書および建物設計図書に記載されている維持点検計画書に基づいて、定期的に点検を行うことが決められている。免震部材の耐火被覆や防火区画を構成する免震耐火目地材、耐火エキスパンションジョイントについても同様である。

耐火被覆の定期点検は、免震部材の点検と同時にすることが望ましく、また実施に当たってはJSSIの免震建物点検技術者の資格を保有し、かつ免震建物についての十分な知識を持つ者が行うことが望ましい。なお、6.1節にも記載しているが、免震部材点検時には耐火被覆を取り外す必要があるため、特に点検対象となる免震部材の耐火被覆は、取り外しが可能な納まりとすることが大切である。なお耐火被覆の取り外しおよび再取り付けについては、耐火被覆製作会社または耐火被覆製作会社が指定する業者が実施することが望ましい。

参考として、耐火被覆の一般的な維持管理項目を表6.3.1に示す。なお、維持管理の詳細については JSSI 発行「免震建物の維持管理基準」を参照すること。また、各耐火被覆構造に関する点検項目などの詳細については各耐火被覆製作会社と協議すること。

表 6.3.1 耐火被覆材の維持管理項目（例）

時期	設計図書または日本免震構造協会維持管理基準による			
記録	維持管理記録簿による			
点検項目	点検方法	頻度・箇所	判定基準	異常時の処置
表面の傷、くぼみ	目視	全数	耐火材への影響が無いこと	補修・取替協議
耐火被覆材のズレ	目視	全数	耐火構造による	修正・再施工
躯体との隙間	目視	全数	隙間が無いこと	隙間の埋め戻し
耐火被覆材および目地材の破損	目視	全数	破損が無いこと	取替
取付けボルトなどの緩み	触手	全数の10%以上	緩みがないこと	増し締め
外部からの水の浸入の有無	目視・触手	全数	水の浸入跡がないこと	関係者と協議
表面鋼板の錆（鋼板がある場合）	目視	全数	腐食がないこと	関係者と協議
塗装の浮き、膨れ（塗装仕上げがある場合）	目視・触手	全数	浮き、膨れがないこと	関係者と協議

大地震・強風時には、躯体のズレも含めて維持管理者と検討する。

また、免震建物が火災にあった場合には、積層ゴム支承製作会社の専門技術者によるゴム表面の観察やサンプリングにより積層ゴム支承の劣化や健全性を評価するとともに、周辺の火害状況などを総合的に判断し、関係者（建物所有者、設計者、積層ゴム支承製作会社など）の協議により免震部材の交換を検討する必要がある。いずれにしても、火害診断を実施し総合的に判断する必要がある。

【参考文献】
1) 實田裕貴：免震耐火システムの残留変位を模擬した耐火性能確認試験，JIC 技報 No.31
2) 多段積層式耐火被覆材『護免火 NR』の残留変位を模した耐火性能試験，AAC 技術報告 No.14-1
   http://www2.aa-material.co.jp/aa-construction/index.html

第7章　免震部材の耐火構造認定に対する取り組み

7.1　耐火構造認定の取得方法

7.1.1　認定取得までの流れ

耐火構造の認定を受けようとする場合、申請者は国土交通大臣に認定の申請をしなければならない。申請に際しては、指定性能評価機関が認定のために必要な性能試験を実施し、その結果および構造、仕様などの評価を行い、その結果をまとめた評価書（以下、性能評価書）を申請書に添えて申請する必要がある。国土交通大臣は、この性能評価書に基づいて構造方法等の審査・認定を行うことになる。耐火構造の認定取得に対応する主な関係法令を以下に示す。また、具体的な大臣認定取得までの流れを図7.1.1に示す。

（関連する法規）
　　耐火構造　　　　　：建築基準法第2条第七号および同法施行令第107条の規定に適合する構造
　　認定の申請　　　　：建築基準法第68条の25に基づく申請
　　指定性能評価機関　：建築基準法第77条の56の規定に定めるところにより指定する者

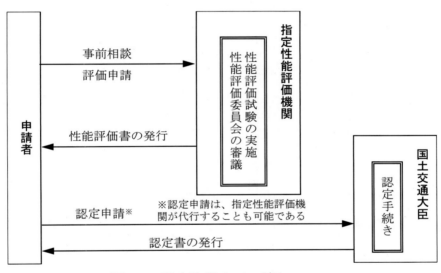

図7.1.1 認定取得までの流れ

指定性能評価機関では申請者からの評価申請を受けて性能評価試験を行う。性能評価試験は表7.1.1に示すようなさまざまな種類があるが、耐火構造認定の際に必要な性能評価試験は、耐火性能試験である。免震部材は、「免震材料（基準法の用語で免震部材を意味する）を含む柱」として性能評価されるため、柱の耐火性能試験を実施する必要がある。

詳細は、各指定性能評価機関で確認できる。

表7.1.1　性能評価試験の種類（一例）

耐火性能試験	柱防火性能試験
準耐火性能試験	遮炎・準遮炎性能試験
防火性能試験	不燃性能試験
準防火性能試験	準不燃性能試験
屋根遮炎性能試験	難燃性能試験
床防火性能試験	屋根葺き材の飛び火性能試験
ひさし等遮炎性能試験	

第7章

7.1.2 耐火性能試験方法

耐火性能に必要な要件は省令によって定められており、これらの要件に合致する具体的な試験方法は、指定性能評価機関において「防耐火性能試験・評価業務方法書」（以下、業務方法書）として規定されている。柱および「免震材料を含む柱」の耐火試験方法は、表 7.1.2 に示すとおりである。

なお、業務方法書では常時鉛直荷重を支持する構造部材について、原則として構造耐力上主要な部分の断面に、長期許容応力度に相当する応力度が生じる荷重を載荷しながら加熱（以下、載荷加熱試験）するものと記載されている。しかし、「免震材料を含む柱」にあっては、免震部材を除く柱部材が耐火構造として認められていれば、載荷をしない加熱のみの試験（以下、加熱試験）とすることができる。表 7.1.2 に耐火試験の概要と、図 7.1.2 に試験時の加熱温度を定めた標準加熱温度曲線を示す。

表 7.1.2 柱（免震材料を含む柱）の耐火試験方法の概要

部　位				柱			免震材料を含む柱		
要求耐火時間				1時間	2時間	3時間	1時間	2時間	3時間
加熱温度				$T = 345 \log_{10}(8t + 1) + 20$ T:平均炉内温度（℃）、t:試験の経過時間（分）					
載荷加熱試験	判定（注）	載荷荷重		常時鉛直荷重を支持する構造にあっては、原則として、構造耐力上主要な部分の断面に、長期許容応力度に相当する応力度が生じる荷重					
		最大軸方向収縮量 (mm)		h/100 h：試験体の初期高さ(mm)					
		最大軸方向収縮速度 (mm/分)		3h/1000 h：試験体の初期高さ(mm)					
加熱試験	判定（注）	鋼材温度	鉄筋コンクリート製パネル造,鉄筋コンクリート造等	最高	500℃以下			－	
			プレストレストコンクリート造	最高	400℃以下			－	
			鋼構造 薄板軽量形構造 コンクリート充填鋼管構造	最高	450℃以下			－	
				平均	350℃以下			－	
		免震材料の表面温度※		最高	－			性能担保温度以下	

・加熱中および加熱終了後、加熱時間の3倍の時間にわたりこの条件が満たされる必要がある。

・平成21年10月14日に「試験体の製作及び管理に係るガイドライン」（（一社）建築住宅性能基準推進協会）が制定され、これに基づいて性能評価機関ごとに運用方法が定められており、実際の試験に際しては評価機関との十分な事前協議が必要である。

・積層ゴム支承については、被覆ゴムを除いた内部ゴム表面の温度が性能担保温度以下であることを確認する。

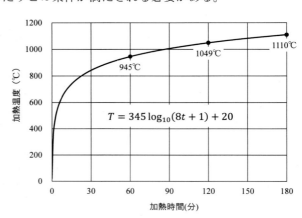

図 7.1.2 標準加熱温度曲線

7.2 性能担保温度の確認と共通試験体の設定

「免震材料を含む柱」の耐火性能評価には、一般的な柱の耐火構造と同様に「免震材料を含む柱」に載荷して非損傷性を判断する載荷加熱試験と、免震部材の性能担保温度が確認できたものについては、免震部材の表面温度が性能担保温度を超えないことを確認する加熱試験（載荷しない）が適用できる。しかし、免震部材に載荷加熱試験を適用するには、免震部材の大きさや載荷装置の容量制限などがあり現実的であるといえない。したがって、加熱試験による評価の方が合理的であるが、加熱試験による評価を実施する場合は、対象とする免震部材について予め性能担保温度を設定する必要がある。性能担保温度については、業務方法書の中に「免震材料の表面温度を測定した場合にあっては、表面温度の最高が試験終了時まで性能担保温度を超えないこと。ここでいう性能担保温度とは、別途実施した JIS K 6254（2003）または同等の圧縮強度試験等により求めた性能低下を起こさないことが明確な温度とする。」と記載されているが、明確な温度は設定されていない。なお、JIS K 6254 とは、「加硫ゴムおよび熱可塑性ゴムの低変形における応力・ひずみ特性の求め方」を規定したもので、φ29.0×t12.5 mm の円柱状のゴム試験体を一定の温度状態に保持した後、圧縮ひずみ 25%に相当するひずみ（圧縮操作）を 4 回与え、4 回目の履歴特性から圧縮ひずみ 10%時と 20%時の圧縮弾性率を求めるものである。

この JIS K 6254 のゴム素材試験による圧縮弾性率は、実際の積層ゴム支承と一次形状係数が大きく異なるため、値そのものにより積層ゴム支承の圧縮剛性を求めることはできない。しかし、温度による圧縮剛性の変動割合を推定するには有効な方法といえる。

JSSI では、上記の業務方法書に基づき、これまでに天然ゴム系積層ゴム支承、プラグ挿入型積層ゴム支承、高減衰ゴム系積層ゴム支承およびすべり支承について、性能担保温度を設定するための素材試験を実施した。しかし、素材試験では性能担保温度を設定できるものとできないものがあることが判明した。そこで、素材試験による性能担保温度を設定できないものについては、載荷加熱試験によって荷重支持性能（非損傷性）を確認することで性能担保温度を設定する方法を採用した。載荷加熱による性能担保温度確認試験に際しては、全製作会社の免震部材に性能担保温度が適用できるように各社の免震部材の仕様を包括する試験体を設定した。具体的には、各社の免震部材仕様で軸力を加えた時に最も軸収縮量が大きくなる材料、形状、一次形状係数や二次形状係数のパラメータを設定した試験体を用いて試験を実施している。JSSI ではこの試験体を「性能担保温度確認用共通試験体」としている。

上記の素材試験または性能担保温度確認試験によって性能担保温度を確認した免震部材については、加熱試験によって耐火性能評価を受けることができる。この加熱試験に用いる試験体も各製作会社の仕様を包括したものを設定しており、当該試験体を用いて申請する耐火被覆構造が性能担保温度以下となることが確認できれば、各製作会社の多くの免震部材に対し耐火構造認定を受けることができる。具体的には、各社の仕様で最も温度が上昇しやすい形状、材料、構成、熱容量、熱伝導などのパラメータを設定した試験体であり、これを「耐火構造認定用共通加熱試験体（以下、共通加熱試験体）」としている。JSSI では、この性能担保温度確認用共通試験体と共通加熱試験体の二つを指定性能評価機関へ提案している。

また、JSSI において、素材試験または性能担保温度確認試験の結果に基づいて性能担保温度が確認された免震部材については、JSSI が発行する「耐火構造用性能担保温度確認済み免震材

第7章

料一覧」（以下、「耐火免震材料一覧」）に掲載される。

性能評価申請時には、この「耐火免震材料一覧」を指定性能評価機関へ提出することで、加熱試験のみで「耐火免震材料一覧」に記載された免震部材すべてを含めた耐火構造認定を受けることができる。

なお、耐火構造認定を受けるための加熱試験では、共通加熱試験体以外の試験体を用いることも可能であるが、耐火構造認定で適用となる免震部材の仕様は制限されることがある。

また、加熱試験による評価ができない場合は、個々の免震部材について載荷加熱試験によって評価を受けることも可能である。載荷加熱試験による評価においては、免震部材に長期許容応力度（面圧）に相当する応力度が発生する荷重を載荷しながら加熱し、最大軸方向収縮量および最大軸方向収縮速度が表 7.1.2 の判定基準以内であることを確認する。また、載荷加熱試験による評価は、原則として試験に供した試験体仕様またはこの仕様と比較して耐火性能が有利であることが確認できるものについてのみ認定される。

いずれの試験体を用いる場合でも、申請者は試験体と認定の適用範囲を指定性能評価機関と十分に協議する必要がある。それぞれの試験方法による評価手法の概要を図 7.2.1 に示す。

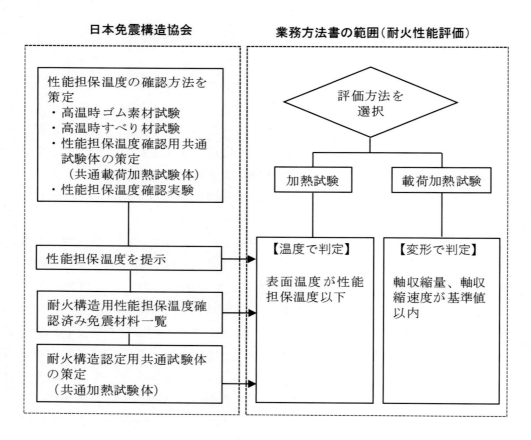

図 7.2.1 評価手法の概要

- 162 -

7.3 天然ゴム系積層ゴム支承およびプラグ挿入型積層ゴム支承の性能担保温度確認

7.3.1 性能担保温度確認方法

　天然ゴム系積層ゴム支承に代表される免震部材は、耐火性能試験・評価方法において免震部材という「部材」として評価されるのではなく、「免震材料を含む柱」という「構造」として評価されている。そのため、免震部材の上下構造体が鉄筋コンクリート造（RC 造）なのか鉄骨造（S 造）なのかも耐火性能上重要になってくる。

　しかしながら、免震部材が耐火性能を決める大きな要因であることに変わりはなく、「免震材料を含む柱」の判定基準として、業務方法書に規定されている性能担保温度が重要となる。

　そこで、JSSI において JIS K 6254 に準じたゴム材料の素材試験を実施した。その結果を以下に示す。なお、業務方法書には JIS K 6254 と同等の圧縮試験方法などとの記載もあることから、JIS K 6254 とは別の試験方法を用いることも可能であるが、まだ適切な試験方法が提起されていないのが現状である。

7.3.2 天然ゴム材料の素材試験結果

　JSSI では、天然ゴムを使用している天然ゴム系積層ゴム支承およびプラグ挿入型積層ゴム支承の性能担保温度を確認するため、JIS K 6254 に準じて 23℃、100℃、125℃、150℃、175℃、200℃条件下での圧縮試験を（一財）化学物質評価研究機構にて実施した。その結果を図 7.3.1 に示す。

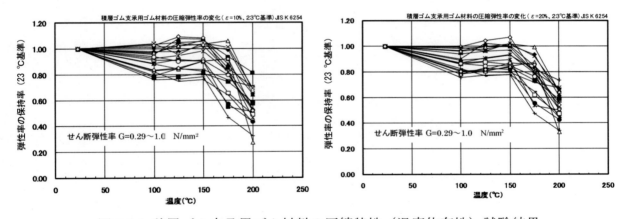

図 7.3.1 積層ゴム支承用ゴム材料の圧縮特性（温度依存性）試験結果

　この結果より、天然ゴム系では圧縮弾性率が 100℃で最大約 20%低下しているものもあるが、100℃から 150℃までの変化は小さく、150℃から 200℃に至る過程で大きく低下していることがわかる。ゴムの加硫温度が 150℃前後であることも考慮した結果、天然ゴム系積層ゴム支承の性能担保温度は 150℃と設定した。

　なお、上記の試験方法は、厳密には JIS K 6254 と同じ方法ではないため、指定性能評価機関と協議した上で、JSSI において「積層ゴム支承およびすべり支承用ゴム材料の圧縮特性（温度依存性）試験方法（2018）」として制定している。詳細は、付属資料 2 を参照のこと。

7.3.3 耐火構造認定用共通試験体の設定

　JSSI が定めたゴム材料の素材試験により、天然ゴムを使用している積層ゴム支承（プラグ挿入型積層ゴム支承を含む）の性能担保温度を設定することができた。これにより、載荷をしない加熱試験による耐火性能の確認試験を実施すればよいことになるが、それぞれの積層ゴム支承ごとに加熱試験を実施することは合理的ではない。そこで、JSSI において、中間層免震への適用が考えられる各製作会社の天然ゴム系積層ゴム支承およびプラグ挿入型積層ゴム支承を選定したうえで、それらを耐火性能的に包括できるように耐火構造認定用共通試験体（以下、共通加熱試験体）の試験体仕様（図 7.3.2）を定めた。共通加熱試験体仕様とその考え方を以下に示す。

1) 支承径

　支承径については、最小径のものが最も熱容量が小さく、免震部材の温度が早く上昇することになるため、温度的に不利と判断されることから試験体のゴム径を φ600 mm とした。

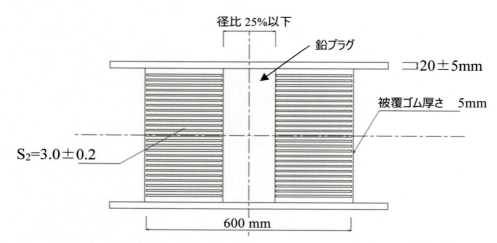

図 7.3.2 天然ゴム系積層ゴム支承およびプラグ挿入型積層ゴム支承の共通加熱試験体仕様

2) プラグの有無

　プラグ挿入の有無については、FEM 解析によりフランジ部からプラグを通じた熱伝導によって内部ゴムの温度が高くなる結果（図 7.3.3）が得られたことから、温度的に不利と判断し試験体についてはプラグ挿入型とし、またプラグ径はゴム外径の 1/4 以下とした。

FEM 解析条件
天然ゴム系積層ゴム支承径：φ600 mm
プラグ種類：鉛プラグ
支承高さ：ゴム層 200 mm＋鉄板 150 mm の計 350 mm
　　　　（フランジ除く）、コンクリート柱は考慮しないものとして計算した。
図中の鉛プラグ 0%、20%、50%とは、ゴム径に対するプラグ径の割合をいう。

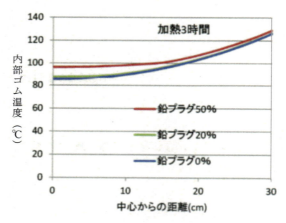

図 7.3.3 鉛プラグの有無による内部ゴム温度の FEM 解析結果（耐火 3 時間想定）

3）二次形状係数

二次形状係数（S_2）については、小さい方が座屈しやすいと考えられることから、各製作会社のゴム径 ϕ 600 mm の製品群で最も小さいものを基準とし、$S_2 = 3 \pm 0.2$ とした。

4）フランジプレートの厚さ

フランジプレートの厚さは、最も薄いものが熱容量は小さく温度的に不利となるため、最小厚さである20±5 mm とした。

5）被覆ゴム厚さ

被覆ゴム厚さは、薄いほうが断熱性は低く不利と考えられることから、最小厚さの 5 mm とした。

以上が天然ゴム系積層ゴム支承およびプラグ挿入型積層ゴム支承の加熱試験による共通加熱試験体仕様である。なお、天然ゴム系積層ゴム支承およびプラグ挿入型積層ゴム支承は、次項に示す高減衰ゴム系積層ゴム支承やすべり支承のような載荷加熱試験による荷重支持性能の確認は実施していない。これは、これまでの学術会や各製作会社などで実施した既存の耐火試験データが数多くあり、これらの試験結果を参照することで載荷加熱試験の代替として活用できたためである。

7.4 高減衰ゴム系積層ゴム支承の性能担保温度確認

7.4.1 高減衰ゴム材料の素材試験

　高減衰ゴム系積層ゴム支承についても、天然ゴム系積層ゴム支承と同様に JIS K 6254 に準じて、23℃、100℃、125℃、150℃、175℃、200℃における高減衰ゴム材料の圧縮弾性率を求めた。この結果を図 7.4.1 に示す。また、参考までに図 7.4.2 に天然ゴム材料の結果を示す。どちらも 23℃を基準とした保持率で示したものであるが、この結果からも分かるように天然ゴム材料では 150℃過ぎから明らかに圧縮弾性率の低下が認められるのに対し、高減衰ゴム材料では温度の上昇に伴い圧縮弾性率も徐々に低下し、またその低下率も天然ゴム材料に比べると大きい。これは高減衰ゴム材料には、減衰性能を得るために配合している材料が、温度の影響を大きく受けるためである。

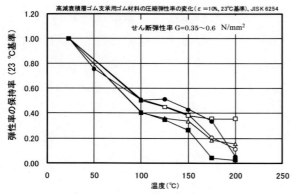

図 7.4.1　高減衰ゴム材料の圧縮弾性率の温度依存性（23℃基準）

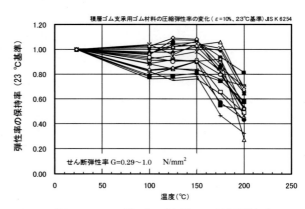

図 7.4.2　天然ゴム材料の圧縮弾性率の温度依存性（23℃基準）

　この試験結果から高減衰ゴム系積層ゴム支承については、天然ゴムのように素材試験で性能担保温度を判断することは困難である。そこで、材料ではなく部材、すなわち実大積層ゴム支承による載荷加熱試験を実施して、性能担保温度を確認することとした。

7.4.2 性能担保温度と性能担保温度確認用共通試験体の設定

　性能担保温度を載荷加熱試験で確認する方法としては、ゴムの温度を徐々に上げていき、業務方法書に示される最大軸方向収縮量が h/100（mm）以下、および最大軸方向収縮速度が 3h/1000（mm/分）以下（h：試験体の初期高さ）を満足する温度を見つけるか、または予め想定した目標性能担保温度を設定し、柱としての要求耐火性能時間での載荷加熱試験で、前記軸収縮量および収縮速度を満足することを確認する二つの方法がある。高減衰ゴム系積層ゴム支承については、これまでの知見と天然ゴム系積層ゴム支承用耐火被覆構造の仕様を兼ね合わせた方が経済性がよいとの考えから、目標性能担保温度を天然ゴム系積層ゴム支承と同じ 150℃と設定して、載荷加熱試験を行うこととした。したがって、高減衰積層ゴム支承における目標性能担保温度 150℃は、素材試験によるものではない。

　載荷加熱試験を実施するにあたっての、考え方と基本試験条件は以下のとおりとした。
　（1）試験体寸法については、天然ゴム系積層ゴム支承と同様に、火災時に最も温度上昇が早い形状（具体的には熱容量が最も小さい最小径のもの）とし、天然ゴム系積層ゴム支承

の共通加熱試験体と同じ φ600 mm を選定した。（ゴム厚 5.0 mm×40 層、中間鋼板 3.2 mm×39 層）

(2) ゴム材料については、JIS K 6254 の素材試験の結果から最も圧縮弾性率の低下が大きい材料を用いることとした。（せん断弾性係数 G=0.39 N/mm² 材料）

(3) 載荷荷重については、全ての高減衰ゴム系積層ゴム支承に対して最も厳しい条件となるように以下の考え方とした。

耐火性能上で積層ゴム支承に要求される性能は、積層ゴム支承の荷重支持性能（非損傷性）が担保されていることである。したがって、載荷加熱試験における荷重をどのように設定するかが重要となる。JSSI では平成 12 年建設省告示第 1446 号「免震材料の技術的基準」（以下、告示 1446 号）に定められている積層ゴム支承の圧縮限界強度（座屈限界強度）（σ_{cr}）の基準面圧（σ_{nom}）に対する比率（σ_{cr}/σ_{nom}）を活用することとした。すなわち、この比率が大きい方が荷重支持性能の安全性は高く、逆にこの比率が小さいと座屈し易いといえる。（詳細 3.1.3 項の図 3.1.1 参照）。

なお、圧縮限界強度については本来実験によって求めるものであるが、大口径の積層ゴム支承を圧壊することは困難であり、告示 1446 号に Haringx の弾性理論による座屈限界応力式を簡易化した、式（7.4.1）の座屈限界応力を圧縮限界強度（σ_{cr}）の代用としてもよいとされていることから、この方法を採用することとした。

$$\sigma_{cr} \fallingdotseq \zeta \cdot G \cdot S_1 \cdot S_2 \quad \text{-----------} \quad (7.4.1)$$

$$\zeta = \pi \cdot \sqrt{\frac{\kappa}{8(1 + 2\kappa S_1^2 G/E_b)}}$$

ここで、

E_b ： 体積弾性係数
G ： せん断弾性係数
κ ： 硬度補正係数
S_1 ： 一次形状係数
S_2 ： 二次形状係数

一方、基準面圧については、告示 1446 号による材料認定書に各積層ゴム支承の基準面圧が記載されている。

そこで、式（7.4.1）を用いて全ての高減衰ゴム系積層ゴム支承の座屈限界応力を求め、さらに安全を考慮して、0.9 を乗じた値を圧縮限界強度（σ_{cr}）とし、各積層ゴム支承の基準面圧との比率（圧縮限界強度/基準面圧）を求め、これを荷重安全余裕度係数（S_σ）として設定した。

$$\text{荷重安全余裕度係数} \quad S_\sigma = \frac{\sigma_{cr} \times 0.9}{\sigma_{nom}} \quad (7.4.2)$$

検討の結果、高減衰ゴム系積層ゴム支承の荷重安全余裕度係数の最小値は 4.0 であった。そこで、前記（1）、（2）で選定した試験体に $S_\sigma = 4.0$ となる荷重を載荷して載荷加熱試験を実施することとした。なお、試験体に選定した φ600 mm 製品の圧縮限界強度（座屈限界強度）は 27.8 N/mm² で 0.9 を乗じた値は 25 N/mm²、材料認定書の基準面圧は $\sigma_{nom} = 5.0$ /mm² である。

試験体に載荷する面圧 σ は 25/4 ≒ 6.3 N/mm² となり、実際の積層ゴム支承として使用できる荷重（5.0 N/mm²）の 1.26 倍となる。この結果から、載荷加熱試験に用いる試験体形状、材質、

- 167 -

載荷荷重条件は以下のとおりとなる。
(1) 積層ゴム支承径：φ600 mm
(2) 積層ゴム支承材質：JIS K 6254による温度依存性の最も大きい材料（G=0.39 N/mm²）
(3) 載荷加熱試験時の載荷荷重：上記(1)、(2)試験体における荷重安全余裕度が最も小さい値(4.0)となる荷重（σ=6.3 N/mm²）

7.4.3 性能担保温度確認試験と耐火構造認定試験体

1) 性能担保温度確認試験

高減衰ゴム系積層ゴム支承の性能担保温度を確認するために、(一財)建材試験センターとJSSIおよび積層ゴム支承製作会社と耐火被覆製作会社が共同で行った載荷加熱試験の結果を以下に示す[1]。

なお、試験に用いた耐火被覆材（けい酸カルシウム板）は、柱の要求耐火性能3時間を想定して、3時間経過以後にゴム表面温度が150℃となるように耐火被覆材の厚さを40 mmとした。試験は、(一財)建材試験センターの柱用耐火炉を用いて実施している。

図7.4.3は試験体概要を示し、図7.4.4は耐火炉に試験体を設置した状況を示したものである。積層ゴム支承への載荷は、下部油圧ジャッキにより一定荷重を載荷するように制御している。載荷加熱試験は標準加熱温度曲線に沿って、ゴム表面が150℃を超える状態まで加熱し続け、約5時間を要した。その間炉内の最高温度は1200℃であった。図7.4.5は加熱開始からのゴム表面温度の変化を示したものである。熱電対番号1～4が積層ゴム支承上部周上4点、番号5～8が中央部周上4点、番号9～12が下部周上4点である。また、表7.4.1は加熱中および加熱終了後24時間後までの最高温度と最小温度を示している。なお、この間は載荷した状態となっている。

また、図7.4.6は初期載荷時の高さを起点とし、載荷加熱中および加熱終了後の放冷時間を含む積層ゴム支承の高さ変化を示したものである。これに

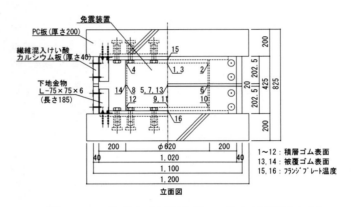

図 7.4.3 載荷加熱試験体の耐火被覆材と試験体温度計測用熱電対位置[1]

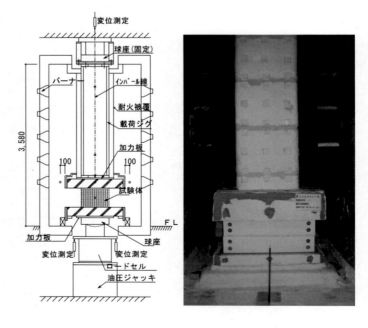

図 7.4.4 試験体設置状況[1]

よると約300分後の加熱終了後も積層ゴム支承は膨張を続け、おおよそ650分後から収縮方向へ向かうが、1350分後でも積層ゴム支承は6mm程度の膨張状態にあり、この時のゴム表面温度は70～80℃であった。

表7.4.1の加熱終了後24時間までの最高、最低温度の結果から、高減衰ゴム系積層ゴム支承は、耐火被覆材40mm厚さで標準加熱温度曲線に沿った5時間の載荷加熱試験時に、ゴム表面平均温度が150℃となっても荷重支持性能を保持しており、これより圧縮限界応力（$\sigma_{cr} \times 0.9$）に対して荷重安全余裕度係数（S_σ）が4以上ある高減衰ゴム系積層ゴム支承については性能担保温度を150℃としても安全性は確保できていると考えられる。

表7.4.1 加熱終了後24時間までの最高・最低温度[1]

	加熱終了時 （300分時） (℃)	最高温度検出時		試験終了時 （24時間後） (℃)
		温度 (℃)	時間 (分)	
最高温度 （測定番号：1）	162.4	164.6	306	92.4
最低温度 （測定番号：11）	139.5	141.0	308	71.1
平均温度	150.7	-	-	83.0

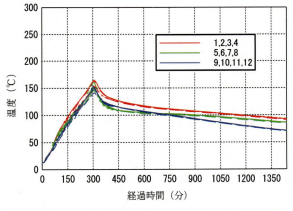

図7.4.5 積層ゴム支承表面温度推移[1]

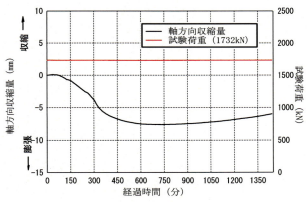

図7.4.6 積層ゴム支承の高さ推移[1]

2）耐火構造認定用共通試験体

高減衰ゴム系積層ゴム支承の載荷加熱試験には、天然ゴム系積層ゴム支承の共通加熱試験体と同様な考え方に、さらに積載荷重条件を加味した実大試験体を性能担保温度確認用共通試験体（共通載荷加熱試験体）として用いた。したがって、本試験で用いた試験体を耐火構造認定用試験体（共通加熱試験体）として用いることができる。ただし、本試験体の構成仕様（材料、サイズ、鋼材仕様、一形状係数、二次形状係数など）および荷重条件としての荷重安全余裕度係数が、同等または同等以上のものに限定される。

7.5 すべり支承の性能担保温度確認

7.5.1 ゴム材料およびすべり材の素材試験

1) ゴム材料素材試験

　弾性すべり支承に使用されているゴム材料の圧縮弾性率の高温特性を図 7.5.1 に示す。高温特性は、天然ゴム系積層ゴム支承と同様に JIS K 6254 に準じて JSSI が定めた「積層ゴム支承およびすべり支承用ゴム材料の圧縮特性（温度依存性）試験方法（2018）」に基づき、23℃、100℃、125℃、150℃、175℃、200℃におけるゴム材料の圧縮弾性率の変化について調査した。

　図 7.4.2 の天然ゴム系積層ゴム支承に使用されているゴム材料の結果と比べると、天然ゴム系積層ゴム支承用ゴム材料では概ね 150℃までは圧縮弾性率が常温から大きく変化しないが、すべり支承に使用されているゴム材料では 100℃で圧縮弾性率の保持率が 0.6 を下回るものもみられ、高温時における圧縮弾性率の保持率の低下が大きいことがわかった。したがって、すべり支承の性能担保温度を確認するためには、材料レベルでの評価ではなく、実大すべり支承（部材レベル）による載荷加熱試験が必要であると判断した。ただし、実大すべり支承の載荷加熱試験に用いるゴム材料は、弾性率の保持率変化が最も大きい材料とすることとした。

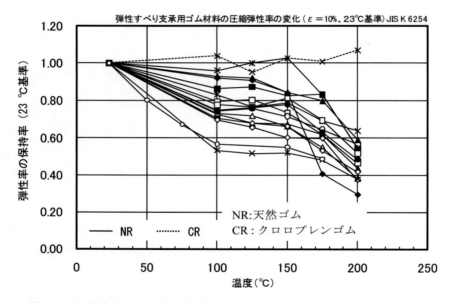

図 7.5.1 弾性すべり支承用積層ゴム材料の圧縮弾性率の温度依存性

2) すべり材の素材試験

　一方、すべり材の材料については、すべり材の高温圧縮試験を行いその結果から高温時の軸収縮量を評価し、150℃において最も軸収縮量が大きくなる材料を選定することとした。
すべり材の高温時軸収縮量評価方法を以下に示す。

（1）すべり材の高温圧縮試験は φ50mm×厚さ 4 mm の円盤状のすべり材を基準温度 23℃および 50℃、100℃、150℃、200℃の温度状態で 40 N/mm^2 まで圧縮した。

（2）常温時から高温時に至るすべり材の収縮量を評価するため、試験結果は圧縮ひずみ差という指標を用いた。

（3）圧縮ひずみ差の求め方を図 7.5.2、図 7.5.3 に示す。基準温度 23℃時の圧縮ひずみから高温時の圧縮ひずみを差引いて、これを圧縮ひずみ差としている。

図7.5.2は、基準温度23℃と150℃におけるすべり材の応力-ひずみ関係を示したもので、23℃と150℃間の10、20、30、40 N/mm²応力時におけるひずみ差を Δε として求め、それを応力値ごとにプロットしたものが図7.5.3の圧縮応力と圧縮ひずみ差の関係である。PTFE樹脂の高温特性を図7.5.4に、ポリアミド樹脂の高温特性を図7.5.5に示す。圧縮ひずみ差はポリアミド樹脂よりPTFE樹脂の方が大きくなったため、圧縮ひずみ差が最も大きいPTFE樹脂材料（純PTFE）を載荷加熱試験に用いることとした。

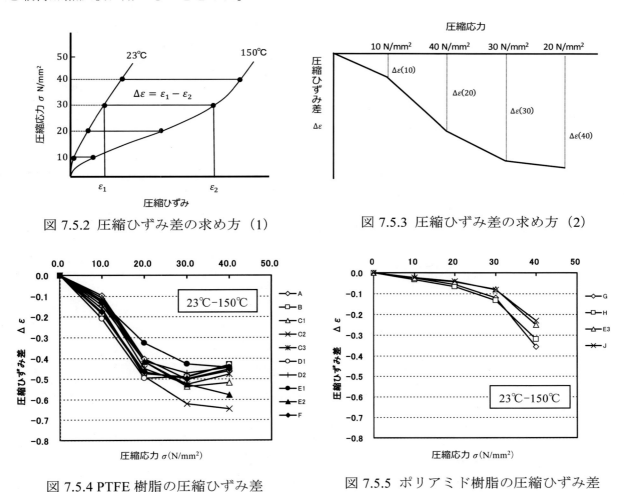

図7.5.2 圧縮ひずみ差の求め方（1）　　図7.5.3 圧縮ひずみ差の求め方（2）

図7.5.4 PTFE樹脂の圧縮ひずみ差　　図7.5.5 ポリアミド樹脂の圧縮ひずみ差

7.5.2 性能担保温度と性能担保温度確認用共通試験体の設定

すべり支承の目標性能担保温度は、天然ゴム系積層ゴム支承や高減衰ゴム系積層ゴム支承で得られた知見と同じ耐火被覆構造を併用することのメリットを考慮して、天然ゴム系積層ゴム支承や高減衰ゴム系積層ゴム支承と同じ150℃を目標温度として設定した。載荷加熱試験での3時間を超える加熱で、積層ゴム表面温度が150℃を超えた状態でも、すべり支承が長期許容応力度に相当する荷重を支持できれば、性能担保温度を150℃とすることが可能となる。

載荷加熱試験を実施するに当たっては、基本試験条件を以下のとおりとした。

(1) すべり支承を構成する積層ゴム部のゴム材料または剛すべり支承の回転変形吸収部材（ゴムシム）およびすべり材については、実際に使用されている製品の中で、常温から150℃時に昇温した際に最も軸収縮量が大きくなる性能確認試験体に用いる。

(2) 性能担保温度確認試験は、標準加熱曲線に沿った3時間以上の載荷加熱試験を行う。
(3) 載荷荷重は、平成12年建設省告示第2009号による支承の長期許容応力度以上とする。

1) 性能担保温度確認用共通試験体の設定

すべり支承の性能担保温度確認用共通試験体（以下、共通載荷加熱試験体）の仕様は、試験体が温度上昇した際に最も軸収縮量が大きくなるように以下の手順で設定した。なお、対象とする支承はJSSIの会員が2014年8月において製作している全すべり支承としている。

(1) 積層ゴム部形状

積層ゴム部形状は、対象とするすべり支承のうち、鉛直剛性が最も低くなる形状を選定した。図7.5.6に温度上昇時の軸収縮量に対する鉛直剛性の影響を示す。ここで、δ を常温時において一定荷重を載荷した状態での軸収縮量、α を温度上昇時の剛性保持率としている。このことから、鉛直剛性が低い方が温度上昇による軸収縮量（$\Delta = (1/\alpha - 1)\delta$）は大きくなることが分かる。したがって、試験体は実際に使用されている製品の中で、鉛直剛性が最も低くなるように設定した。すべり支承径は中間層免震建物で使用が想定される最小径 ϕ300 mm とし、ゴム層総厚さは対象範囲の最大厚の120 mm、積層ゴム部の一次形状係数は対象範囲の最小値を下回る $S_1 = 7.1$ （中心孔考慮）とした。

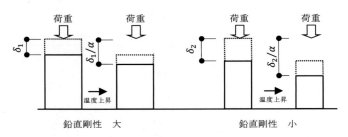

温度上昇による軸収縮量 $\Delta = (1/\alpha - 1)\delta$
$\Delta_1 = (1/\alpha - 1)\delta_1$, $\Delta_2 = (1/\alpha - 1)\delta_2$
ゆえに $\delta_1 < \delta_2$ ならば $\Delta_1 < \Delta_2$

図7.5.6 温度上昇時の軸収縮量に対する鉛直剛性の影響

(2) 積層ゴム材料

積層ゴム材料は、対象とする支承のうち、150℃において最も軸収縮量が大きくなる材料を選定した。

温度上昇によって生じる軸収縮量は常温時の弾性率に大きく関連するため、ゴム材料の選定においては圧縮弾性率の保持率と常温時の弾性率を考慮した軸収縮量評価を行う必要がある。軸収縮量評価方法を以下に示す。常温時における載荷荷重（N）による軸収縮量を δ_{RT}、弾性体の常温時軸剛性を K_{RT} とおくと、δ_{RT} は式（7.5.1）のようにあらわせる。

$$\delta_{RT} = N/K_{RT} \tag{7.5.1}$$

また、弾性体が温度上昇して軸剛性が K_T に低下した時の、軸力 N による軸収縮量を δ_T とおくと、δ_T は式（7.5.2）となる。

$$\delta_T = N/K_T \tag{7.5.2}$$

さらに、K_T を常温に対する剛性保持率（α）を用いることで、式（7.5.3）となる。

$$\delta_T = N/(\alpha \cdot K_{RT})$$
$$\text{ここで } \alpha = K_T/K_{RT} \tag{7.5.3}$$

軸力 N を支持している弾性体が、常温（RT）から高温（T）に温度上昇した場合の軸収縮量は式（7.5.4）であらわすことができる。

$$\delta_1 - \delta_{RT} = \frac{N}{\alpha \cdot K_{RT}} - \frac{N}{K_{RT}} = \left(\frac{1}{\alpha} - 1\right) \cdot \frac{N}{K_{RT}} \tag{7.5.4}$$

ここで、

$$N = \sigma \cdot A \quad , \quad K_{RT} = E_{RT} \cdot A/l \tag{7.5.5}$$

であり、式(7.5.5)を式(7.5.4)に代入すると式（7.5.6）を得る。

$$\delta_T - \delta_{RT} = \left(\frac{1}{\alpha} - 1\right)\frac{\sigma \cdot A}{E_{RT} \cdot A/l} = \left(\frac{1}{\alpha} - 1\right)\frac{\sigma \cdot l}{E_{RT}} \tag{7.5.6}$$

材料の相対評価なので $\sigma = 1\,\text{N/mm}^2$、$l = 1\,\text{mm}$ の定数とし、E_{RT} に JIS K 6254 による常温時の圧縮剛性を代入し軸収縮量の比較を行う。軸収縮量評価として式(7.5.7)を用いる。式(7.5.7)の単位は mm である。

$$\text{軸収縮量評価} \quad \delta_T - \delta_{RT} = \left(\frac{1}{\alpha} - 1\right)\frac{\sigma \cdot l}{E_{RT}} \tag{7.5.7}$$

圧縮弾性率の保持率と常温時の弾性率を考慮した軸収縮量評価の結果を図 7.5.7 に示す。150℃において軸収縮量評価が最も大きくなる材料を共通載荷加熱試験体のゴム材料とした。

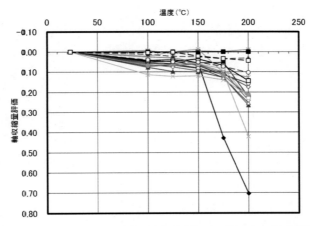

図 7.5.7 弾性すべり支承の積層ゴム材料の軸収縮量評価

(3)すべり材部の形状

すべり材部の形状は、積層ゴム部と同様に鉛直剛性が低ければ温度上昇時の軸収縮量が大きくなる。そこで、対象とする支承のうち鉛直剛性が最も低くなる形状として、対象とするすべり支承のうちで最も厚い 20 mm（両面すべり支承で片面 15 mm 片面 5 mm のものが最大厚なので 20 mm と設定した）とし、直径はすべり材に対して長期許容面圧が載荷されるように調整して 116 mm とした。

7.5.3 性能担保温度確認用共通試験体による確認試験

すべり支承の表面温度が 150℃以上に達する火災加熱において、長期許容荷重に対する荷重支持能力を火災終了時まで有していることを確認するため、載荷加熱試験による性能担保温度確認試験を行った。共通載荷加熱試験体の上下に厚さ 200 mm のコンクリート板を設置し、すべり支承部分には繊維混入けい酸カルシウム板 40 mm の耐火被覆を行ったものを用いた。試験体は同じ仕様のものを 2 体(試験体 A、試験体 B)用意して同じ条件で試験を実施し、再現性の確認を行った。

試験体図を図 7.5.8 に、共通載荷加熱試験体緒元を表 7.5.1 に示す。また、試験体の設置状況を写真 7.5.1 に示す。試験は試験体に長期許容応力度相当の 424 kN(積層ゴム部面圧 6 N/mm²、すべり材部面圧 40 N/mm²)を載荷した状態で標準加熱による加熱を実施し、その後、試験体の内部温度が下降を示すまで炉内で冷却を続けた。

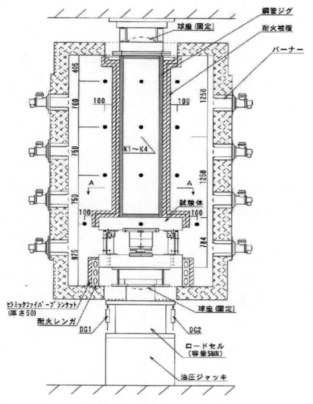

図 7.5.8 性能担保温度確認試験の試験体全図

表 7.5.1 共通載荷加熱試験体緒元

	直径	300 mm
積層ゴム部	ゴム1層厚	10 mm
	層数	12 枚
	ゴム総厚	120 mm
すべり材部	直径	116 mm
	すべり材厚	20 mm

写真 7.5.1 試験体設置状況(加熱試験前)

積層ゴム部の長期許容面圧は試験体の圧縮限界強度(σ_{cr})に 0.3 を乗じて求めた。また、圧縮限界強度(σ_{cr})はゴムせん断弾性率 1.18 N/mm²、一次形状係数 $S_1 = 7.5$(中心孔非考慮)、二次形状係数 $S_2 = 2.5$ より式(7.5.8)を用いて求めている。ただし、大臣認定を取得した実製品の圧縮限界強度 σ_{cr}(座屈限界応力)に対する、実製品の圧縮限界強度の比の最大値として第 3 章 3.1.3 項の式(3.1.1)で示される ζ を 1.1 倍している。

$$\sigma_{cr} \risingdotseq \zeta \cdot G \cdot S_1 \cdot S_2 \qquad (7.5.8)$$

$$\zeta = 1.1\pi \cdot \sqrt{\frac{\kappa}{8(1 + 2\kappa S_1^2 G/E_b)}}$$

ここで、 　E_b：体積弾性係数
　　　　　G：せん断弾性係数
　　　　　κ：硬度補正係数
　　　　　S_1：一次形状係数
　　　　　S_2：二次形状係数

　加熱は積層ゴム部およびすべり材のそれぞれの表面温度測定値の平均が 150℃を超えるまでとし、その結果、加熱時間は 250 分となった。加熱終了後は試験体の内部温度が下降を示すまで炉内で放冷を続け、試験体 A は試験開始後 1440 分時、試験体 B は試験開始後 1740 分時に試験を終了した。なお試験体 B は、試験開始後 1440 分時に炉の扉を開放し試験体の耐火被覆材を除去した後、放冷を継続したため冷却速度が 1440 分後から増大している。

　加熱中の試験体軸収縮量は、油圧ジャッキの変位量を鋼材冶具の熱膨張による長さ変化で補正した補正軸収縮量によって測定した。また、加熱を行っていない状態において試験体の高さ方向の寸法を、加熱前未載荷時、加熱前載荷時および加熱終了後（載荷状態・冷却後）に実測した。

　積層ゴム部およびすべり材の表面平均温度の測定結果を図 7.5.9 に示す。積層ゴム部表面の平均温度は加熱開始から 3 時間以上で 150℃を超えており、性能担保温度を 150℃と設定する上で、十分な加熱ができた。試験前および試験後のすべり支承を写真 7.5.2 と写真 7.5.3 に示す。すべり材が圧縮されている状況が確認できる。

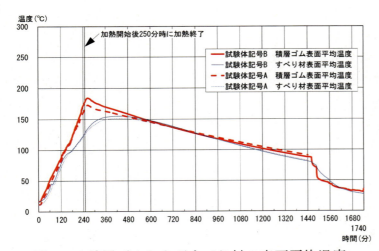

図 7.5.9 積層ゴムおよびすべり材の表面平均温度

写真 7.5.2 試験前すべり支承状況

写真 7.5.3 試験後すべり支承状況

　図 7.5.10 に軸収縮量と補正軸収縮量、および載荷荷重を示す。試験体 A と試験体 B を合わせて示しているが、両者は概ねよく一致しており再現性が確認できた。試験体 B は 1740 分後において積層ゴム表面の平均温度は

35.4℃であり、この時の軸収縮量は 11.2 mm、補正軸収縮量は 12.7 mm であった。支承部の実測による軸収縮量は 14.6 mm であった。収縮速度については加熱中の実測が不可能であるため、鋼管治具の熱膨張による補正を行った補正軸収縮量から収縮速度を算定すると、最大値は 0.26 mm /分であった。

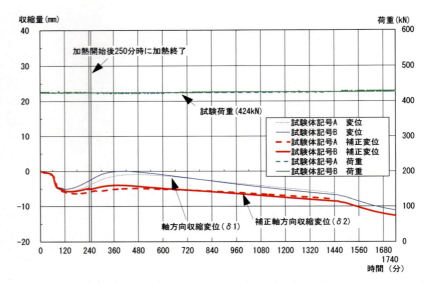

図 7.5.10 軸収縮量と補正軸収縮量および載荷荷重

7.5.4 載荷加熱試験による荷重支持性能の評価

前項の性能担保温度確認試験結果を用いて、耐火被覆したすべり支承を含む RC 柱の軸収縮量を推定する。

耐火被覆したすべり支承を含む RC 柱の耐火構造認定試験を行う場合、試験体長さは指定性能評価機関の評価書より 3000 mm 以上が必要であり、ここでは 3000 mm を試験体長さとする。当試験で支承部分高さ（384 mm）の最大軸収縮量が確認できていることから、残りの RC 柱部分（2616 mm）の軸収縮量については文献から推定する。標準加熱を受ける無被覆 RC 柱の載荷加熱試験は 2000 年に茂木[2]、2008 年[3][4]と 2009 年[5]に丹羽・瀬川が報告を行っている。茂木はコンクリートの設計基準強度が高くなるにつれ軸収縮率が大きくなる傾向を確認した。

一方、丹羽・瀬川は設計基準強度 Fc=120N/ mm² と Fc=150N/ mm² の RC 柱に対して 3 時間の載荷加熱試験を行っている。試験荷重は長期許容応力度相当の荷重としており、冷却後の最終軸収縮量率は 1/312、収縮速度の最大値は 0.03 mm /分であることを報告している。この収縮率を用いると RC 柱 2616 mm 分の軸収縮量は 8.4 mm となり、支承部との合計は 23.0 mm となる。また、報告された収縮速度を RC 柱 2616 mm 分の収縮速度は 0.03 mm /分となり、支承部との合計は 0.29 mm /分となる。

評価業務方法書における軸収縮量の基準値は h/100 以下であり、柱長さ 3000 mm の場合では 30 mm となり 23.0 mm は 20％以上の余裕がある。また、軸収縮速度についての基準値は 3h/1000 以下であり、柱長さ 3000 mm の場合では 9 mm /分となる。算出結果の 0.29 mm /分は許容値に対し十分に余裕があるといえる。以上より、性能担保温度確認試験で得られた軸収縮量と収縮速度は十分に小さく、荷重支持能力に問題が無いと判断できる。
性能担保温度確認試験では積層ゴムおよびすべり材の平均表面温度が 150℃以上となるまで加熱を行い、長期許容応力度相当の荷重に対して支持能力を保持したことから、150℃を性能担保温度として設定したことの妥当性が確認できた。

第 7 章

7.6 すべり支承の耐火構造認定用共通試験体による耐火性能確認

7.6.1 耐火構造認定用共通試験体の設定

　前項において、共通載荷加熱試験体を用いて性能担保温度確認試験を行った。これにより、JSSI 会員各社が製造するすべり支承のうち、一定の条件を満たすものについては性能担保温度として 150℃が確認できた。次に、この性能担保温度を用いた加熱試験による耐火構造認定（性能評価）を受けるにあたり、当時の全てのすべり支承を包括する最も温度的に不利になる耐火構造認定用共通試験体（以下、共通加熱試験体）の検討を行った。

1）熱容量の検討

　加熱試験において共通加熱試験体を検討するにあたり、対象とするすべり支承を構成する各材料の熱容量が最も小さいものを採用すれば共通加熱試験体にできる。すべり支承を構成する材料は、そのほとんどがゴムと鋼材でできているため、積層ゴム部径の最小サイズのものが熱容量は最も小さくなるため、最小径のものを試験体に採用することとした。なお、すべり材はゴム材料や鋼材に比べ薄く、熱容量的に無視できるものと判断した。

2）積層ゴム部分の検討

　上記 1）より、積層ゴム部を最小径となるように設定したが、積層ゴム部は高さが高い方が輻射熱の影響が大きくなり、温度が上がりやすいとの見解もある。そこで FEM 熱伝導解析を行い、積層ゴム部の高さおよびその他構成材料の形状が耐火性能に及ぼす影響を比較検討した。

　本 FEM 解析により、各パラメータの違いによってどちらが温度的に有利か不利かの判断はできる。

（1）FEM 熱伝導解析方法の概要

- ・ゴム表面の温度が高くなりやすい条件を検討するため、表 7.6.1 に示す Case1 を基準モデル（積層ゴム部として外径φ600mm、中間鋼板なし（全ゴム）、ゴム層総高さ 200mm）として、①中間鋼板の有無による影響比較、②耐火被覆裏面からの輻射の影響を見るために上フランジの直径をパラメータとした比較（フランジ径、φ800、φ1000、φ1200）、③調整用鋼管がある場合を想定して、調整用鋼管に耐火被覆を施した場合としない場合の比較、④調整用鋼管の高さの違いによる影響比較、⑤同じ耐火被覆高さ内におけるゴム部高さと調整用鋼管高さの相対比による影響比較、⑥ゴム部高さによる比較についての 6 パターン（全 7 モデル）について熱伝導解析を行いそれぞれの結果を比較した。解析に用いた全 7Case のモデル支承の解析パラメータを表 7.6.1 に示す。
- ・加熱条件および加熱時間は、ISO834 の標準加熱曲線にしたがった 180 分としている。
- ・メッシュは全ての Case で縦横 10 mm とした。
- ・空気層内の輻射および空気の熱容量を考慮。

（2）解析結果

　解析結果による各モデル Case でのゴム表面部の最高到達温度を同じく表 7.6.1 に示す。また、各比較条件での FEM 解析による温度分布比較図を以下に示す。

- 177 -

第7章

表7.6.1 解析パラメータ一覧と解析結果（最高温度）

	解析パラメータ項目	Case1	Case2	Case3	Case4	Case5	Case6	Case7	認定仕様と試験体の関係
		基準モデル	中間鋼板有 熱容量増 熱伝導大	上フランジ径 φ1000 輻射熱減 熱容量増	上フランジ径 φ1200 輻射熱減 熱容量像	調整用鋼管耐火被覆無し 熱伝導小	弾性支承高 H=400 放射面積大 熱容量増	調整用鋼管高さ H=400 放射面積大 熱容量増	
水平方向寸法	上RCフーチング寸法 (mm)	1500×1500	＊	＊	＊	＊	＊	＊	試験体以上
	下RCフーチング寸法 (mm)	1500×1500	＊	＊	＊	＊	＊	＊	試験体以上
	調整用鋼管径（厚さ10mm、内部空洞）(mm)	φ600	＊	＊	＊	＊	＊	＊	試験体以上
	調整用鋼管用耐火被覆厚さ（片側）(mm)	20	＊	＊	＊	0	＊	＊	被覆有
	上フランジ径(mm)	φ800	＊	φ1000	φ1200	＊	＊	＊	試験体以上
	弾性すべり支承径(mm)	φ600	＊	＊	＊	＊	＊	＊	試験体以上
	中間鋼板	無し	10mm×10層	＊	＊	＊	＊	＊	試験体以上
	耐火被覆材厚さ(mm)	50	＊	＊	＊	＊	＊	＊	試験体以上
	弾性すべり支承と耐火被覆までの離間距離(mm)	400	＊	＊	＊	＊	＊	＊	試験体以上
鉛直方向寸法	上RCフーチング厚さ(mm)	200	＊	＊	＊	＊	＊	＊	試験体以上
	下RCフーチング厚さ(mm)	200	＊	＊	＊	＊	＊	＊	試験体以上
	調整用鋼管高さ(mm)	200	＊	＊	＊	＊	＊	400	試験体以上
	上フランジ厚さ(mm)	50	＊	＊	＊	＊	＊	＊	試験体以上
	弾性すべり支承高さ(mm)	200	＊	＊	＊	＊	400	＊	試験体以上
	すべり板厚さ(mm)	20	＊	＊	＊	＊	＊	＊	試験体以上
	耐火被覆材総高さ(mm)	470	＊	＊	＊	＊	670	670	試験体以下
解析結果	ゴム表面最高到達温度(℃)	174.3	155.0	165.5	155.8	171.5	191.7	192.1	

＊印は基準モデルと同寸法および仕様

- 178 -

① 中間鋼板の有無による熱伝導解析結果

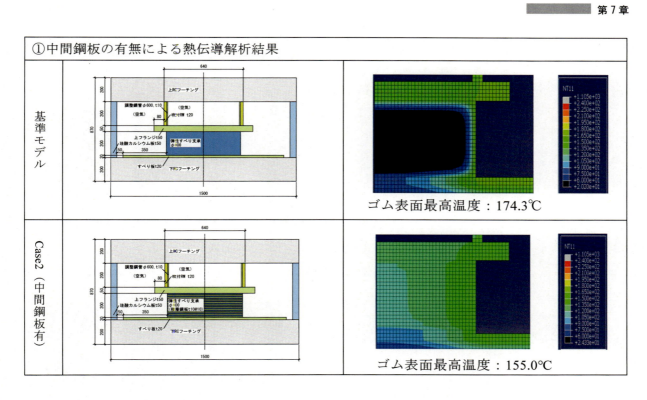

② 上フランジ外径 d_f の違いによる熱伝導解析結果（輻射熱の影響比較）

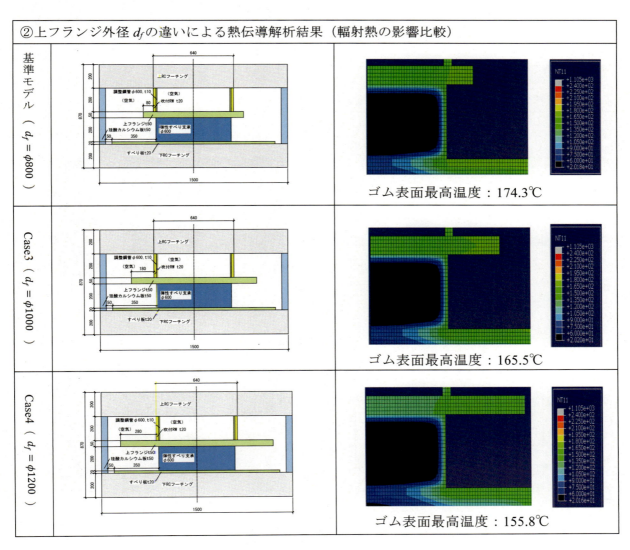

第7章

③調整用鋼管の耐火被覆有無による熱伝導解析結果（調整用鋼管の熱容量比較）

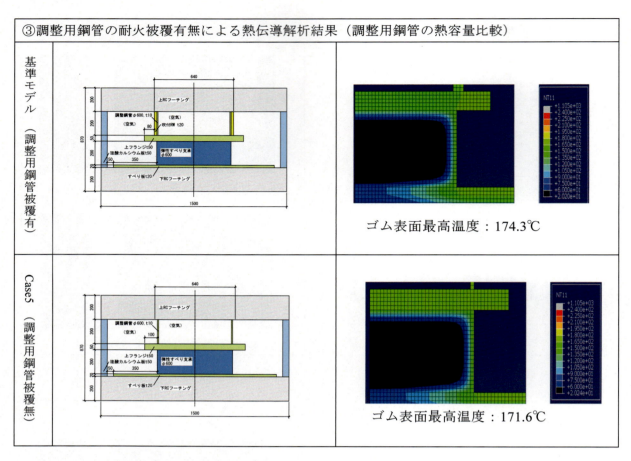

基準モデル（調整用鋼管被覆有）　ゴム表面最高温度：174.3℃

Case5（調整用鋼管被覆無）　ゴム表面最高温度：171.6℃

④調整用鋼管の高さによる熱伝導解析結果（調整用鋼管の熱容量と全体高さの比較）

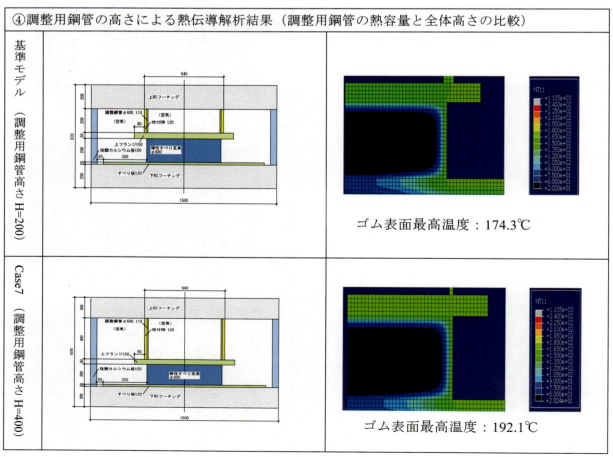

基準モデル（調整用鋼管高さH=200）　ゴム表面最高温度：174.3℃

Case7（調整用鋼管高さH=400）　ゴム表面最高温度：192.1℃

⑤同じ耐火被覆高さにおけるゴム部高さと調整用鋼管高さの相対比による熱伝導解析結果（熱容量および輻射熱の比較）

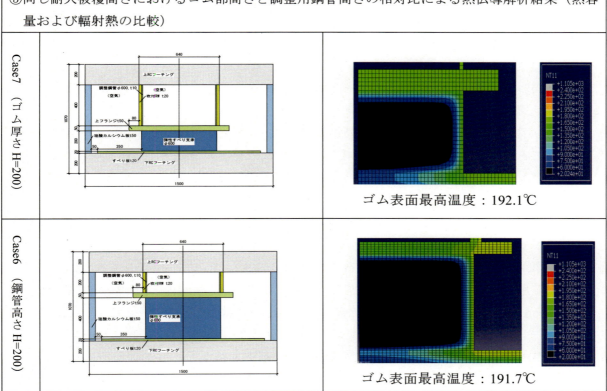

⑥ゴム部高さによる熱伝導解析結果（ゴムの熱容量と全体高さの比較）

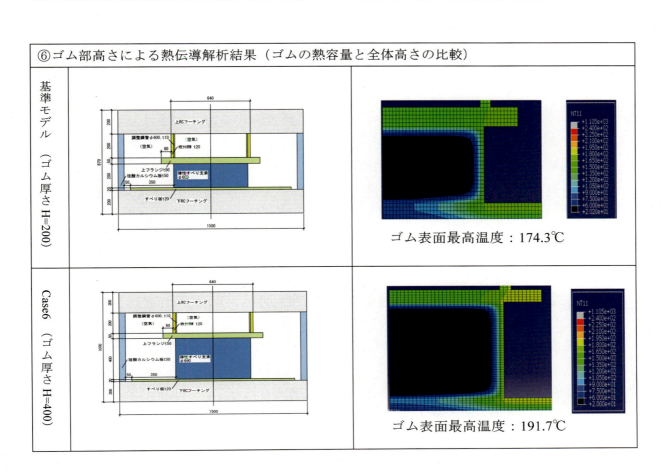

（3）解析結果のまとめ

① 中間鋼板の有無による効果

　　中間鋼板がある方がゴム表面温度は上がりにくいといえる。これは鋼板の熱容量が大きくまた熱伝導率も高いため、表面の熱が鋼板を通して内部に流れることで、結果的にゴム表面温度が上がりにくくなる効果があると考えられる。

　　したがって、共通加熱試験体には中間鋼板がないものが厳しい条件となる。

② 上フランジの外径の違いによる効果

　　上フランジの外径の違いによる効果としては、フランジ外径が大きいほど熱容量が増加することと、耐火被覆裏面からゴム部表面への輻射熱を遮る効果があるため、外径が大きいほどゴム表面温度は上がりにくい。一方、フランジが大きくなると耐火被覆裏面との距離が小さくなり、これによりフランジの温度が上昇すると考えられるが、フランジの熱が調整用鋼管を通じて上部コンクリートに吸収されるため、温度上昇は少ないと考えられる。

　　したがって、共通加熱試験体のフランジ径は小さい方が厳しい条件となる。

③ 調整用鋼管の耐火被覆の有無による効果

　　調整用鋼管に耐火被覆がある方が、断熱効果により調整用鋼管への熱の吸収（消費）が妨げられるため、結果的に中空部の温度が上昇し、ゴム表面温度を上げやすいと考えられる。

　　したがって、共通加熱試験体の調整用鋼管には耐火被覆をした方が厳しい条件となる。

④ 調整用鋼管の高さの違いによる効果（ゴム部高さは同じ）

　　調整用鋼管が高いほど耐火被覆の総高さも高くなることから、結果的に耐火被覆が受ける熱量全体も大きくなるため、耐火被覆内部に流入する熱量も増加する。一方、調整用鋼管が大きくなることで熱容量が増えた効果は、鋼管の耐火被覆による断熱効果のため、その効果は小さい。したがって、調整用鋼管が高い方がゴム表面の温度は上がりやすいと考えられる。

　　したがって、共通加熱試験体の調整用鋼管の高さは高い方が厳しい条件となる。

⑤ ゴム部と調整用鋼管の高さ比率を変えた効果（耐火被覆の高さは同じ）

　　耐火被覆高さ内のゴム部と調整用鋼管の高さ比を変えた場合は、ほとんどゴム表面温度が変わらない。これは耐火被覆内への熱流入が同じであれば、ゴムの高さが増すことで輻射熱の影響も増すが、ゴム部分の熱容量も増すことでほぼ相殺され、温度的にはほとんど変わらないためと考えられる。ただし、調整用鋼管部分がゴムよりも容積比熱の大きい鋼材（無耐火被覆）や鉄筋コンクリートで構成されている場合は、ゴム部分が高くなると全体の熱容量が小さくなるため、ゴム温度が上昇する傾向にあるものと推察される。

⑥ ゴム部高さの違いによる効果（調整用鋼管高さは同じ）

　　ゴム部の高さが大きくなると、④と同様に耐火被覆内部に流入する熱量が増えることと、ゴム表面部に対する輻射熱の影響が大きくなるが、一方ゴム部の熱容量も大きくなり、輻射熱と熱容量の効果が相殺される。したがって、耐火被覆が高くなった分の熱流入増大効果で、ゴム高さが高い方が温度は上昇やすいと考えられる。

　　したがって、共通加熱試験体のゴム高さは高い方が厳しい条件となる。

第7章

3）共通加熱試験体の設定

前記、1)、2)より、性能評価用の共通加熱試験体を以下のように設定した。

中間鋼板：中間鋼板は少ないほどゴム表面温度が上がりやすいので、中間鋼板をなしとした。

積層ゴム：積層ゴムは背が高いほど温度が上昇しやすいため、以下の手順で最大高さを決定した。

（1）内部ゴム総厚（中間鋼板を除く厚さ）は、各製作会社の製品中で最大120 mmであった。

（2）中間鋼板を含む最大高さはゴム総厚の2倍以上にはならないため、120 mmの2倍として240 mmとした。

　これにより、試験体のゴム部分は中間鋼板なしとし、ゴム単体で高さ240 mmとする。

その他の構成材料については以下に示す。

　ゴム材料：ゴムは文献値より、天然ゴムがクロロプレンゴムよりも容積比熱が小さく、天然ゴムの中では軟質より硬質の方が容積比熱は小さいため、すべり支承に用いられる天然ゴムの中で最もせん断弾性率の大きい（硬質）ものを使用することとした。

　被覆ゴム：被覆ゴムに無しの方が温度は上昇しやすいため、試験体は被覆ゴム無しとした。

　すべり材：すべり材に背が高い程温度が上昇しやすいため、対象とする製品での最大厚さのものとした。また、通常すべり材はすべり材ホルダーの中に納まっているため輻射熱が遮られるが、試験体はすべり材をゴム部分と同径のφ300 mmとした（申請範囲としては性能担保温度確認試験で確認したφ116 mm以上としている）。

　すべり材材質：すべり材の材質は、最も容積比熱の小さいグラスファイバー充填のエポキシ系樹脂を使用することとした。

　鋼　　材：鋼材に熱容量が大きく熱伝導率も高いため、表面温度を下げる効果がある。そのため鉄の部分は最小厚さとした。

　フランジ外径：フランジの外径を最小とするため、ゴム径と同径とした。

　調整用鋼管：調整用鋼管については実際の仕様を想定して、調整用鋼管は捨て型枠とし、内部に鉄筋を組んでコンクリートを打設した鉄筋コンクリート柱とした。

　試験体の位置：耐火被覆材内部は熱対流の影響で上部の方は温度が上がりやすい為、ゴム部分を上部とし、調整用鋼管を下部とした。

以上の検討結果を考慮した共通加熱試験体の詳細仕様を以下に示す。

① 内部ゴムの仕様

　　材質：天然ゴム　せん断弾性率 1.2 N/mm² （G12）

　　形状：円柱形

　　高さ：240 mm

　　直径：φ300 mm

　　中間鋼板：なし

　　被覆ゴム：なし

- 183 -

第7章

内部ゴム表面と耐火被覆材裏面との距離（d）：申請者が任意に決める。

② すべり材の仕様

　　材質：エポキシ系樹脂（グラスファイバー充填）

　　形状：円形

　　厚さ：20 mm

　　直径：φ300 mm

③ 鋼板1の仕様

　　（調整用鋼管又は躯体との接合用鋼板）

　　材質：SS400

　　形状：円形

　　厚さ：16 mm

　　直径：300 mm

④ 鋼板2の仕様

　　（内部ゴムとすべり材接合用）

　　材質：SS400

　　形状：円形

　　厚さ：8 mm

　　直径：300 mm

⑤ すべり板の仕様

　　材質：SUS304

　　形状：正方形

　　厚さ：2 mm

　　寸法：340×340mm

⑥ ベース板の仕様（バックプレート）

　　材質：SS400

　　形状：正方形

　　厚さ：12 mm

　　寸法：500×500 mm

⑦ 上下端部構造体の仕様

　　材質：鉄筋コンクリート

　　断面寸法（bおよびc）：申請者が任意に決める。

⑧ 調整用鋼管部分の仕様（図7.6.1の「鉄筋コンクリート柱（寸法a）」部分）

　　鋼管を捨て型枠とし、内部を鉄筋コンクリート柱とする。

　　直径（捨て型枠の外径）：φ300 mm 以下

　　高さ：申請者が任意に決める（申請仕様は試験体の高さ以下となる）。

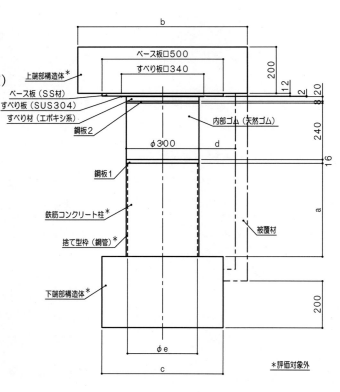

図 7.6.1 試験体最終仕様

- 184 -

7.6.2 耐火構造認定用共通試験体を用いた性能評価試験結果

JSSI で設定した耐火構造認定用共通試験体を用いて、「すべり支承を含む柱」の耐火構造認定を取得したので、その性能評価試験結果について報告する。

1）試験方法

試験は、表 7.6.2 に示す加熱試験方法で実施した。

表 7.6.2　試験条件

部位	免震材料を含む柱
要求耐火時間	120 分（加熱時間 120 分、試験時間 480 分以上）
加　熱　温　度	$T=345\log_{10}(8t+1)+20$ T：平均炉内温度（℃） t：試験の経過時間（分）
加　熱　面	4 面
試験体の大きさ	1400×1400×1325
試　験　体　数	2 体
判　　　定	内部ゴムの表面温度[※1]およびすべり材の表面温度[※2]の内、最高温度が試験終了時まで性能担保温度を超えないこと。

[※1] 被覆ゴム裏面の内部ゴム表面温度（試験は被覆ゴムなしで実施）であり、上下フランジから内側へ 10 mm の位置と中央位置を含む、かつ 4 方位に分割した計 12 点。

[※2] すべり材はそのほとんどが薄物であり、現存する製品の中で 20 mm が最大厚さである。したがって、すべり材の表面温度は積層ゴム部分とすべり板の間で見える部分とし、4 方位に分割した計 4 点とした。

2）試験体

試験体を図 7.6.2〜図 7.6.6 に示す。すべり支承は構造体の上下どちらかにすべり板が設置されるため、すべり板を固定する側の構造体はすべり支承本体側より大きな水平断面寸法が必要である。したがって、上下構造体の水平断面寸法が異なる場合にも対応できるよう、水平面被覆材を用いる構造とした。すべり支承を含む柱の設計では、通常すべり板は下部構造体に設置されるが、設計者の意図により上部構造体に設置される場合があり、この構造は通常のものより耐火性能上不利な構造となる。

耐火性能評価では、申請仕様のうち最も火災に弱い仕様で試験を受ける必要があるため、試験体はすべり板を上部構造体に設置した。また、調整用鋼管を用いた仕様にも対応するため、試験体は調整用鋼管を取り付けた仕様とした。認定仕様では調整用鋼管を取り付けない仕様も含まれている。

耐火被覆の芯材となるけい酸カルシウム板は、「JIS A 5430　繊維強化セメント板」[6]に規定するタイプ 3 の 0.5 けい酸カルシウム板に類するもので、被覆厚さは水平面被覆材および鉛直面被覆材共に 100mm とした。なお当該 JIS 規格に適合するけい酸カルシウム板の種類を表 7.6.3 に、その特性を表 7.6.4 に示す。なお、表は当該 JIS 規格より引用した。

- 185 -

表 7.6.3 けい酸カルシウム板の種類

種類			種類の略号	原料 [a]	主な用途
けい酸カルシウム板	タイプ 2	0.8 けい酸カルシウム板	0.8FK	石灰質原料、けい酸質原料、石綿以外の繊維、混和材料	内装用
		1.0 けい酸カルシウム板	1.0FK		内装用
	タイプ 3	0.2 けい酸カルシウム板	0.2TK	石灰質原料、けい酸質原料、石綿以外の繊維、混和材料	耐火被覆用
		0.5 けい酸カルシウム板	0.5TK		耐火被覆用

注 [a] けい酸カルシウム板（タイプ 2）の原料として、セメントを含んでもよい。

表 7.6.4 けい酸カルシウム板の特性

種類		受渡試験		形式試験		
		見掛け密度 g/cm^3	曲げ強さ N/mm^2	吸水による長さ変化率 %	熱伝導率 W/(m·K)	難燃性又は発熱性
タイプ 2	0.8 けい酸カルシウム板	0.6 以上 0.9 未満	10.0 以上	0.15 以下	0.18 以下	難燃 1 級 又は 発熱性 1 級
	1.0 けい酸カルシウム板	0.9 以上 1.2 未満	13.0 以上		0.24 以下	
タイプ 3	0.2 けい酸カルシウム板	0.15 以上 0.35 未満	0.39 以上	—	—	
	0.5 けい酸カルシウム板	0.35 以上 0.70 未満	1.5 以上		—	

注記　製造方法によって繊維に配向性のある場合、繊維の流れ方向に平行に荷重を加えた場合の曲げ強さは、繊維の流れ方向に直角に荷重を加えた場合の実測値の約 60%程度である。

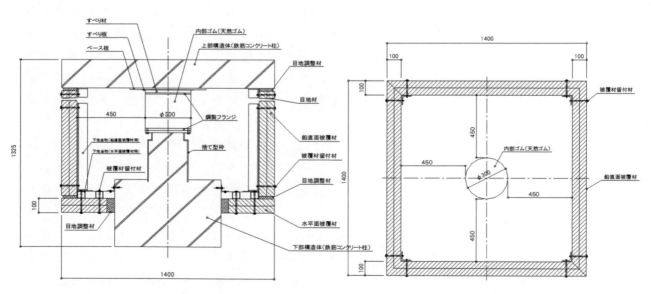

図 7.6.2 断面図　　　　　　　　図 7.6.3 平面図

第 7 章

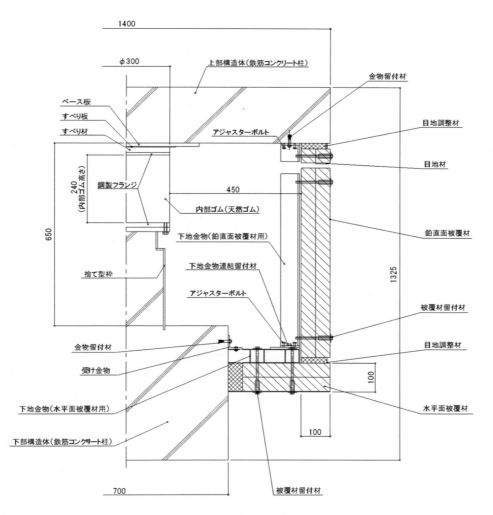

図 7.6.4 断面詳細図

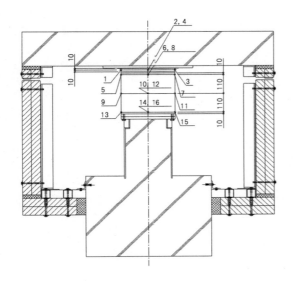

図 7.6.5 熱電対配置図

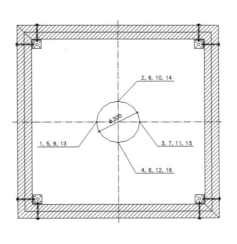

図 7.6.6 熱電対配置図（水平断面）

凡例
1〜4　すべり材
5〜16　内部ゴム表面

第 7 章

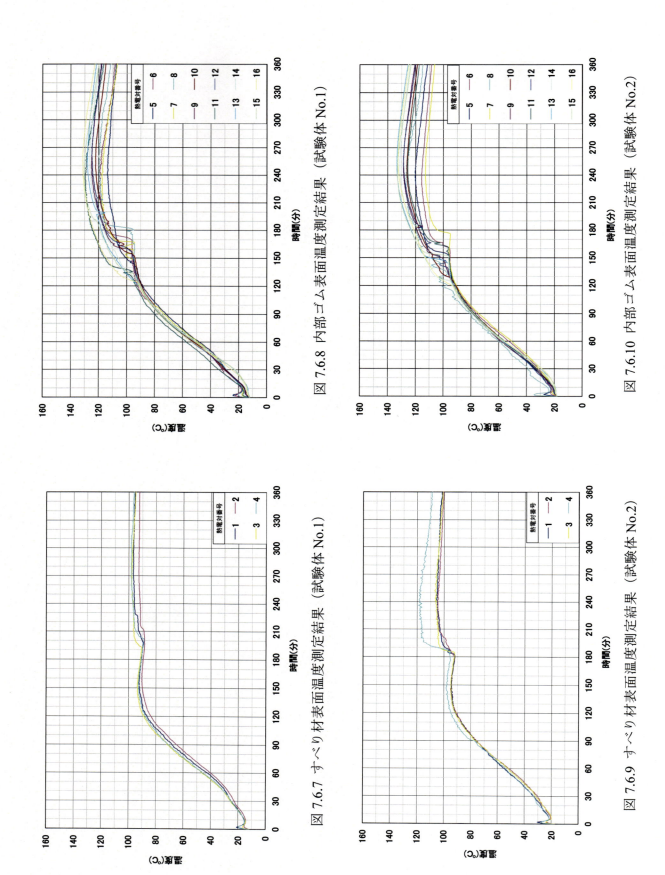

図 7.6.7 すべり材表面温度測定結果（試験体 No.1）
図 7.6.8 内部ゴム表面温度測定結果（試験体 No.1）
図 7.6.9 すべり材表面温度測定結果（試験体 No.2）
図 7.6.10 内部ゴム表面温度測定結果（試験体 No.2）

3）試験結果

試験結果を図 7.6.7～図 7.6.10 および表 7.6.5 に示す。判定部位のうち内部ゴム表面温度が最高温度を示し、いずれの試験も最高温度は性能担保温度以下の値となった。また、最高温度は120 分の加熱終了後冷却中に測定されており、これは炉内温度の影響を受けて上昇したものと推察される。

表 7.6.5 性能評価試験結果

試験体 No.	No.1	No.2
加熱時間	120 分 （試験時間 1380 分）	120 分 （試験時間 1380 分）
表面温度の最高温度	131℃（256 分） ［規定値 150℃］	133℃（245 分） ［規定値 150℃］
表面温度測定曲線	すべり材温度：図 7.6.7 内部ゴム温度：図 7.6.8	すべり材温度：図 7.6.9 内部ゴム温度：図 7.6.10
判定	合格	合格

4）まとめ

JSSI で設定した耐火構造認定用共通試験体を用いて性能評価試験を行った。本試験を経て、すべり支承を含む柱の 2 時間耐火被覆構造の認定を取得することができた。この大臣認定により、耐火設計ルート A ですべり支承を含む中間層免建物の設計が可能となった。

【参考文献】

1) 赤石直樹他：高減衰ゴム系免震装置の載荷加熱試験による実験的検討,日本建築学会大会学術講演梗概集 A-2,pp.127-128,2006

2) 茂木 武、遊佐 秀逸、臼井 信行、近藤 英之、阿部 道彦、鹿毛 忠継、福山 洋：鉄筋コンクリート柱の耐火実験、日本建築学会大会学術講演梗概集（東北）2000 年 9 月、pp.85-86

3) 丹羽 博則、瀬川 紘史、一瀬 賢一、津田 和明、長沼 一洋：Fc80～180N/mm^2 級高強度コンクリートを用いた RC 柱の耐火性能（その 1　載荷加熱実験の概要）、日本建築学会大会学術講演梗概集（中国）2008 年 9 月、P253-254

4) 瀬川 紘史、丹羽博則、一瀬 賢一、津田 和明、長沼 一洋：Fc80～180N/mm^2 級高強度コンクリートを用いた RC 柱の耐火性能（その 2　実験結果および耐火性能に関する考察）、日本建築学会大会学術講演梗概集（中国）2008 年 9 月、pp.255-256

5) 丹羽 博則、一瀬 賢一、津田 和明、長沼 一洋：高強度コンクリートを用いた大断面 RC 柱の耐火性能、日本建築学会大会

6) 日本工業規格：JIS A 5430:2013「繊維強化セメント板」、pp.2-4

第 8 章　オイルダンパーの火災時挙動について

8.1　オイルダンパーの消防法における取り扱いについて

　建築基準法上では、構造体全体に大きく影響を及ぼすような火災と地震が同時に発生する確率は極めて小さく、これを建物の構造設計条件とする必要はないと考えられている。したがって、耐火設計についても火災時の設計条件として長期荷重のみを想定して行われている。

　このことから、荷重支持機能がなく単に地震時のエネルギー吸収を目的としたダンパー（減衰材）には、基本的に耐火性能を求めていない。

　ダンパーには、履歴系ダンパー（鋼材・鉛・摩擦など）、流体系ダンパー（オイル・粘性体など）、粘弾性系ダンパーなどがある。このうち、危険物の指定を受ける可燃物を用いた流体系ダンパーを免震建物に採用する場合は、火災時のダンパー挙動によって建物の消火活動に影響を及ぼす可能性もあることから、その影響については耐火設計上考慮する必要がある。

　免震・制振用オイルダンパーは図 8.1.1 に示すように、円筒状の鋼製容器の中にオイルが充填され、このオイルの粘性抵抗を利用することで、地震時の建物水平変形エネルギーを熱エネルギーに変換して減衰力を得ている。

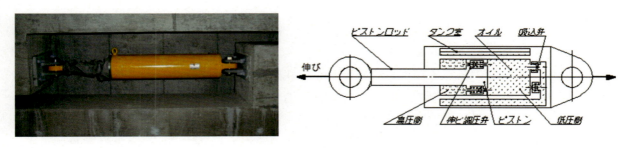

図 8.1.1　オイルダンパーの概念図の例

　免震建物に使用されるオイルダンパーのオイル量は、おおよそ 1 基あたり 2ℓ～200ℓ である。しかし、オイルダンパーのオイルは、消防法上の危険物第 4 類に相当するものもあり、基礎免震・中間層免震にかかわらず、「火災発生の危険性が大きい」または「火災拡大の危険性が大きい（燃焼速度が速い）」、もしくは「消火の困難性が高い」と判断される場合がある。このことから、各消防本部によっては市町村火災予防条例による少量危険物施設や消防法の一般取扱所としての規制を受けることもあり、その設置数や設置場所を踏まえて、運用がなされていた。

　このため、JSSI の防耐火部会では、オイルダンパーが火災時にどのような性状を示し、消火活動に対してどのような影響を及ぼすかを確認することが必要であると判断し、火災のフェーズ予測と一連の実験・解析検討を行った。その結果、火災時に消防隊へ及ぼす危険性は少ないと想定され、その結果を「免震・制振用オイルダンパーの火災時挙動報告書」としてまとめた。

　この成果を受けて、平成 28 年 3 月に消防庁より「建築物に設置された免震用オイルダンパーの取扱いについて」の通知[1]が各都道府県・消防機関宛に発信され、免震・制振用オイルダンパーは、次のように運用されることとなった。

第8章 ████████

> 　建築物に設置された各免震用オイルダンパーのうち、第3石油類等の危険物を取り扱うもので、次の各号の要件に適合するものにあっては、火災危険性が小さいと考えられることから、当該オイルダンパーを一の取扱場所※1として差し支えない。また、いわゆる制振（震）用オイルダンパーのうち、第3石油類等の危険物を取り扱うもので、次の各号の要件に適合するものにあっても、同様の取扱いとして差し支えない。
>
> 　　1. 取り扱う危険物は、指定数量※2の5分の1未満の高引火点危険物（引火点が100度以上の第四類の危険物）であること。
> 　　2. 円筒状の鋼製シリンダー及びその付属部分に危険物が密閉されているものであること。

※1　一の取扱場所：ダンパー単体（1基）ごとに危険物の数量を算定し、他のダンパーと危険物の数量を合算する必要はない。
※2　指定数量：危険物について、その危険性を勘案して危険物の規制に関する政令で定める数量（種別・品名により異なる）。指定数量以上の危険物の貯蔵・取扱いは、消防法の規制を受ける。（例えば、第四類危険物，第三石油類の場合の指定数量は2000ℓ）[2]

　今後は、上記の通知に基づく運用がなされることとなるが、「免震・制振用オイルダンパーの火災時挙動報告書」では、以下の考え方を示していることに留意されたい。

　火災加熱を受けるオイルダンパーの火災性状は、温度が徐々に上昇し、外側の鋼材が熱膨張すると同時に剛性が低下しながら強度を失っていく。一方、内部のオイルは沸騰し内部圧力が上昇することで装置の弱点を損傷させ、オイルを外部に放出して圧力を解放するという過程をたどると想定される。この際に、建物や在館者や消防隊に影響を及ぼすのは、漏れ出たオイルの燃焼と、急激な加熱による装置の爆発である。

　これに関しては、漏れ出たオイルの発熱量は通常の建物の可燃物に比べると発熱量は小さいと考えられる。一方、装置の爆発に関してはオイルダンパーの燃焼試験と常温過加圧試験および圧力シミュレーションの結果から、内部圧力の上昇によりオイルが放出されることで圧力が解放されるため、消防隊の生命に影響するような「きわめて高い圧力を伴う燃焼」や「金属が破片状になって飛び散る破壊」は発生しないことが判明した。また、その破壊挙動は常温時の過加圧試験とほぼ同じであることが確認できた。

　今回の実験は局所火災を想定したもので、通常の建築空間で起こる盛期火災に対する安全性を担保するものではないが、装置の破壊挙動はほぼ同様と考えられる。したがって、過加圧状態を作り出す常温負荷圧力試験は、火災時の破壊状況を模擬できることから、加熱試験が実施できない場合には、装置の爆発現象を負荷圧力試験で推定することが可能であると考えられる。

　一方、盛期火災での挙動は、報告書の適用外であるが、各ダンパーの弱点からオイル漏れが発生し、圧力低下した後に残留しているオイルが継続的に流出するものと考えられる。

　報告書は、全ての免震・制振用オイルダンパーの挙動を説明するものではなく、ダンパーの火災時の性状や安全性に対する考え方を示したもので、具体的なその挙動や安全性については、各製作会社が証明するものである。また、火災時のダンパーの安全性を確保するためには、加熱による圧力上昇を抑える機構を設置する事や、火災時に消火活動を妨げないように弱点となる箇所の方向性（オイルの吹き方向）に配慮するなどは、安全性を高める方法として有効な手段と考えられる。以下に、本報告書の概要を解説する。

8.2 オイルダンパーの構造

　オイルダンパーはシリンダー構造により、片ロッド型および両ロッド型に大別される。免震用オイルダンパーは大きなストロークを実現するために、ピストンロッドがピストンに対して片側のみに伸びた片ロッド型の構造をしており、制振用オイルダンパーは、ピストンに対して両側にピストンロッドが配置された両ロッド型の構造をしている。いずれも、シリンダー内にオイルが格納され、減衰力発生時のシリンダー内圧力の上昇によるオイル漏れを防止するためにシリンダーの端部やピストンロッドの摺動部および給油ポートなどにシール材が設置されている。免震・制振用オイルダンパーの構造（例）を表 8.2.1 に示す。

表 8.2.1　免震・制振用オイルダンパーの構造（例）

製作会社	1. 免制振区分	免震	構造
A社			
	2. 型式	BDS 型	
	3. シリンダー構造	片ロッド・低圧型（空気室あり）	
	4. 給油ポート位置	ピストンロッド蓋、軸方向	
	5. オイル	名称	JX 日鉱日石　ダンパオイル N10
		使用量	4～209 [ℓ]
	6. シール　構造／材質／耐熱温度	ロッド部	ロッドパッキン／HNBR／≦350℃
		シリンダー部	O リング／HNBR／≦350℃
		給油ポート部	O リング／HNBR／≦350℃
B社	1. 免制振区分	制振	構造
	2. 型式	HZ 型　および　BR 型	
	3. シリンダー構造	両ロッド・高圧型	
	4. 給油ポート位置	シリンダー上側	
	5. オイル	名称	TEKOHR-50
		使用量	4～19 [ℓ]
	6. シール　構造／材質／耐熱温度	ロッド部	ロッドパッキン／NBR／≦330℃
		シリンダー部	O リング／NBR／≦330℃
		給油ポート部	O リング／NBR／≦330℃

8.3 要求性能と火災時挙動の検証方法概要

8.3.1 火災時におけるオイルダンパーに要求される性能

　免震・制震用のオイルダンパーは、地震時におけるエネルギーの吸収および変位抑制を目的としており、積層ゴム支承やすべり支承のように火災時においても建物の長期荷重を支持するといった耐火性能は求められていない。しかし、消防法でオイルダンパー内のオイルが危険物と指定される場合は、「火災発生の危険性が大きい」、「火災拡大の危険性が大きい（燃焼速度が速い）」、「消火の困難性が高い」と判断される。

　火災時にオイルダンパーに要求される性能は、可燃物としての建物・在館者への影響や火災時挙動の影響を考慮すると、以下の項目となる。

　① 火災時に、在館者の避難を妨げない。
　② 火災時に、消火活動を妨げない。

8.3.2 火災時挙動の検証方法

　オイルダンパーの火災時挙動の検証方法は、図 8.3.1 に示す検証フローに基づき実施している。

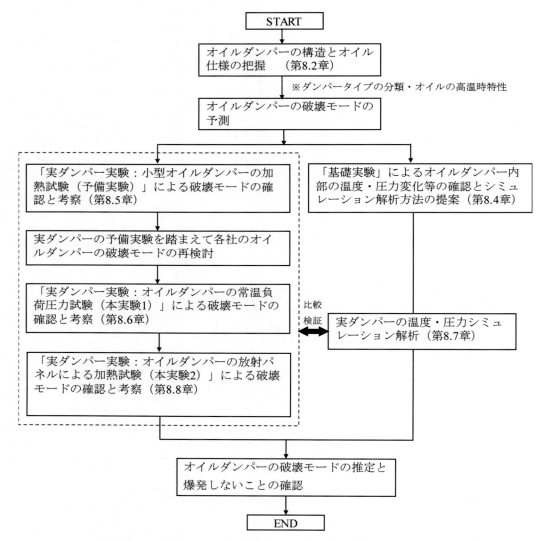

図 8.3.1　オイルダンパー火災時挙動の検証フロー

8.4 ダンパーオイルの基礎実験および数値解析の比較

8.4.1 実験概要と解析結果

オイルダンパーを模擬した小型圧力容器内に、オイルダンパーに用いられる代表的な鉱物油またはシリコーンオイルに空気を封入し、ヒーターにより圧力容器を加熱することで封入空気量における温度と容器内圧力の関係を確認した。実験装置図を図8.4.1に、また実験に用いたオイルの概要とオイルの物性を表8.4.1、表8.4.2に示す。

表8.4.1 試験体仕様

試験体	呼称	製作会社	種類	引火点（℃）	外観上の特徴
S01	シリコーンオイル A	A 社	シリコーンオイル	≧300	低粘度
S02	シリコーンオイル B	B 社	シリコーンオイル	≧300	高粘度
M01	HOD-32	C 社	鉱物油	≧246	透明
M02	N10	D 社	鉱物油	≧164	透明
M93	ライトオイル5号	E 社	鉱物油	≧130	極薄褐色

表8.4.2 試験体に用いたオイルの物性値

種類	比重 kg/m^3	体積膨張率 ×10^{-3}/℃	比熱 kJ/kgK	圧縮率 GPa	表面張力 kg/m
シリコーンオイル	950	0.954	1.851	1.65	20.5
鉱物油	950	0.754	1.934	1.60	29.7

実験結果の代表として、図8.4.2に試験体M02における封入空気量と温度および容器内圧力関係の実験結果を示す。また図中には、空気量（％）、温度、容器内圧力およびオイルの物性を考慮した集中定数モデルによる数値解析結果の比較を示す。この結果、空気量（γ）の占める割合が小さい場合は、解析結果と実験結果はよく一致しているが、空気量の占める割合が大きい場合には、オイルへの空気溶解速度の影響により、100℃程度までは解析結果の方が容器内圧力の上昇が若干早い傾向にあるが、温度の上昇に伴い実験結果とよく一致してくることが分かる。これより、高温状態におけるシリンダー内の限界圧力状態を評価するには、本解析方法を用いることでオイルダンパーの圧力上昇を安全側に評価することが可能と考えられる。

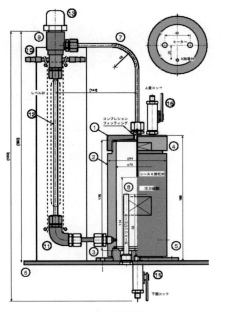

図 8.4.1 実験装置図

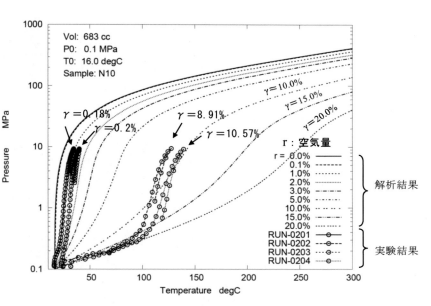

図 8.4.2 解析結果と実験結果の比較（試験体 M02）

8.5 住宅用免震オイルダンパー（小型オイルダンパー）の加熱試験

火災を想定した検証試験として発火温度と燃焼状況を確認するために、小型の住宅用免震ダンパーを用いて燃焼試験を実施した。

8.5.1 供試体ダンパー

図 8.5.1 に、試験に用いたダンパーの構造を示す。試験設備の限界から供試体ダンパーは、小型の住宅免震ダンパー（型式 JD30500-L-40-C）を用いた。ビル用の免震ダンパーは 100ℓ～200ℓ の作動油を用いるが、本ダンパーの油量は約 2ℓ である。また本ダンパーは、強風時の居住性を確保するために、電気でオン―オフするソレノイド弁（ロック機能）を有している。

8.5.2 試験方法および条件

加熱試験用治具にダンパーを設置し、外部（下側）から加熱することでダンパーの温度を上昇させ、ダンパーに生ずる現象を確認した。

- ① 試験場所　　　　：消防庁　消防研究センター
- ② 燃焼エネルギー：3MW（平成 12 年建設省告示 1433 号に規定される局所火源）
- ③ 試験時間　　　　：約 37 分
- ④ 試験温度　　　　：700～1000℃程度
- ⑤ 燃料　　　　　　：ヘプタン（約 162ℓ）
- ⑥ 加熱試験用治具：鉄製のフレームでダンパーを支持した（写真 8.5.1 参照）。また、支持フレームの熱溶融を防ぐためにフレームには耐火被覆を施した。
- ⑦ 温度計測器　　　：熱電対（K 型）ダンパー表面温度 3 箇所、雰囲気温度（炎内）3 箇所
- ⑧ 計測機器　　　　：デジタルオシロレコーダー、ビデオ

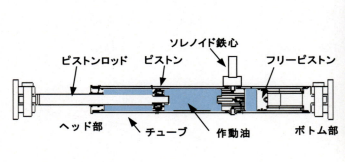

図 8.5.1 供試体ダンパー構造図

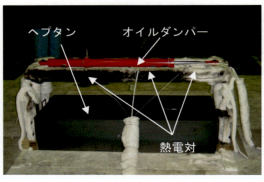

写真 8.5.1 試験治具設置図

8.5.3 試験結果

試験の安全性を確認するために予備燃焼試験を実施した後、ヘプタンの燃焼により燃料が燃え尽きるまで加熱試験が実施され、下記の試験結果を得た。

- ・試験温度：700～1000℃程度
- ・試験時間：約 37 分
- ・燃焼状態：表 8.5.1 に時間経過と燃焼状態を示し、また図 8.5.2 に各温度計測点の時刻歴変化と ISO 加熱標準曲線を、写真 8.5.2、写真 8.5.3 にその時の状況を示す。

・試験状況

表 8.5.1 時間経過と燃焼状態

経過時間	燃焼状態
約 2 分	リリーフ弁付近より炎が噴出
約 6 分 40 秒	シリンダボトムより炎が噴出
約 7 分 20 秒	シリンダヘッドより炎が噴出（写真 8.5.2）
約 8 分	ソレノイド鉄心部より炎が噴出（写真 8.5.3）
約 10 分 40 秒	ダンパーからの炎の噴出が消える（内部の油がなくなった）
約 39 分	ダンパーからの炎の噴出が消えてから、加熱が完了するまで変化無し。

以上の結果から、オイルダンパーを燃焼させた場合、強度的に弱いシール部分が破損し、これにより内部の油が流出して燃焼したが、燃焼により圧力が低下するために、チューブが飛散するような爆発は発生しないことがわかった。

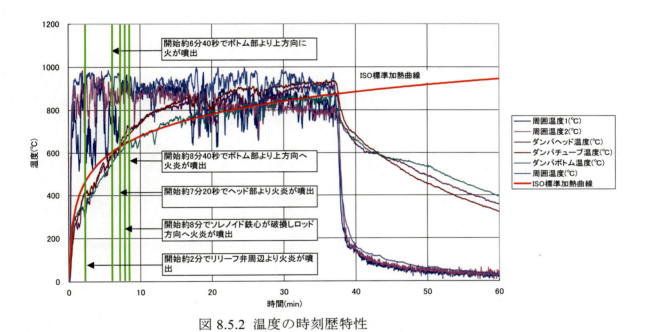

図 8.5.2 温度の時刻歴特性

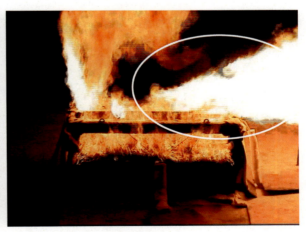

写真 8.5.2 約 7 分 20 秒後　　　　写真 8.5.3 約 8 分後
シリンダヘッドより炎が噴出　　　　ソレノイド部より炎が噴出

8.6 免震・制振用オイルダンパーの常温負荷圧力試験

火災加熱によりダンパー内のオイルが膨張し、内圧が高くなることを想定したダンパーの破壊挙動を確認するために、実大の免震・制振用オイルダンパーの用いた常温負荷圧力試験を実施した。ただし常温状態での負荷試験では、火災加熱によるシール類の軟化または破損による油漏れを考慮していない。したがって実際の火災時よりも高い内圧状態でのオイルダンパーの破壊挙動を検証していることになるため、最も条件の厳しい試験と考えられる。

8.6.1 制振用オイルダンパー

(1) 供試体ダンパー

図 8.6.1 に制振ダンパーの構造概要を示す。内部圧力上昇による破壊挙動の確認が目的のため、供試体ダンパーには調圧弁（減衰力発生部）は付いていない。アキュムレータは作動油の温度変化による体積変動を吸収する装置で、通常は高圧とはならないが、製作会社ごとに設計方法の違いがあり、耐圧性能も異なる。そのため、アキュムレータが破壊する場合と、アキュムレータ以外が破壊する場合があることを想定し、アキュムレータ有りと無しのダンパーを各1本ずつ準備した。また、加圧治具は最大油圧 250 MPa まで加圧可能なハンドポンプを用意し、油圧ホースを介し給油ポートに接続した（写真 8.6.1）。

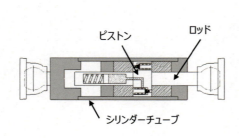
図 8.6.1 制振ダンパー構造概要図

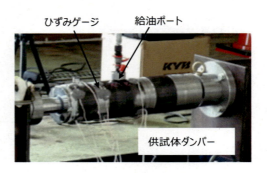
写真 8.6.1 試験状況

(2) 試験結果

アキュムレータの有り無しともに、負荷圧力約 120 MPa で、給油ポート部分から作動油が噴出した。これは、負荷圧力の上昇とともに給油ポート部分の塑性変形が進み、ネジとの隙間からオイルが噴出したと考えられる。図 8.6.2 に円周方向ひずみと載荷圧力のグラフを示す。同図から 120 MPa でひずみ値が急激に増大し始めていることが確認できる。

8.6.2 免震用オイルダンパー

(1) 供試体ダンパー

供試体ダンパーには、免震用ダンパー（BDS1201200-B-1、ストローク ±600 mm）を用いた。図 8.6.3 に免震ダンパーの構造を、図 8.6.4 に O リング部の構造を示す。

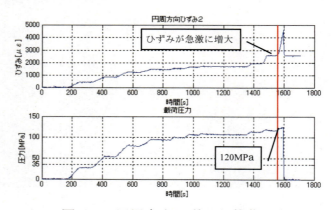
図 8.6.2 円周方向ひずみと載荷圧力

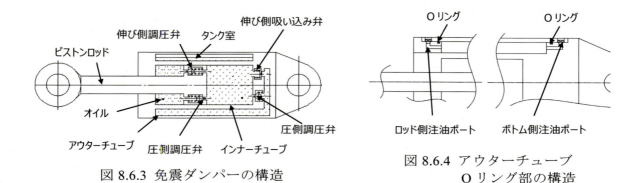

図 8.6.3 免震ダンパーの構造

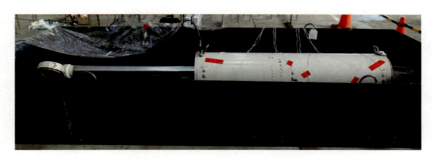

図 8.6.4 アウターチューブ
O リング部の構造

写真 8.6.2 試験状況

(2) 試験結果
① 6 MPa 付近でロッド側のフランジにずれが発生。
② 8 MPa でロッド側注油ポート（ホース取付部）付近より油漏れしていることを確認。
③ アウターチューブがロッド側にずれ、フランジとの間に約 5 mm のすき間が発生。
④ 10 MPa まで加圧し、ロッド側およびボトム側フランジ部より、にじみ出るような油漏れが発生。
⑤ その後さらに加圧したが、圧力の上昇はなかった。（ポンプ吐出と漏れ量により圧力上昇しない）

オイル漏れ時の状況を写真 8.6.3 に示す。

オイル漏れの原因は、アウターチューブの膨らみにより、シールとアウターチューブのすき間が増大し、このためシール性能が低下したものと考えられる。

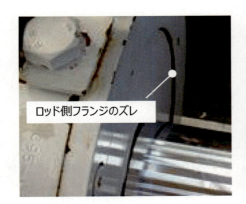  

写真 8.6.3 オイル漏れ状況

8.7 シミュレーション解析

オイルダンパーが火災加熱により爆発しないことを検証するための手法として、密閉容器内のオイルの温度上昇と圧力上昇の関係を求めるP-Tシミュレーション解析プログラムを、国士舘大学理工学部 岸本教授に委託した。

本プログラムは、オイルダンパーの各諸元を選択または数値入力することで、熱挙動を予測することが可能である。表8.7.1の入力内容で解析を行なった免震用オイルダンパーの解析事例を示す。

オイルダンパーの内部圧力と温度関係を図8.7.1に、リザーバタンク内の空気の体積変化を図8.7.2に示す。オイルの温度上昇が約240℃を超えると内部圧力は8 MPaに達し、オイルの体積膨張によりリザーバタンク内の空気が圧縮され、オイルに溶解して体積がゼロ（図8.7.2）になるため急激に圧力上昇することがわかる。

表 8.7.1 P-T シミュレーション入力内容

項目	単位	入力内容 ビル用免震オイルダンパー (Fmax:1000kN)	入力方法
容器の形状		片ロッド付円筒形	選択項目
内長 L	mm	1200	数値
側面肉厚 ⊿D/2	mm	7	数値
内径 D	mm	390	数値
ロッド径 Di	mm	120	数値
容器材質		構造用鋼材	選択項目
アキュームレータ有無		なし	選択項目
リザーバタンク有無		有り	選択項目
リザーバタンク容量Vopt	Liters	0	数値
内容積V	Liters	(160.5)	自動計算
内容積調整容量V	Liters	23.935	数値
容器材質		構造用鋼材	選択項目
容器内空気量	Liters	24.5	数値
内容積オイル量	Liters	(136.0)	自動計算
オイルの種類		鉱物油	選択項目
初期温度	℃	20	数値
初期圧力	MPa	0.1	数値（絶対圧力）
初期ガス溶解量	mg/kg	0	数値
ガス溶解割合		0.01	数値
計算終了温度	℃	800	数値
計算終了圧力	MPa	1000	数値（絶対圧力）
漏れシミュレーション		なし/P-T計算後漏れ	選択項目
孔等価直径	mm	－/6.0	数値
洩れはじめ温度	℃	240	数値
洩れはじめ圧力	MPa	8	数値（絶対圧力）

（注）(　　) 内の数値は自動計算結果を示す。

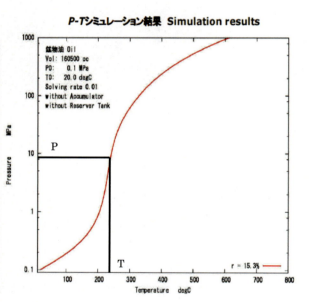

図 8.7.1 温度－圧力関係

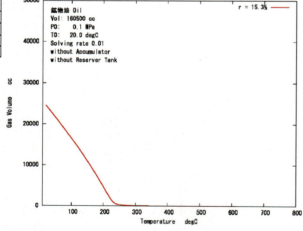

図 8.7.2 温度－気相体積

8.8 免震・制振用オイルダンパーの放射パネルによる加熱実験

オイルダンパーの高温時性状について実機を用いた加熱実験を行い、爆発的な燃焼などの危険性が高いものではないことを証明すると共に、高温時挙動について基本的な性質の把握を行うことを目的として、放射パネルによる加熱試験を行う。

8.8.1 実験概要

東京理科大学所有の ICAL 試験装置（放射パネル）にて加熱実験を行う（写真 8.8.1）。また、パネルヒーターと試験体の離隔距離に対する入射熱流束の関係を図 8.8.1 に示す。放射パネルと試験体の距離を変化させることにより、試験体への入熱量を制御して、図 8.8.2 のように配置して加熱実験を行う。

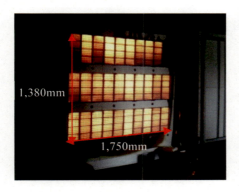

写真 8.8.1 ICAL 試験装置（放射パネル）

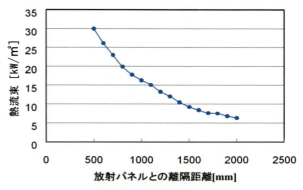

図 8.8.1 離隔距離に対する入射熱流束

8.8.2 実験方法

(1) 加熱条件

図 8.8.3 に示すように、20 分ごとに 5 kW/m² で 20 分、最終的には 35 kW/m² 加熱（試験体直近の雰囲気温度（放射率 1.0 の理論値）は 613℃）で連続する。図 8.8.1 より、パネルヒーターと試験体との距離は 2300 mm から最終的には 400 mm となる。

(2) 観測・測定

実験時は以下の観測・測定を行う。
① 目視によるオイル噴出や火炎状況の観察
② サーモカメラによる試験体温度の観察
③ 熱電対による外部試験体温度の測定
④ 内部オイルの熱電対による温度の測定
⑤ 内部オイルの圧力計による圧力の測定

(3) 熱電対（計測）位置

熱電対・歪ゲージは、図 8.8.4 および図 8.8.5 に示す点で計測を行う。ただし、各試験体は、

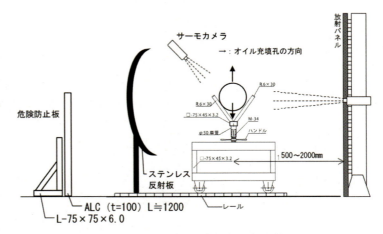

図 8.8.2 放射パネルと試験体の配置

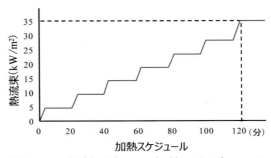

図 8.8.3 放射パネルの加熱スケジュール

製作会社により寸法が異なるため、アウターチューブのロッド方向に等間隔となるように2〜5点、また、その点の周方向に4点の計測点となるようにセットした。

○免震用　例　＜BDS90500＞　アウターチューブ　φ318　Lmax 1900mm

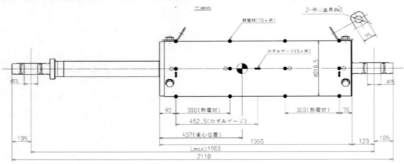

図 8.8.4　免震用オイルダンパーの計測位置（歪ゲージ・熱電対）

○制振用　例　＜H052P＞　アウターチューブ　φ177　Lmax 1370mm

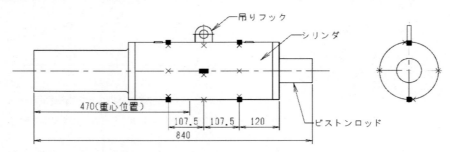

図 8.8.5　制振用オイルダンパーの計測位置（歪ゲージ・熱電対）

(4) その他

各試験体はそれぞれ弱点となる部分（先行してオイルが漏れる箇所）が違うと想定されるため、温度測定と目視観測を常に行い、以下のような燃焼になる場合は加熱を終了する。

・火柱が放射パネル近傍まで至る場合
・先行してオイルが漏れないような状況に至る場合

8.8.3 試験体

試験体の一覧を表 8.8.1 に示す。

表 8.8.1　試験体一覧

製作会社	試験体 NO	免震用ダンパー	制振用ダンパー	仕　様		構　造	作動油
A社	①	－	1	500 kN	ストローク±80 mm	両ロッド・高圧型	鉱油
B社	②	1	－	320 kN	ストローク±420 mm	片ロッド・ユニフロー	鉱油
	③	－	1	500 kN	ストローク±110 mm	両ロッド・高圧型	鉱油
C社	④	1	－	500 kN	ストローク±250 mm	片ロッド・バイフロー	鉱油
D社	⑤	－	1	500 kN	ストローク±80 mm	両ロッド・高圧型	シリコーンオイル
E社	⑥	－	1	300 kN	ストローク±80 mm	両ロッド・高圧型	シリコーンオイル
F社	⑦	1	－	750 kN	ストローク±250 mm	片ロッド・バイフロー	鉱油
（G社）	⑧	－	1	500 kN	ストローク±80 mm	両ロッド・高圧型	鉱油

8.8.4 実験結果概要

各試験体に同じ試験を行った結果、ほぼすべての試験体が以下の性状を示した。
① 試験体が爆発燃焼することはなかった
② 35 kW/m² の加熱を継続して 30 分以降（試験開始から 2 時間半以降）に、予め検討していた弱点部（シール材など）からオイル漏れが起こり、内部圧力の急速な低下により安定した状態に復帰した
③ 内部オイルの温度は、引火点下限値の 150℃付近を超えているが、爆発的に燃焼することはなかった

以上のことより、実大オイルダンパーを用いた加熱試験でも爆発は発生せず、常温負荷試験で予想した弱点部（シール材部）からのオイル漏れで、一気に安定状態に戻りまた噴出したオイルも大規模に燃焼することはなかった。
以下に実験結果概要の一例を示す。

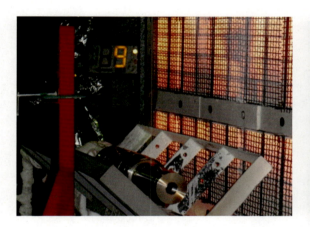
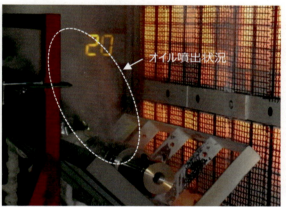

写真 8.8.2 ①-1 実験終了直前とオイル噴出時の写真（制振用）

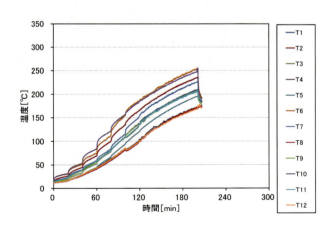
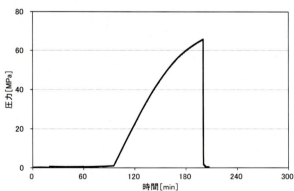

図 8.8.6 ①-2 温度と圧力のデータ（制振用）

第8章

写真 8.8.3 ②-1 実験終了直前とオイル噴出時の写真（免震用）

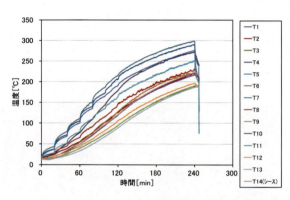
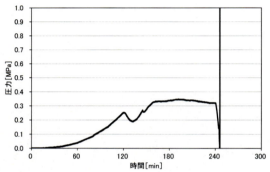

図 8.8.7 ②-2 温度と圧力のデータ（免震用）

写真 8.8.4 ⑥-1 実験終了直前とオイル噴出後の写真（制振用）

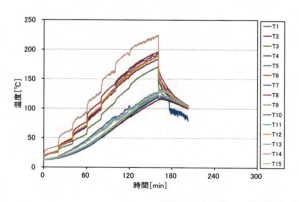
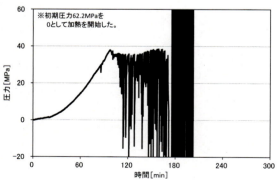

図 8.8.8 ⑥-2 温度と圧力データ（制振用）

- 204 -

8.9 免震・制振用オイルダンパーの運用基準について

免震・制振用オイルダンパーは本章の 8.1 に記載の通り、消防庁より「建築物に設置された免震用オイルダンパーの取扱いについて」の通知が各都道府県・消防機関宛に発信され、運用が開始している。

本通知の運用に当たっては、JSSI が実施した図 8.3.1 のオイルダンパー検証フローによる一連の試験・評価（「免震・制振用オイルダンパーの火災時挙動報告書」）に基づいているが、JSSI では、報告書が全ての免震・制振用オイルダンパーの挙動を説明するものではなく、その挙動や安全性については各製作会社が証明するものであると考えている。

したがって、通知にあるダンパーに該当するものは、以下に示す運用基準を満足することが望ましい。

8.9.1 運用基準

流体系ダンパーにおいて、第 3 石油類等の危険物に該当するもので、消防危第 42 号（平成28 年 3 月 23 日）の通知に該当させる場合は、検証フローに基づき下記の 1)〜3)の全てを実施することを推奨する。しかし、2)の加熱試験が実施できない場合は、1)の常温負荷圧力試験による試験を実施することで、火災時の挙動と安全性を証明してもよい。なお、1)のみ実施する場合でも 3)の シミュレーション解析による検証を実施することが望ましい。

1) 常温負荷圧力試験

常温負荷圧力試験は、加熱時の高温による容器の耐力低下やシール材の軟化などが考慮されていない。したがって、この試験から得られる結果は実際よりも大きな値となることを考慮して実機の静的な負荷圧力試験を実施し、オイル漏れなどの終局状態を把握すること。また、容器の破損やオイル漏れが発生しないものについては、十分な安全性が確認できる範囲までの試験を実施する。その場合は、火災時における容器の圧力やシールの限界温度をシミュレーション解析などで検討し、常温負荷圧力試験が火災時に対し安全側の評価であることを確認する。

2) 加熱試験

加熱試験による方法は、ヘプタンなどによる加熱試験や放射パネルによる加熱試験または標準加熱曲線による加熱炉を用いた加熱試験などがあるが、終局状態が確認できればどの方法を選択してもよい。ただし、加熱試験を実施する場合でも、常温負荷圧力試験は実施することとする。

3) シミュレーション解析

JSSI では、温度-圧力などの相関をシミュレーション解析できるソフトを開発している。前記 1)、2)を実施する場合でも、JSSI が開発したソフトまたは、同等以上（文献 [3] の温度-圧力の熱挙動解析手法）の計算手法による検証が望ましい。なお、本ソフトは、JSSI の会員の場合は、無償にて提供している。詳細は JSSI の事務局に問い合わせされたい。

参考に、上記の 1) 〜3)の検証条件を満たすダンパーを保有している製作会社一覧を表 8.9.1 に示す。なお、新規開発品や仕様の設計変更などを行い、火災時挙動が異なると予想される場合は、再度検証を行う必要がある。

第8章

表 8.9.1 製作会社リスト一覧

会社名	担当所属	住所	電話番号
カヤバ システム マシナリー株式会社	三重工場　技術部	〒514-0396 三重県津市雲出長常町 1129-11	059-234-4113
株式会社高環境エンジニアリング	ｴﾝｼﾞﾆｱﾘﾝｸﾞ事業部 免制震部	〒151-0051 東京都渋谷区千駄ヶ谷 4-30-3	03-5413-6222
センクシア株式会社	デバイス営業部 ダンパグループ	〒135-8363 東京都江東区東陽 2-4-2	03-3615-5424
日立オートモティブシステムズ株式会社	走行制御事業部 車両・制振設計部	〒252-1121 神奈川県綾瀬市小園 1116	0467-70-0804
三和テッキ株式会社	技術本部 開発第 2 部	〒329-1192 栃木県宇都宮市中岡本町 2703	028-673-0732
株式会社川金コアテックおよび 光陽精機株式会社	技術部　設計課	〒300-4515 茨城県筑西市倉持 422	0296-52-1311

【参考文献】

1) 総務省消防庁：「建築物に設置された免震用オイルダンパーの取扱いについて」，消防危第 42 号，平成 28 年 3 月 23 日

2) （一社）日本免震構造協会編：「設計者のための免震・制震構造ハンドブック」6.8 消防法，pp.44-45，2014 年 7 月 20 日

3) 岸本健：「ダンパーオイルの容器内熱挙動解析」，国士舘大学理工学部紀要，No5， pp.1-11，2012，3

4) 藤田啓史，荻野伸行，岡﨑智仁，池田憲一，可児長英：免震・制振用オイルダンパーの火災時挙動（その 1）火災時挙動の検証方法および基礎試験結果,日本建築学会学術講演梗概集 B-2，pp.117-118，2013.8

5) 露木保男，山本康裕，猪口敏一，増田直巳：免震・制振用オイルダンパーの火災時挙動（その 2）住宅用免震オイルダンパーの加熱試験，日本建築学会学術講演梗概集 B-2，pp.119-120，2013.8

6) 猪口敏一，讃井洋一，露木保男，小竹祐治，加奈森聡，袖山博：免震・制振用オイルダンパーの火災時挙動（その 3）制振用オイルダンパーの常温負荷圧力試験，日本建築学会学術講演梗概集，pp.121-122，2013.8

7) 讃井洋一，猪口敏一，藤田啓史，可児長英，岡﨑智仁，藤雅史：免震・制振用オイルダンパーの火災時挙動（その 4）免震用オイルダンパーの常温負荷圧力試験およびシミュレーション解析，日本建築学会学術講演梗概集，pp.91-92，2016.8

8) 猪口敏一，荻野伸行，染谷朝幸，池田憲一，讃井洋一，原敏志：免震・制振用オイルダンパーの火災時挙動（その 5）放射パネルによる加熱試験 免震用オイルダンパー加熱試験結果,日本建築学会学術講演梗概集，pp.93-94，2016.8

9) 袖山博，小竹祐治，加奈森聡，足立佳彦，讃井洋一，増田直巳：免震・制振用オイルダンパーの火災時挙動（その 6）放射パネルによる加熱試験 制振用オイルダンパー加熱試験結果，日本建築学会学術講演梗概集，pp.95-96，2016.8

Q1　耐火設計におけるルート A、ルート B、ルート C の違いは何か。

Q2　鉛プラグ入り積層ゴム支承は、大きな地震を受けると発熱するが、耐火被覆で覆ってしまうと放熱が妨げられゴムに影響しないか。

Q3　同じ製作会社の免震部材でも、JSSI が発行している「耐火構造用性能担保温度確認済み免震材料一覧」に記載があるものと、ないものがあるがその理由は。

Q4　免震部材の耐火被覆において、支承形状（丸形断面と角形断面）による取り扱いの違いは。

Q5　免震層の防火区画における、免震スリットの取り扱いは。

Q6　耐火被覆材に用いられる、けい酸カルシウム板（JIS A 5430：けい酸カルシウム板タイプ 3）の耐用年数は何年か。
　　免震部材の耐火被覆材を、屋外で使用することは可能か。また、雨水などが被覆材の内側に浸入した場合の問題点は。

Q7　免震層の鉛直クリアランスと耐火被覆鉛直クリアランスは、同一である必要があるか。

Q8　免震材料を含む柱の耐火構造の認定は、免震部材上部構造体が SRC 造、下部構造体が RC 造の場合、当該認定を適用することはできるか？　また、上部ベースプレートと S 造梁が連続している場合の扱いは。

Q9　耐火被覆が施された免震部材の定期点検については、どのように考えればよいか。

Q10　免震部材用耐火被覆構造認定に、新たな免震部材を追加更新する方法は。

Q11　免震部材の設計変形量は以前より大きくなっている。耐火被覆のクリアランスを考慮するうえで、過去の地震で実際にどの程度動いたのか。

Q12　中間層免震の、これまでの実績と今後の推移はどうなるか。

Q&A

| Q1 | ：耐火設計におけるルートA、ルートB、ルートCの違いは何か。 |

| A | 　耐火設計におけるルートA、B、Cは、建築物を耐火建築物として認可を受ける場合の手続き申請の違いを示したもので、どのルートを採用するかでその難易度は大きく異なる。一般的にはルートCが最も難しくなるが、一方では耐火材料や耐火工事におけるコストダウンが図れるなどメリットも大きい。 |

　一般的な基礎免震構造の建物は、免震部材が基礎の一部とみなされ、建築基準法でいう主要構造部（柱、床、はり、壁、屋根、階段）に該当しないため、免震部材に耐火性能は要求されない。しかし、免震建物を中間層免震とする場合は、免震部材が柱の一部であると解釈されることから、柱としての耐火性能が要求される。

　耐火建築物として建築確認を受ける場合の一般的な考え方と各ルートの違いは第 1 章 1.1.2 項に、また中間層免震建物としての各ルートの適用方法と具体的な検討方法が 5.2 節に詳細に述べられている。ここでは中間層免震建物を例として、各ルートの違いについてその概要を解説する。

〈ルート A〉

　ルート A は仕様規定と呼ばれ、火災の規模や建物用途に関係なく、火災外力と主要構造部の要求耐火時間および要求耐火性能が設定されているものである。図 Q1.1 は仕様規定における火災外力として火災時の温度と時間の関係を示したもので、これを標準加熱曲線という。表 Q1.1 は、建築物の主要構造部に要求される耐火時間を示したもので、建物階数によって要求される時間が異なる。

　例えば、中間層免震建物では、免震部材は柱としての耐火時間が要求される。免震層より上の階が 14 階以上の場合（または、「免震層が最上階から数えて 15 以上の階にある場合」）は、要求耐火時間 3 時間が設定され、標準加熱曲線の 3 時間（180 分）での火災に対して耐火性能を満足する必要がある。この時に柱として要求される耐火性能は表 Q1.2 に示す値を満足することが条件となる。実際の設計においては、平 12 建設省告示第 1399 号に示される耐火構造または、国土交通大臣の認定を受けた 3 時間の耐火被覆構造を適用することになる。これにより、煩雑な手続きをする必要なく建築確認申請をすることができる。したがって、耐火構造認定を取得している製品を用いることが最も簡便で、早い方法となる。ただし、免震部材の上下の柱には認定時に条

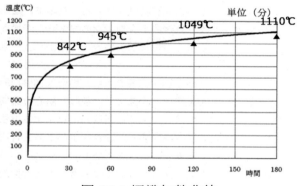

図 Q1.1 標準加熱曲線

表 Q1.1 主要構造部の要求耐火時間

建物の階数	耐力壁である間仕切壁	耐力壁である外壁	柱	床	はり	屋根	階段
最上階及び最上階から数えた階数が 2 以上で 4 以内の階	1時間	1時間	1時間	1時間	1時間	30分間	30分間
最上階から数えた階数が 5 以上で 14 以内の階	2時間	2時間	2時間	2時間	2時間		
最上階から数えた階数が 15 以上の階	2時間	2時間	3時間	2時間	3時間		

1. この表において、第 2 条第 1 項第 8 号の規定により、階数に算入されない屋上部分がある建築物の最上階は当該屋上部分の最上階とする。
2. 前号の屋上部分については、この表中最上階の部分の時間と同一の時間によるものとする。
3. この表における階数の算定については、第 2 条第 1 項第 8 号の規定に関わらず、地階の部分の階数は、すべて算入するものとする。

件が付加されているため、この条件に従った設計が必要となる。この条件については認定取得製品の建材製作会社に確認することが重要である。

〈ルートB〉

ルートBおよびルートCは、ともに性能設計と呼ばれ、主要構造部の耐火性能を直接的に確かめることにより、耐火性能を評価するものであるが、次のような違いがある。

表Q1.2 柱（免震材料を含む柱）の耐火試験方法の概要

部　位			柱			免震材料を含む柱		
要求耐火時間			1時間	2時間	3時間	1時間	2時間	3時間
加熱温度			$T = 345\log_{10}(8t+1) + 20$ T：平均炉内温度（℃）、t：試験の経過時間（分）					
載荷加熱試験		載荷荷重	常時鉛直荷重を支持する構造にあっては、原則として、構造耐力上主要な部分の断面に、長期許容応力度に相当する応力度が生じる荷重					
	判定（注）	最大軸方向収縮量（mm）	h/100 h：試験体の初期高さ(mm)					
		最大軸方向収縮速度（mm/分）	3h/1000 h：試験体の初期高さ(mm)					
加熱試験	判定（注） 鋼材温度	鉄筋コンクリート製パネル造、鉄筋コンクリート造等 最高	500℃以下			－		
		プレストレストコンクリート造 最高	400℃以下			－		
		鋼構造 最高	450℃以下			－		
		薄板軽量形構造 コンクリート充填鋼管構造 平均	350℃以下			－		
	免震材料の表面温度※ 最高		－			性能担保温度以下		

- ルートB：国土交通大臣が定めた「耐火性能検証法」により性能を確認する方法
- ルートC：高度な検証法を用いて性能を確認し、国土交通大臣の認定を受ける方法

ルートBでいう「耐火性能検証法」とは、施行令第108条の3および平12建設省告示第1433号にその考え方と算出方法が規定されている。その考え方は、免震層の用途（駐車場、店舗など）に対応して告示で例示された可燃物特性と、その空間の寸法・規模、開口条件、区画部材の熱的性質と燃焼特性から火災エネルギー（温度と時間の積）を算出し、その火災エネルギーを標準加熱曲線上での等価な火災エネルギーに換算し、その時の火災継続時間と温度を求め、この温度と時間に対して、免震部材の安全性を検証する方法である。しかし、免震部材の耐火構造については告示の例示記載が無く、検証するためには大臣認定を取得した耐火被覆構造を採用することとなる。

また、ルートBを採月する場合は、設計条件や使用できる構造部材が極端に限定されるため適用できない場合もあり、その場合はルートCを選択することになる。

〈ルートC〉

ルートCの考え方そのものはルートBと同じであるが、さらに告示で定められた告示式や値を用いず、新しい構造や材料を用いる場合に建築確認を取得する方法である。この方法は新たな方法（例えば有限要素法等）やデータを用いて耐火性能を詳細に検証することになるため、検証のための実験や方法が正しいかどうかの妥当性を検証する必要がでてくる。このため性能評価機関で「性能評価」を受け、その後に国土交通省の「大臣認定」を申請することになる。したがって多くの時間と費用、工数が必要となる。ルートCを選択するメリットは、防火区画もしくは無耐火とすることで耐火仕様のコストダウンや新たな免震部材を用いる場合の適用性を可能にするなどである。

以上のように、ルートBまたはルートCは少なからず初期投資が必要であるが、一度検証を実施し手法を整備しておくと、中間層免震建物の場合はそれほど多くのバリエーションがないことから、その後の作業は簡素化できる可能性がある。どのルートを選択するかは、建物の規模や用途さらには既存の免震部材を用いるか、新しい免震部材を用いるか、建物の建築費や工期などを勘案して建築主と設計者が判断して決めることとなる。

Q&A

Q2 鉛プラグ入り積層ゴム支承は、大きな地震を受けると発熱するが、耐火被覆で覆ってしまうと放熱が妨げられ、ゴムに影響しないか。

A 鉛プラグ入り積層ゴム支承（以下、LRB）や高減衰積層ゴム支承（以下、HDR）の場合、変形によって吸収されたエネルギーは熱エネルギーに変換され、主にLRBでは鉛プラグの温度上昇、HDRではゴムの温度上昇となって現れる。特に長周期・長時間地震動では変形量も大きく、また時間も長いためエネルギー吸収量も大きいと想定される。積層ゴム支承の温度上昇に伴う、特性変化については多くの報告例があるが、これらの前提は表面からの放熱条件がほとんどであり、積層ゴム支承を断熱材である耐火被覆で覆った場合の知見はほとんどない。

積層ゴム支承の地震時の温度上昇については、実大サイズのLRB（φ1000 mm）に通常の鉛径の1.25倍に当たるφ250 mmの鉛プラグを挿入した試験体に対して、告示波L-2の1.5倍（加振時間120秒）の模擬地震波による応答波加振実験[1), 2)]を行い、各部の温度を計測した結果が報告されている。

表Q2.1に試験体の構成を、またこの時の履歴特性と鉛プラグおよび鉛プラグ近傍のゴム温度、さらに鉛プラグとゴム表面部の中間位置の温度変化を計測した結果を図Q2.1、図Q2.2に示す。

この結果、最大応答振幅は約180 mm（せん断ひずみ約120%）で、この時の鉛の温度は最大で100℃程度まで上昇したが、鉛プラグ近傍のゴム温度は約40℃であった。また鉛とゴム表面間距離の中央部では、ゴム温度には大きな変化が見られなかった。なお鉛プラグの温度は、加振終了後20分程で20℃まで低下することが確認されている。

このことから、地震動の周期および継続時間や余震の発生頻度にもよるが、実際の積層ゴム支承は上下にコンクリート構造の躯体および基礎があり、これらへの熱伝達により耐火被覆層内の温度上昇は緩やかなものと想定される。

【参考文献】
1) 田上 淳、引田真規子、竹中康雄、梶原浩一、田原健一、高山峯夫、飯場正紀：大型震動台を用いた長周期地震動に対する実大免震部材の加力実験 その4：鉛プラグ入り積層ゴムの多数回繰り返し実験結果、日本建築学会大会学術講演梗概集（北海道）2013年8月
2) 村松晃次、猪野晋、日比野浩、小室務、仲村崇仁、和氣知貴：太径鉛プラグ入り積層ゴム支承の繰返し載荷試験 その1：試験計画および結果概要、日本建築学会大会学術講演梗概集（関東）2015年9月

表Q2.1 試験体の構成表

仕　様	単位	LRB
試験体直径	mm	φ1000
鉛プラグ直径	mm	250
積層ゴムせん断弾性率	N/mm²	0.39
ゴム一層厚さ	mm	6.3
ゴム層数	枚	26
ゴム総厚さ	mm	163.8
中間鋼板厚さ	mm	4.4
一次形状係数	－	40
二次形状係数	－	6.2

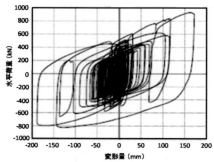

図Q2.1 地震応答特性

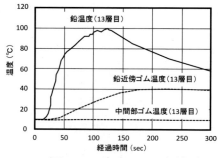

図Q2.2 各部の温度推移

Q3 同じ製作会社の免震部材でも、JSSI が発行している「耐火構造用性能担保温度確認済み免震材料一覧」に記載があるものと、ないものがあるがその理由は？

A JSSI が発行している「耐火構造用性能担保温度並びに共通試験体適合確認済み免震材料一覧」（以下、耐火免震材料一覧）とは、JSSI が定める耐火構造用性能担保温度の適用が可能である免震材料について、製作会社名、ゴム材料呼称、材料認定番号を記載したリストをいう。したがって、建材製作会社の耐火被覆構造（免震材料を含む柱）の耐火構造認定書には、この耐火免震材料一覧に記載されている各免震材料の材料認定番号が対応可能な免震材料として記載されている。図 Q3.1 は、材料認定から耐火免震材料一覧への記載、耐火構造認定書の更新認定までの流れを示したものである。免震材料として新たな製品が告示 1446 号の材料認定を取得した場合や、既存の製品でも一部仕様変更により新しく材料認定を取得したものについては、製作会社が希望する場合のみ JSSI で判定を行い、防耐火部会の承認を経て、耐火免震材料一覧にその製作会社名と材料認定番号が記載される。一方建材製作会社は、新たに追加された耐火免震材料一覧を指定性能評価機関に提出することにより、簡易手続で新たな材料認定番号を耐火構造認定書に追記することができる。

耐火免震材料一覧は前記のとおり、製作会社が申請したものに対して JSSI の審査に合格したものが記載される。したがって同一製作会社の製品であっても製作会社の意図によって記載するものと記載しないものがある。

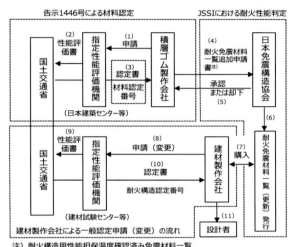

図 Q3.1 積層ゴムの材料認定から耐火構造申請までの流れ（例）

その理由としては概ね以下の理由が挙げられる。

1) JSSI の耐火性能判定基準を満たさない場合。
2) 耐火免震材料一覧は中間層免震建物に装置として適用する場合のみ必要なことから、製作会社がその装置を中間層免震建物には適用しないと判断した場合。
3) 一部の仕様変更（例えばサイズ拡大など）でも材料認定を取り直す必要があるが、旧材料認定番号は消滅するわけではない。しかし新しい材料認定番号品が旧認定番号品を包括するため、製作会社が意図的に旧材料認定番号を載せない場合。

また、耐火免震材料一覧に材料認定番号が記載されているが、条件付きのものもある。これは、材料認定は一つのゴム材料で一連のサイズ構成（φ600mm〜φ1600mm 程度）を認定品としているが、耐火判定基準の内容によっては一部のサイズのみが基準を満足しない場合がある。この場合は、「材料認定番号のうち〇〇サイズ、または〇〇仕様のものは除く」、という条件が付く場合があるため注意が必要である。耐火構造認定取得の際は最新版を確認することが大切である。

Q&A

Q4 免震部材の耐火被覆において、支承形状（丸形断面と角形断面）による取り扱いの違いは？

A 免震部材に耐火構造認定を適用する場合は、認定書の記載内容にしたがって使用する必要がある。耐火構造認定書の別添には、適用できる免震部材の材料認定番号や形状についても記載があるので、適用する際には必ず確認することが必要である。

　支承形状（丸形断面と角形断面）による取り扱いについては、耐火被覆の構造（タイプ）や認定取得時の評価方法によって異なるが、パネル式耐火被覆材の場合には、支承外周表面部から耐火被覆までの距離（離隔距離）に違いがあり、角形支承の場合は丸形支承よりも大きな離隔距離を必要とする。すなわち、丸形支承の直径と同じ長さの一辺を持つ角形支承に耐火被覆をする場合、耐火被覆の仕上げ寸法が丸形支承よりも大きくなるので注意が必要である。

【解説】
　免震部材を含む柱の耐火構造認定を受けるには、本文 7.1 節に示す耐火構造認定の取得方法に従って性能評価を実施し、認定を取得する。（取得方法の詳細については本文参照）

　性能評価は、耐火被覆を施した免震部材の耐火試験を実施し、その結果を基に評価を行う。現在、耐火試験では丸形の積層ゴム支承を用いるのが一般的であり、性能評価における丸形支承と角形支承の取り扱いは以下の通り。

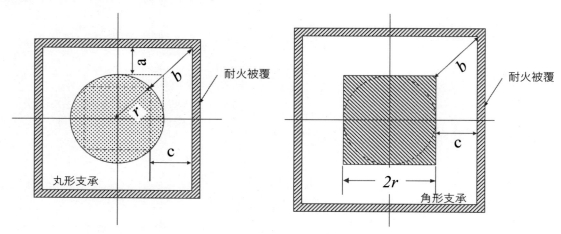

図 Q4.1 試験体仕様　　　図 Q4.2 角形支承に対する耐火被覆の離隔距離

　パネル式耐火被覆材を用いる場合、丸形支承に対する必要な離隔距離 a に対し、四隅では図 Q4.1 に示すように被覆材との離隔距離が b となる。これは四隅の場合、隣接する二つの面からの輻射熱の影響を受けることに対応するもので、これと同様な考え方が丸形支承と角形支承にも適用される。

　直径（$2r$）の丸形支承と同じ長さの一辺（$2r$）をもつ角形支承は、図 Q4.2 に示す通り四隅において丸形支承と同じ耐火被覆材との離隔距離 b が必要となる。この結果、辺長部での離隔距離 c は式 Q（4.1）によって求める長さ以上の距離が必要となる。

$$c \geq (r+a) - \frac{r}{\sqrt{2}} \quad \cdots\cdots Q(4.1)$$

r ：丸形支承の半径
a ：丸形支承の離隔距離
c ：角形支承の必要離隔距離

| Q5 | 免震層の防火区画における、免震スリットの取り扱いは？ |

A 防火区画については、建築基準法施行令第112条に防火区画を構成する壁は、耐火構造または準耐火構造とする必要があると規定されており、免震建物の防火区画についても例外ではなく、原則として防火区画を構成する壁は耐火構造または準耐火構造とする必要がある。一方で中間層免震建物では、免震層の上下構造体がそれぞれ相対変位する必要があることから、防火区画でも壁に免震用のスリット（以下、免震スリット）を設ける必要もある。しかしながら免震スリット壁の耐火構造認定は存在せず、この免震スリットを設けた壁の取り扱いについては明確な判断が示されていない。しかし実際には数多くの中間層免震建物が建設されており、防火区画でも免震スリット壁が用いられている。

免震スリット壁に要求される性能は、地震時に水平方向へスムーズに相対変位することと、隣棟火災などによって免震層に炎や熱が流入しないことおよび免震層内の火災が他へ延焼しないための遮炎性や遮熱性であると考えられる。

また免震スリットに用いる免震耐火目地材には、設計者判断により品質性能試験によって耐火構造の壁と同等の性能を有することと、免震スリット壁が変位しても免震耐火目地材が欠落しないことが確認されたものが用いられている。一般的にはロックウールなどの不燃材を加工したものが多く用いられている。

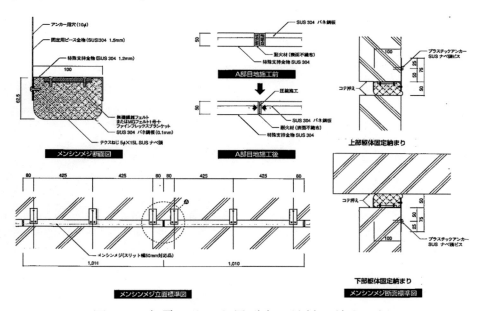

図 Q5.1　免震スリット用耐火目地材の納まり例

このような免震スリットの取り扱いについて、同様な例として床の層間塞ぎがある。床の層間塞ぎとは外壁と床の取り合い部において、本来であれば外壁と床は隙間無く連結される必要があるが、外壁の層間変位を吸収するために床を外壁に直接取り付けられず、一定のクリアランスを設けた部分である。また、柱付き鉄筋コンクリート壁に用いる耐震構造スリットも、類似例といえる。

なお、免震スリットも残留変位が残る場合があり、この残留変位に配慮しておくことが望ましい。

Q&A

Q6
耐火被覆材に用いられる、けい酸カルシウム板（JIS A 5430：けい酸カルシウム板タイプ3）の耐用年数は何年か？
免震部材の耐火被覆材を、屋外で使用することは可能か。また、雨水などが被覆材の内側に浸入した場合の問題点は？

A 耐火被覆材に用いられるけい酸カルシウム板タイプ3[※1]（以下、「けい酸カルシウム板」という）の耐用年数は、使用環境やその対策によって大きく異なるため一概に規定することはできない。一般的にけい酸カルシウム板の主成分であるけい酸カルシウムは、水と反応して炭酸ガスと炭酸カルシウムおよびシリカゲルを生成し、組成変化による強度低下が起こる。したがって、雨水に曝される場所への適用は原則避けることが望ましい。

けい酸カルシウム板を屋外で使用する場合は、炭酸化を抑制するためにけい酸カルシウム板の全表面に撥水処理を施し、さらに留め付け材の釘頭やボード目地の接合部、ボードの切断面に撥水・防水処理を施し、けい酸カルシウム板に含水させないような対策を行えば、耐用年数が飛躍的に改善される。ただし、定期的な維持点検を行いその時の状況によっては補修や取り替え工事が必要になる場合もある。異常が認められた場合は建材製作会社に問い合わせるなどの対応が大切である。

写真 Q6.1 屋外架構の耐火被覆施工例

※1　7.6.2 項で解説

免震部材用の耐火被覆材についても、使用している素材はけい酸カルシウムであることから、屋外での使用に際しては雨水などが作用しない環境に配慮するか、または撥水材などの処理を施すことが重要である。やむを得ず免震部材が屋外に面しているか、ピロティ形式の柱に柱頭免震を採用する場合で雨水がかかる場合は、けい酸カルシウム板に予め撥水処理を施した製品またはけい酸カルシウム板に鋼板を巻いた製品もしくは耐火被覆材の外周部にさらに外装仕上げ材を施すことで直接的な雨水暴露を避けることができる。

写真 Q6.2 雨養生の施工例

耐火被覆材の内側に万一雨水が浸入した場合、耐火被覆材の内面も撥水処理がなされている場合は特に耐久性に影響はないと思われる。しかし撥水処理がなされていない場合は、維持点検などで継続的に耐火被覆材の状況を確認しながら対応することが必要となる。このような場合は建材製作会社に状況を確認することが望ましい。免震部材については、積層ゴム支承の内部ゴムを被覆ゴムが覆う構造となっているため、多少の雨風を受けても耐久性に影響はなく、荷重支持性能に影響はない。しかし、フランジやベースプレート、耐火被覆材を固定している留め付け材や下地材は鋼材がほとんどのため、維持点検時に錆の有無を確認することが大切である。特に津波や洪水により免震層が水没した場合などは耐火被覆材、積層ゴム支承とも注意が必要である。

Q&A

| Q7 | 免震層の鉛直クリアランスと耐火被覆鉛直クリアランスは、同一である必要があるか？ |

| A | 免震層の鉛直クリアランスと耐火被覆の鉛直クリアランスは同一である必要はない。 |

　免震層の鉛直クリアランスは施工誤差などを考慮して 30〜50mm 程度とされているが、建物の竣工後の免震層の鉛直クリアランスとして必要な寸法は、積層ゴム支承の①長期クリープ、②地震時の軸力変動による沈み込み、③積層ゴム支承の水平変形時の $P-\delta$ 効果による沈み込みが影響すると考えられる。これらの影響ごとの積層ゴム支承の鉛直方向の沈み込み量については以下のような報告例がある。

①長期クリープによる影響

　日本建築学会技術報告集「約 20 年間使用した積層ゴムの経年変化調査」[1]によると、RC造地上 3 階の社員寮に約 20 年設置されていた天然ゴム系積層ゴム（G=0.58 N/mm²、内部ゴム φ670×t6 mm×23 層＝138 mm、中間鋼板 φ670mm×t2.2 mm×22 層＝48.4 mm、軸力 1,420 kN、面圧 4.2 N/mm²）を取り出し、圧縮クリープの経年変化を調査している。出荷から 22 年経過した積層ゴムの圧縮クリープは、2.08 mm（ゴム層厚の 1.5%）であり、この結果より 60 年後の圧縮クリープの予測値は 4.11mm（ゴム層厚の 3.0%）となると報告されている。

②地震時の軸力変動による沈み込みの影響

　耐火被覆を施工する時期は概ね建物の竣工時検査の直前となる場合が多い。したがって、積層ゴムにはほぼ長期軸力相当の荷重が作用した状態と考えられる。大地震時のロッキングなどの影響で積層ゴム支承に加わる変動軸力は、長期軸力の 1.5 倍〜2.0 倍程度となる。積層ゴムの鉛直剛性は非常に大きく、長期軸力の 2 倍が作用したとしてもその沈み込みは概ね 1.5 mm〜4.0 mm 程度の増加と推測される。

③積層ゴムの水平変形時の $P-\delta$ 効果による沈み込みの影響

　日本機械学会論文集「建物免震用の積層ゴムに関する実験的研究（第 1 報、50 トン用積層ゴムの静的加力実験）」[2]によると、50 トン用天然ゴム系積層ゴム（G=0.58 N/mm²、内部ゴム φ440×t5 mm×30 層＝150 mm、中間鋼板 φ440 mm×t3.0 mm×29 層＝87.0 mm、軸力 490 kN、面圧 3.2 N/mm²））の鉛直剛性の水平変位依存性を調査している。

　水平にせん断変形した積層ゴムが上下面の重なりの部分（有効支持面積）だけで鉛直荷重を支持すると考えられ、約 30 cm の水平変形時（せん断ひずみ 200%）で積層ゴムの沈み込み量は、4 mm 程度であると報告されている。

　以上のことから、60 年後に必要な鉛直クリアランスは 10 mm〜12 mm 程度となる。この値は積層ゴム支承に加わる面圧や支承の 1 次形状係数などにより変動するため、耐火被覆構造としては沈み込みに追従できることが望ましい。なお、耐火被覆構造によっては高さの調整が可能なものもある。

【参考文献】
1) 浜口弘樹、相沢　覚、鮫島祐介、菊地隆志、鈴木重信、芳沢利和：約 20 年間使用した積層ゴムの経年変化調査、日本建築学会技術報告集　第 15 巻　第 30 号　pp.393-398　2009 年 6 月
2) 藤田隆史、藤田　聡、鈴木重信、芳沢利和：建物免震用の積層ゴムに関する実験的研究（第 1 報、50トン用積層ゴムの静的加力実験、日本機械学会論文集（C編）53巻485号（昭和62-1）

Q8

免震材料を含む柱の耐火構造の認定は、免震部材上部構造体が SRC 造、下部構造体が RC 造の場合、当該認定を適用することはできるか？ また、上部ベースプレートと S 造梁が連続している場合の扱いは？

A

「免震材料を含む柱」の耐火構造認定においては、免震部材の上下に鉄筋コンクリート（RC 造）柱を模した PCa（プレキャストコンクリート）板（厚さ 200 mm 以上）を取り付けて性能確認試験を行っており、この試験結果を基に「免震材料を含む鉄筋コンクリート柱（RC 造）」の耐火構造認定を取得していたが、その後耐火構造認定取得のための『防耐火性能試験・評価業務方法書』の改訂により、現在では RC 造柱の評価を行うことで鉄骨鉄筋コンクリート柱(SRC 造)も適用が可能となった。これは SRC 造の柱は RC 造との相対的な性能比較において、十分なかぶり厚さを持ち、さらに内部に熱容量の大きな鉄骨を有していることから、同じ熱量が加えられた時の温度上昇は RC 造に比べ低いと考えられる。このことから、SRC 造に置き換えても、その耐火性能は十分担保されていると考えられるためである。ただし、鉄骨構造（S 造）柱には適用できない。

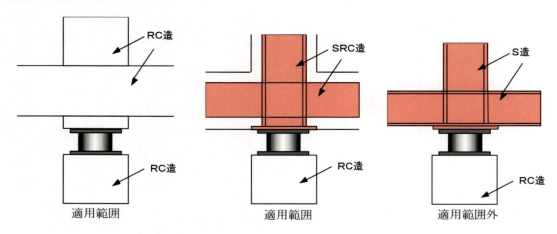

図 Q8.1 免震部材を含む柱としての耐火構造認定

図 Q8.2 に示すような免震部材上部は SRC 構造であるが、S 造の梁が連続しており、免震部材のベースプレートと梁が一体となっている場合は、梁を通して免震部材への熱流入が多くなるため免震部材の温度上昇に繋がる可能性が大きい。現状でも S 造の柱は適用範囲外とされているため、このような混在形式の構造での適用は難しいと判断される。ただし、このような前例がないことから明確な判断はできないため、建築主事または確認検査機関などで確認することが望ましい。

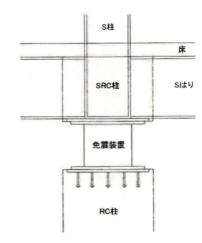

図 Q8.2 免震部材上部構造体 SRC 造、下部構造体 RC 造の場合

| Q9 | 耐火被覆が施された免震部材の定期点検については、どのように考えればよいか？ |

| A | 免震部材の維持管理についてはJSSIより「免震建物の維持管理基準」が発刊されている。ここでは耐火被覆に関連した部分について解説する。 |

免震建物の維持点検は大きく(1)竣工点検、(2)定期点検、(3)応急点検、(4)更新時点検（増改築などの工事をした場合）に分かれ、各点検で異常が発見された場合に追加で行う(5)詳細点検がある。

また、定期点検には毎年の目視点検と5年、10年、以後10年ごとの計測を含めた点検がある。本来は、免震部材の異常有無を確認するための点検であるが、中間層免震建物では全ての積層ゴム支承やすべり・転がり支承に耐火被覆が施されているため、装置自体の確認が出来ない。このような場合は代表的な装置の耐火被覆を外して、内部の点検を行う「抜取り検査」を行うことになるが、装置ごとの基数や設置場所については基本的には設計者判断となる。したがって、設計者は設計図書に、時期、装置種類、抜き取り基数、判断基準などを工事コストも検討したうえで、維持点検計画書に記載する必要がある。参考としてJSSIの維持管理基準での抜き取り数量は、「積層ゴム支承の場合、抜取り数については、異なる材料ごとに全体の10%、かつ3台以上。積層ゴム支承のサイズのみが異なる場合は、最も数が多いサイズについて10%、かつ3台以上。その他は最大サイズ、最小サイズ各1台等省略も可とする」を推奨している。

基本的にはこれを基に建物の建設地域、重要度などを勘案して増減するなどの方法もある。一例ではあるが、最初は最小基数を実施し、異常が認められれば順次基数を増やすなどの方法も考えられる。

維持点検は耐火被覆を取り外して内部の積層ゴム支承を点検することになるが、このことは耐火被覆自体の健全性を確認することと、内部の免震部材の確認も行うことができるため有効な点検といえる。

耐火被覆は火災時に内部の積層ゴム支承を保護することが目的のため、耐火性能が担保できているかのチェックが重要となる。主な点検項目は以下の通り

① 耐火被覆にひび割れ欠落は無いか
② 地震時の変形により取付け治具、ボルトなどの抜け、緩みは無いか（特に取付け治具などは内部に設置されているために、外部からは確認できない）
③ 雨水などにより耐火被覆材が変質していないか
④ 分割タイプの被覆材では分割部の隙間が確保されているか
⑤ 火災時に隙間を封鎖する耐火目地材や各種シーリング材が正常であるかなどである。

また、耐火被覆で重要となるのが耐火被覆の横ずれである。耐火被覆は基本的にはずれが無いものとして耐火構造認定を取得しているが、免震建物は地震後に残留変形が残る可能性もあり、特に上下2分割タイプでは残留変形により耐火被覆材の厚さの重なり部分が少なくなる可能性がある。このようなことが懸念される場合や、発生した場合は建材製作会社に問い合わせをすることが必要となる。

Q&A

Q10	免震部材用耐火被覆構造認定に、新たな免震部材を追加更新する方法は？

A
Q3 に「耐火構造用性能担保温度並びに共通試験体適合確認済み免震材料一覧表」についての解説があるが、その中の図 Q3.1 に材料認定と免震部材用耐火被覆構造の耐火構造認定の更新についてのフローが示されている。

耐火構造認定図書には、適用可能な免震部材の材料認定番号が記載されている。本書にも述べられている通り、その材料認定番号の免震部材は、JSSI が定める性能担保温度までであれば、耐火性能を担保すると認められた部材である。この材料認定番号、製作会社、材料呼称などが記載されたものを「耐火構造用性能担保温度並びに共通試験体適合確認済み免震材料一覧表」（以下、耐火免震材料一覧という。）といい、JSSI が発行している。

材料認定番号は新しい材料を用いた場合は当然であるが、既存番号の製品に新たなサイズを追加した場合など、サイズ構成が変更となった場合でも材料認定を再申請し、新たな材料認定番号を取得することになる。JSSI では半年に一度、製作会社からの申請により、新たな材料認定番号が性能担保温度を満足するか審査し、これに満足すれば耐火免震材料一覧表を更新している。

建材製作会社は、この耐火免震材料一覧表に追加があった場合、指定性能評価機関にこの免震材料一覧表を添付して申請すれば、既存の耐火構造認定書に新しい材料認定番号を追記した新たな耐火構造認定番号を取得することができる。

JSSI では耐火免震材料一覧表の見直しを基本 1 回/半年としているが、新たな申請がない場合や、逆に申請者より緊急の依頼があった場合はその状況を勘案することとしているため、更新時期が変わる場合もある。また建材製作会社が耐火構造認定図書を更新する場合も、その判断はそれぞれの建材製作会社にゆだねられているため（1 回の申請で約 30 万円程度の費用が必要となる）、特に時期などのきまりはない。

なお、詳細については JSSI にお問い合わせ下さい。

Q11 免震部材の設計変形量は以前より大きくなっている。耐火被覆のクリアランスを考慮するうえで、過去の地震で実際にどの程度動いたのか？

A 日本建築学会技術報告集「東北地方太平洋沖地震の公表観測記録等に基づく免震建築物の特性と挙動」[1]によると、2011年3月11日に発生した東北地方太平洋沖地震では、東日本の広範囲で震度5弱以上を観測し、さまざまな文献で公表された免震建築物の地震観測記録をまとめ、免震建築物の挙動の傾向が報告されている。それらの対象となる建物は65棟で、そのうち関東地方が42件、東北地方が12件、その他11件となっている。その中で報告されている免震層の変位は入力加速度に従い大きくなる傾向が見られ、最大で24 cmであったことが報告されている。(石巻赤十字病院:図Q11.1)

平成28年の熊本地震による建築物等被害第九次調査報告（速報）（免震建築物に関する調査）[3]よると、熊本県内には、医療施設、事務所、共同住宅など12棟の免震建築物の調査が行われた。その中で、阿蘇市に位置するRC造4階のM医療施設では、免震層内の罫書き式の変位計が設置されており、最大で正負約45 cm（トータル約90 cm）の軌跡が記録されていた。大変形を経験した積層ゴム支承のカバーにふくれや非免震部分との接続場所であるエキスパンションカバー周囲の軽微な変状（モルタルの欠けや金具の変形）があったが、使用上の問題は見られなかったと報告されている。

免震建物がどの程度動くかは、地震の卓越周期、地盤特性、免震周期、使用する免震層の特性によって大きく異なる。一般的には免震建物の擁壁とのクリアランスを50 cm程度確保している場合が多い。この意味でM医療施設は擁壁に衝突ギリギリであった可能性もある。ただ中間層免震建物の相対変位の計測データは非常に少なく、その実態がまだよく把握されていないのが実情である。

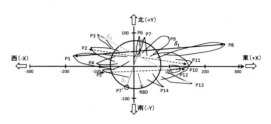

図Q11.1 石巻赤十字病院罫書き計の記録[2]

石巻赤十字病院
建築面積10,173 m²、延床面積32,487 m²
地下1階地上7階、上部構造：鉄骨造
天然ゴム系積層ゴム、弾性すべり支承、U型鋼材ダンパー
2006年竣工

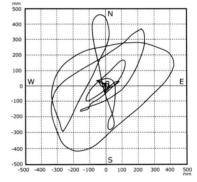

図Q11.2 熊本県M医療施設罫書き計の記録[4]

M病院　（熊本県阿蘇市）
延床面積11,229 m²
RC構造 4階
天然ゴム系積層ゴム、鉛プラグ入り積層ゴム
2014年竣工

【参考文献】
1) 米田春美、高岡栄治、欄本龍大、飯場正紀：東北地方太平洋沖地震の公表観測記録に基づく免震建築物の特性と挙動、日本建築学会技術報告集、第19巻、第42号、pp.457-460、2013年6月
2) 「改訂版設計者のための建築免震用積層ゴムハンドブック」、(一社)日本免震構造協会及び(一社)日本ゴム協会共編、p.7, 2017年6月
3) 平成28年（2016年）熊本地震による建築物等被害第九次調査報告（速報）（免震建築物に関する調査）、国土交通省国土技術政策総合研究所、国立研究開発法人建築研究所、平成28年6月1日
4) 森田慶子,高山峯夫, Lessons learned from the 2016 Kumamoto Earthquake Building Damages and Behavior of Seismically Isolated Buildings 熊本地震による建物被害と免震建物挙動について, menshin, (一社)日本免震構造協会, p.44,No.99,2018.1

Q&A

Q12 中間層免震の、これまでの実績と今後の推移はどうなるか？

A JSSI の統計によれば、1982 年～2016 年までの免震建物累積棟数は 4,345 棟に達する。図 Q12.1 は各年代別の建設棟数の推移と累積結果を示したもので、中間層免震建物はこのうちの 581 棟で、全体の約 13.4%である。

図 Q12.2、は中間層免震建物の用途別の割合を示したものであるが、事務所・庁舎が最も多く、次いで集合住宅となっておりこの二つで全体の約 76.3%を占める。図 Q12.3、図 Q12.4 は、構造種別と免震層位置を層別したもので、RC 造・SRC 造が全体の 76.9%で最も多く、また免震層の位置は地下階と 1 階部分が多い。これらのことから免震層は事務所や集合住宅での駐車場や物置または駐輪場などへの活用が多いと想定される。また表 Q12.1 は、中間層免震建物の

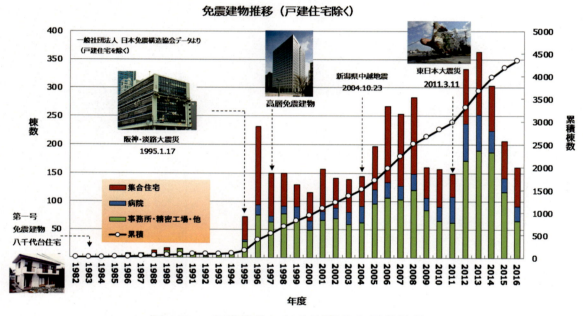

図 Q12.1 免震建物の年代別推移と累積棟数

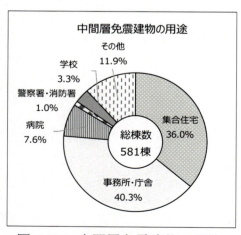

図 Q12.2 中間層免震建物の用途

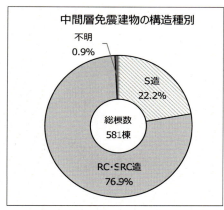

図 Q12.3 中間層免震建物の構造

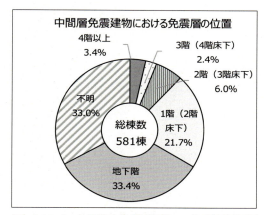

図 Q12.4 中間層免震建物の免震層位置

建物高さを 60 m 未満と、60 m を超える高層免震建物に層別したものであるが、60 m 未満の建物が約 76%（444 棟）で、60 m 以上の高層中間層免震建物は 137 棟と少ない。しかし、図 Q12.5 に示すように、高層免震建物は 1997 年頃から建設が始まったこともあり、全体の累積棟数も 538 棟と少ない。したがって高層免震建物に限れば、中間層高層免震建物（137 棟）の比率は約 24% と全体の約 1/4 が中間層免震建物となっている。

しかし、中間層免震建物の全免震建物に対する比率（13.4%）はそれほど大きくない。これは中間層免震建物を設計する場合、上部構造および下部構造の相互作用が発生するため、設計上そう容易ではないことと、中間層免震建物は基本的に耐火構造建築物としての制約を受けるため、その対策として免震部材に耐火被覆を施すか、または本文の第 1.2 節「免震建物の耐火設計」に記載されているルート C による専用免震層としての防火区画認定を得る必要がある。これによる、設計期間と耐火コストの増大などコストアップの要因が大きいと思われる。

表 Q12.1 中間層免震建物の高さ別棟数

高さ	棟数	割合
60m以上	137	24%
60m未満	444	76%
合計	581	100%

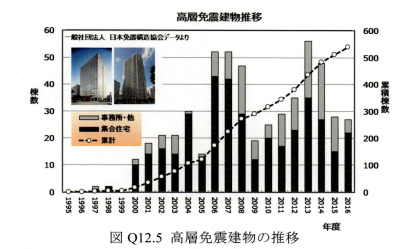

図 Q12.5 高層免震建物の推移

今後の中間層免震建物の動向については、免震を取り巻く経済的環境の変化などが大きく影響するため予測は難しい。例えば、建物を中間層免震構造とする理由は免震層を駐車場や駐輪場として有効活用するためや、下層階と上層階の用途が異なる建物で、上層階の安全性と居住性を高めたい場合などが考えられる。このように、中間層免震構造は、建物の用途や資産価値または便利性向上としての費用対効果の影響が強く反映されるためである。しかし、将来免震部材や耐火被覆および施工費などのコストダウンが進めば増加することも考えられる。

付属資料

付属資料1　免震部材用耐火被覆構造一覧

　以下の認定は、建築基準法（以下、法という）第68条の26第1項の規定に基づき、法第2条第七号および令第107条第一号の規定に適合するものとして認定を受けたものである。

　記載の認定番号は、本誌発刊時点での耐火構造認定番号を記載しているが、免震部材用耐火被覆構造の耐火構造認定では、同一の耐火被覆構造において「新たな試験の実施を要しない性能評価」に基づく新認定番号を受けることがある。耐火被覆構造を用いる場合は、各建材製作会社に最新版の認定番号を確認することが必要である。（2018年7月現在）

（1）天然ゴム系積層ゴム支承（プラグ挿入型を含む）用耐火被覆構造

社　　　名	認定番号	認定を受けた構造方法等の名称
エーアンドエー工事㈱ 技術部 電話：045-503-7730 URL： http://www2.aa-material.co.jp/	FP180CN-0180-1（1）	グラスウール保温板充てん繊維混入けい酸カルシウム板・繊維強化セメント板積層被覆/免震材料（天然ゴム系積層ゴム）・鉄筋コンクリート柱
	FP180CN-0180-1（2）	グラスウール保温板充てん繊維混入けい酸カルシウム板・繊維強化セメント板積層被覆/免震材料（天然ゴム系積層ゴム）・鉄骨鉄筋コンクリート柱
	FP180CN-0507-1（1）	表面塗装繊維混入けい酸カルシウム板張/免震材料（天然ゴム系積層ゴム支承）・鉄筋コンクリート柱
	FP180CN-0507-1（2）	表面塗装繊維混入けい酸カルシウム板張/免震材料（天然ゴム系積層ゴム支承）・鉄骨鉄筋コンクリート柱
サス・サンワ㈱ 東京支社 電話：03-3456-5681 URL： https://www.sassanwa.co.jp/	FP180CN-0384-1（1）	両面セラミックファイバークロス張セラミックファイバーブランケット積層被覆/免震材料（天然ゴム系積層ゴム）・鉄筋コンクリート柱
	FP180CN-0384-1（2）	両面セラミックファイバークロス張セラミックファイバーブランケット積層被覆/免震材料（天然ゴム系積層ゴム）・鉄骨鉄筋コンクリート柱
ニチアス㈱ 建材事業部開発部 電話：03-4413-1161 URL　　　　： http://www.nichias.co.jp/	FP180CN-0509-1（1）	繊維混入けい酸カルシウム板被覆/免震材料（天然ゴム系積層ゴム・鋼板）・鉄筋コンクリート柱
	FP180CN-0509-1（2）	繊維混入けい酸カルシウム板被覆/免震材料（天然ゴム系積層ゴム・鋼板）・鉄骨鉄筋コンクリート柱
日本インシュレーション㈱ 建築事業部 建築営業推進部 営業技術グループ 電話：03-5875-8532 URL： http://www.jic-bestork.co.jp/	FP180CN-0198-1（1）	表面鋼板張・ガラス繊維混入けい酸カルシウム板/免震材料（天然ゴム系積層ゴム）・鉄筋コンクリート柱
	FP180CN-0198-1（2）	表面鋼板張・ガラス繊維混入けい酸カルシウム板/免震材料（天然ゴム系積層ゴム）・鉄骨鉄筋コンクリート柱
	FP180CN-0341-1（1）	表面塗装鋼板付ガラス繊維混入けい酸カルシウム板張/免震材料（天然ゴム系積層ゴム）・鉄筋コンクリート柱
	FP180CN-0341-1（2）	表面塗装鋼板付ガラス繊維混入けい酸カルシウム板張/免震材料（天然ゴム系積層ゴム）・鉄骨鉄筋コンクリート柱

付属資料

（2） 高減衰ゴム系積層ゴム支承用耐火被覆構造

社　　名	認定番号	認定を受けた構造方法等の名称
エーアンドエー工事㈱ 技術部 電話：045-503-7730 URL： http://www2.aa-material.co.jp/	FP180CN-0254-1（1）	グラスウール保温板充てん繊維混入けい酸カルシウム板・繊維強化セメント板積層被覆/免震材料（高減衰積層ゴム支承）・鉄筋コンクリート柱
	FP180CN-0254-1（2）	グラスウール保温板充てん繊維混入けい酸カルシウム板・繊維強化セメント板積層被覆/免震材料（高減衰積層ゴム支承）・鉄骨鉄筋コンクリート柱
	FP180CN-0587-1（1）	表面塗装繊維混入けい酸カルシウム板張/免震材料（高減衰積層ゴム支承）・鉄筋コンクリート柱
	FP180CN-0587-1（2）	表面塗装繊維混入けい酸カルシウム板張/免震材料（高減衰積層ゴム支承）・鉄骨鉄筋コンクリート柱
ニチアス㈱ 建材事業部開発部 電話：03-4413-1161 URL： http://www.nichias.co.jp/	FP180CN-0510-1（1）	繊維混入けい酸カルシウム板被覆/免震材料（高減衰ゴム系積層ゴム・鋼板）・鉄筋コンクリート柱
	FP180CN-0510-1（2）	繊維混入けい酸カルシウム板被覆/免震材料（高減衰ゴム系積層ゴム・鋼板）・鉄骨鉄筋コンクリート柱
日本インシュレーション㈱ 建築事業部 建築営業推進部 営業技術グループ 電話：03-5875-8532 URL： http://www.jic-bestork.co.jp/	FP180CN-0284-2（1）	表面溶融亜鉛めっき鋼板付ガラス繊維混入けい酸カルシウム板張/免震材料（高減衰ゴム系積層ゴム）・鉄筋コンクリート
	FP180CN-0284-2（2）	表面溶融亜鉛めっき鋼板付ガラス繊維混入けい酸カルシウム板張/免震材料（高減衰ゴム系積層ゴム）・鉄骨鉄筋コンクリート

（3） 直動転がり支承用耐火被覆構造

社　　名	認定番号	認定を受けた構造方法等の名称
エーアンドエー工事㈱ 技術部 電話：045-503-7730 URL： http://www2.aa-material.co.jp/aa-construction/index.html	FP180CN-0516-1（1）	表面化粧繊維混入けい酸カルシウム板張/免震材料（直動転がり支承）・鉄筋コンクリート柱
	FP180CN-0516-1（2）	表面化粧繊維混入けい酸カルシウム板張/免震材料（直動転がり支承）・鉄骨鉄筋コンクリート柱

（4）すべり支承用耐火被覆構造

社　　名	認定番号	認定を受けた構造方法等の名称
エーアンドエー工事㈱ 技術部 電話：045-503-7730 URL： http://www2.aa-material.co.jp/	FP120CN-0565（1）	表面化粧塗装鋼板・繊維混入けい酸カルシウム板被覆/免震材料（すべり支承）・鉄筋コンクリート柱
	FP120CN-0565（2）	表面化粧塗装鋼板・繊維混入けい酸カルシウム板被覆/免震材料（すべり支承）・鉄骨鉄筋コンクリート柱
	FP180CN-0615（1）	表面塗装繊維混入けい酸カルシウム板張/免震材料（すべり支承）・鉄筋コンクリート柱
	FP180CN-0615（2）	表面塗装繊維混入けい酸カルシウム板張/免震材料（すべり支承）・鉄骨鉄筋コンクリート柱
日本インシュレーション㈱ 建築事業部 建築営業推進部 営業技術グループ 電話：03-5875-8532 URL： http://www.jic-bestork.co.jp/	FP120CN-0566-2（1）	表面化粧塗装鋼板・繊維混入けい酸カルシウム板被覆/免震材料（すべり支承）・鉄筋コンクリート柱
	FP120CN-0566-2（2）	表面化粧塗装鋼板・繊維混入けい酸カルシウム板被覆/免震材料（すべり支承）・鉄骨鉄筋コンクリート柱
	FP180CN-0576-1（1）	表面塗装鋼板付ガラス繊維混入けい酸カルシウム板張/免震材料（すべり支承）・鉄筋コンクリート柱
	FP180CN-0576-1（2）	表面塗装鋼板付ガラス繊維混入けい酸カルシウム板張/免震材料（すべり支承）・鉄骨鉄筋コンクリート柱

付属資料

付属資料2　積層ゴム支承およびすべり支承用ゴム材料の圧縮特性（温度依存性）試験方法（2018）

はじめに

　本方法書は、一般社団法人日本免震構造協会（以下、JSSI という）が指定性能評価機関の定める「防耐火性能試験・評価業務方法書」（平成 28 年 4 月 1 日付）の 4.1.1 項、6 の（2）（注記 1）に示されている免震材料のうち、免震用積層ゴム支承およびすべり支承に用いるゴム材料の性能担保温度を明らかにするための試験方法を定めたものである。

　試験方法は原則的に、**JIS K 6254（2003）**「加硫ゴムおよび熱可塑性ゴム—低変形における応力・ひずみ特性の求め方」を基に、日本免震構造協会が試験方法、試験片形状・寸法、試験温度条件および結果のまとめ方等を定めたものである。

　なお、本方法書は性能担保温度を決めるための基本データーを取得するため、もしくは日本免震構造協会が決定した性能担保温度の条件を満たすかどうかを判定するためのデーター取得を目的としている。

注記 1：「免震材料の表面温度を測定した場合にあっては、表面温度の最高が、試験終了時まで性能担保温度を超えないこと。ここで言う性能担保温度とは、別途実施した JIS K 6254 または同等の圧縮強度試験等により求めた性能低下を起こさないことが明確な温度とする。」

1．適用範囲

　この方法書は、免震建物用免震材料のうち積層ゴム支承およびすべり支承に用いるゴム材料（被覆ゴム材料を除く）について、圧縮特性の温度依存性試験方法について定める。

2．適合規格

　JIS K 6254（2003）「加硫ゴムおよび熱可塑性ゴム—低変形における応力・ひずみ特性の求め方」

3．試験装置　**JIS K 6254** に準ずる。

4．試験片形状および寸法許容差

4.1　寸法および寸法許容差

　試験片の寸法は φ29.0±0.5mm、厚さ 12.5±0.5mm の円板状のものとする。なお、測定値については四捨五入しないものとする。

4.2　試験片の製作条件

　試験片は実際に用いる免震材料と同一材料で加硫製作されたものとする。

4.3　試験片の数

　試験片の数は、原則として各温度条件（**5.3** に示す）にて 3 体とする。

4.4　試験片の寸法測定

　JIS K 6254 に準ずる。

4.5　試験片の保管

　試験片の保管は原則として、標準温湿度を 23±2℃、50±5%とする。

5. 試験方法
5.1 試験片の設置
JIS K 6254 に準ずる。
5.2 載荷条件
載荷試験は試験機圧縮板で直接載荷する（潤滑油は塗布しない）
5.3 試験温度条件
試験温度は次の通りとする。

23℃、100℃、125℃、150℃、175℃、200℃とし、各温度での許容差は±2℃とする。また基準温度を23℃とする。

5.4 試験片の状態調整時間
JIS K 6254 に準ずる。
5.5 試験方法
試験片が25%のひずみに達するまで10±1 mm/minの速度で圧縮し、その後直ちに10±1 mm/minの速度で力を取り除く。この操作を連続して4回繰り返し、圧縮とひずみとの関係を記録する。圧縮ひずみは圧縮前の試験片厚さを基としたひずみとする。また、各圧縮時の原点は減圧時に荷重が0となった時点とし、この点より25%ひずみとなるまで圧縮する。

5.6 温度記録
試験の開始時と終了時のオーブン内温度および圧縮板の温度を測定し記録する。

6. 試験結果のまとめ方および記録
6.1 ゴム材質名
ゴム材料の材質が分かるもの（例えば、天然ゴム、高減衰ゴム、クロロプレンゴム等）
6.2 ゴム材料のせん断弾性係数（または呼称せん断弾性係数）
原則として国土交通大臣が定める材料認定に記載されている値とする（N/mm^2）。
6.3 部材認定番号
国土交通大臣が定める材料認定番号。
6.4 圧縮試験結果（応力-ひずみ特性）
5.5試験法によって得られた4回目の履歴特性より10%および20%圧縮ひずみ時の圧縮弾性率（最大値、最小値、中央値）を求める（図-1参照）。

ここで、圧縮弾性率は次の式（1）によって算出する。

$$E_c = \frac{F}{A \times \varepsilon} \quad (\text{N/mm}^2) \quad (1)$$

ここに

- E_c　圧縮弾性率
- F　規定の圧縮ひずみ（10%または20%）を与えた時の力（N）
- ε　圧縮前の試験片の厚さに対する圧縮ひずみ
  - 10%の圧縮ひずみの場合 $\varepsilon = 0.1$
  - 20%の圧縮ひずみの場合 $\varepsilon = 0.2$
- A　試験片の元の断面積（mm^2）

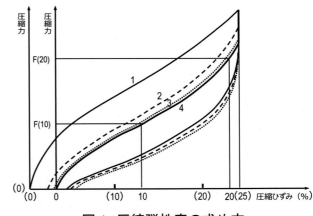

図1　圧縮弾性率の求め方

付属資料

6.5 基準温度時の試験体寸法測定結果

基準温度時（23℃）における試験体の径および厚さの測定結果。

6.6 試験時温度

各試験温度での試験開始および終了時のオーブン内温度および圧縮板の温度。

6.7 圧縮弾性率の温度特性図

23℃を基準とした時の、各温度における 10%、20%圧縮ひずみ時の圧縮弾性率の変化率-温度特性図（図-2 参照）。なお、特性図に用いる値は各温度での中央値を用いる。

6.8 試験年月日

6.9 その他必要事項

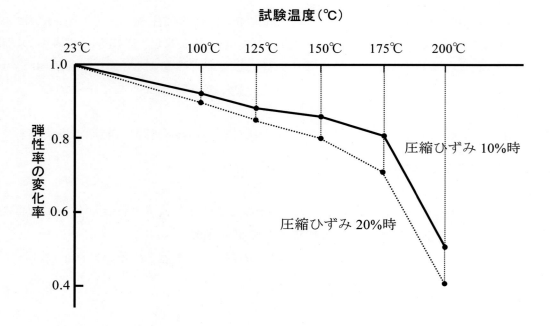

図 2 基準温度(23℃)に対する圧縮弾性率の変化率-温度特性図(例)

付属資料

解　説

この解説は、本方法書に規定・記載した事項、ならびにこれらに関連した事項を説明するもので、方法書の一部ではない。

1. 制定の趣旨

本方法書は指定性能評価機関が定める業務方法書に示された、ゴム材料の性能担保温度を求める試験方法として JIS K 6254「加硫ゴムおよび熱可塑性ゴム—低変形における応力・ひずみ特性の求め方」を基に、SSI として比較検討が出来るように試験温度条件、結果のまとめ方等を定めたものである。なお、業務方法書に記載の JIS K 6254 には制定年度が記載されていないが、本方法書では業務方法書が制定された時点での JIS 規格（2003 年版）に準拠している。

2. 温度範囲

本方法書はゴム材料の限界温度特性を評価するものではない。免震層に耐火構造を必要とする中間層免震建物に適用し、さらに積層ゴム支承およびすべり支承には何らかの耐火被覆システムを施すことを想定している。したがって本方法書では、火災時に積層ゴム表面または被覆ゴム内側およびすべり材の温度が 200℃以下となることを前提としている。したがって、本方法書の温度範囲を室温 23℃～最高 200℃に設定している。

3. 試験結果のまとめ方

試験結果の値として平均値を用いるのではなく中央値を採用したのは、JIS K 6254 の基準に準拠したものである。

4. 留意事項

4.1 本試験と実用製品との関係

JIS K 6254 試験による圧縮弾性率の値は、実用製品とは異なることに注意が必要である。本方法書の試験体の一次形状係数は $S_1=0.58$ に対し、実用積層ゴム支承の一次形状係数は概ね $S_1=25～35$ 程度であり、ゴム層の形状効果による弾性率への影響が大きいためである。したがって JIS K 6254 試験による弾性率は、各種ゴム材料の相対比較を行うためのものである。しかしながら、ゴム材料がどの程度の温度まで安定した特性を示すかの傾向は知ることができる。

4.2 将来の改定について

本方法書は、現状用いられている積層ゴム支承およびすべり支承のゴム材料やすべり材および耐火被覆システムの防火・断熱性能の使用状況を勘案して決めたものである。しかしながら将来技術革新または法令等の改正等に伴い、これら条件が変わる可能性もあり、本方法書はそれを妨げるものではない。したがって今後の状況によって、随時本方法書を改訂して行くこととする。

付属資料

付属資料3　すべり支承用すべり材の圧縮特性（温度依存性）試験方法（2018）

はじめに

　本方法書は、すべり支承に用いるすべり材について、性能評価機関が定める業務方法書に示されている性能担保温度を明らかにすることを目的に、一般社団法人日本免震構造協会（以下、JSSI という）が定める「積層ゴム支承およびすべり支承用ゴム材料の圧縮特性（温度依存性）試験方法」（2016）、**JIS K 7181（1994）**「プラスチック―圧縮特性の試験方法」を参考にし、その試験方法、試験条件および結果のまとめ方を定めたものである。

1．適用範囲

　この方法書は、免震建物に用いるすべり支承のすべり材に用いられるプラスチック材料の圧縮特性の温度依存性試験方法について定める。

　本方法書で定めるすべり材は、表 **1** の「すべり材の構成分類」に示す単一材料または充填材と補強材がランダムに配向された材料で、材料そのものが単一材料と見なせるもの。さらに単一材料とは見なせない複数の材料が組み合わさっている材料のうち、積層タイプ（直列）と束ねタイプ（並列）について規定する。なお単一材料と見なせない材料についての試験方法は付属書 **A** を参照のこと。

表1　すべり材の構成分類

単一材料と見なせるもの		単一材料と見なせないもの	
単一材料タイプ	充填・補強タイプ	積層タイプ(直列)	束ねタイプ（並列）
	充填材・補強材	材料A 材料B　材料C	材料B 材料A
単一樹脂または樹脂配合された材料のみで構成されているもの	単一材料に充填材または補強材がランダムに配向されているもの	個別の材料が積層されているか、またはこれに類するもの	個別の材料が上下方向に挿入されているかまたはこれに類するもの

2．引用規格

　この方法書は、次に揚げる規格の一部を引用している。

　JIS K 6254（2003）加硫ゴムおよび熱可塑性ゴム―低変形における応力・ひずみ特性の求め方

　JIS G 4303　熱間圧延ステンレス鋼板および鋼帯

3．試験装置

　JIS K 6254（2003）に準ずる。また試験装置は、圧縮試験機と試験体とを挟む上下圧縮板、圧縮試験補助治具および恒温槽からなる。

3.1　圧縮試験機

　圧縮試験機は、**JIS K 6272** の力計測系 2 級以上の精度をもつ試験機を用いる。

a） 試験機の機構

試験機は、圧縮力を指示する装置および試験体を圧縮する上下圧縮板を備えていなければならない。試験機は、圧縮力および圧縮たわみを連続的に自動記録できるものでなければならない。

b） 圧縮板

上下圧縮板は、均一な厚さを有し、かつ平行で、その圧縮面は 3.2 の図 1 に示す面と同等またはそれ以上の表面仕上げをしたものでなければならない。

3.2 圧縮試験補助冶具

圧縮試験補助冶具は、試験体に加力を行う際の補助冶具で、試験体が加力によって変形しても圧縮応力が初期断面に対して一定となるようにしたものである。その形状および材質については表 2 および図 1 による。なお指定部以外の寸法精度は JIS B 0405 の中級による。

表 2 圧縮試験補助冶具の材質

圧縮試験補助冶具	SUS410
適用規格	JIS G 4303

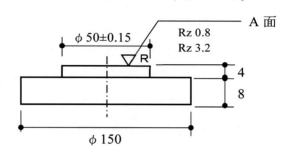

図 1 圧縮試験補助冶具の寸法

3.3 恒温槽

圧縮試験を行う場合は、恒温槽を用いる。恒温槽は、槽内に入れられた試験体または試験体近傍の温度が 5.3（試験条温度件）の試験温度の範囲内に保たれるものでなければならない。温度測定のための温度センサーを試験体の位置またはその近傍の恒温槽内に設けなければならない。圧縮試験機の力検出センサーと圧縮面とは恒温槽を貫通してプランジャによって連結されている。プランジャは、熱伝導率の小さな材料とすることが望ましい。

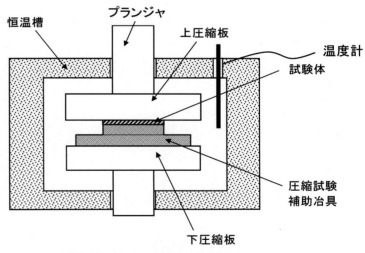

図 2 試験体および圧縮試験補助冶具の設置

4. 試験体形状および寸法許容差

4.1 寸法および寸法許容差

試験体の寸法は直径 50±0.2 mm、厚さ 4.0±0.2 mm の円板状のものとする。なお、測定値については四捨五入しないものとする。

4.2 試験体

試験体は実際に用いる免震部材と同一の構成・条件で製作されたものを基本とする。

付属資料

ただし、試験体の表面には、目視で確認できるひび割れ、引っ掻き傷等結果に影響を及ぼす欠陥がないものとする。

4.3 試験体の数
試験体の数は、原則として各温度条件にて 3 体とする。

4.4 試験体の寸法測定
試験体の寸法測定は、厚さについてはマイクロメータ（最小読み取り値 1/100 mm）で周上 4 箇所を測定し、平均値を求める。幅についてはノギス（最小読み取り値 1/10 mm）で直交 2 方向の寸法を計測し、平均値を求める。

4.5 試験体の保管
試験体の保管は原則として、標準温湿度 23±2℃、50±5％とする。

5. 試験方法

5.1 試験体の設置
試験体は圧縮試験機に恒温槽をセットし、圧縮試験補助治具および試験体を図 2 に示すように設置し、試験体が 5.2（試験体の状態調整時間）の状態調整時間を満足し、かつ恒温槽内および圧縮試験補助治具の温度が所定の温度になっていることを確認後、圧縮試験を開始する。

5.2 試験体の状態調整時間
試験体は 5.3（試験温度条件）に示す温度の恒温槽内に、**付属書 B** に記載の平板状試験体の状態調節時間のうち、厚さ 5 mm に相当する時間以上放置する。

5.3 試験温度条件
試験温度は 23℃、50℃、100℃、150℃、200℃とし、各温度の許容差は±2℃とする。また基準温度を 23℃とする。

5.4 試験速度
加力試験速度は 0.5 mm/min とする。

5.5 加力方法
試験体に加力速度 0.5 mm/min で圧縮荷重を載荷し、最大圧縮荷重 90±5 kN まで載荷する。なお、試験体の破損・変形等により 90±5 kN まで載荷できない場合は、これらの現象が認められた時点までの載荷とする。

5.6 荷重—変位値記録
加力開始後荷重および変位値を記録する。荷重値と変位値は同期されたものでなければならない。

5.7 温度記録
試験の開始時と終了時の加圧試験補助治具の温度を測定し記録する。加圧補助治具の温度計測は図 3 に示す位置に熱電対を取り付け、その値を計測する。

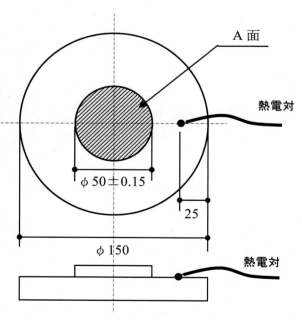

図 3　圧縮試験補助治具の熱電対測定位置

結果のまとめ方

6.1 圧縮応力の算定
圧縮応力の算定には**図3**に示す圧縮試験補助治具のA面の面積（＝19.63 cm^2）を用いる。

6.2 圧縮ひずみの算定
圧縮ひずみの算定には**4.4**（試験体の寸法測定）において求めた試験体厚さ測定の平均値に対するひずみ値を用いる。

6.3 原点補正
圧縮試験によって得られた応力－ひずみ特性結果において、圧縮応力値が 0.3 N/mm^2 時のひずみ値を原点として算出する。

6.4 圧縮ひずみの求め方
各温度での圧縮試験の履歴から、補正した原点を基準として圧縮応力 10 N/mm^2、20 N/mm^2、30 N/mm^2、40 N/mm^2 に相当する圧縮荷重時の圧縮ひずみを求める（**図4**参照）。試験体3体の値を最大値、最小値、中央値に層別し、中央値を代表値とする。なお、値は **JIS Z 8401 規則 B** によって丸め、有効数字3桁で表す。

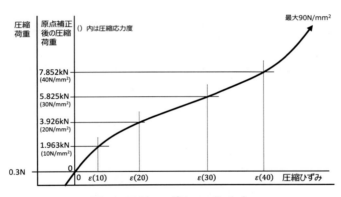

図4　圧縮ひずみの求め方

6.5 圧縮ひずみ差の求め方
各温度での圧縮応力 10 N/mm^2、20 N/mm^2、30 N/mm^2、40 N/mm^2 時の圧縮ひずみ値の基準温度 23℃に対する圧縮ひずみ差を求める。（**図5**）

6.6 ひずみ差特性図
基準圧縮応力と圧縮ひずみ差の関係を、圧縮ひずみ差特性図として求める（**図6**）

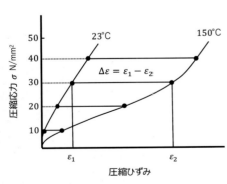

図5　基準圧縮応力時の圧縮ひずみ差の求め方

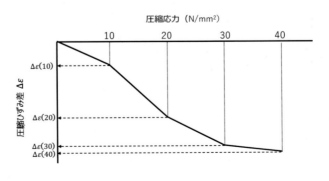

図6　基準応力時における 23℃との圧縮ひずみ差の求め方

付属資料

7. 記録

試験成績書には、次の事項を記録しなければならない。

7.1 すべり材材質名

原則として国土交通大臣が認定した部材認定書に記載されている材質とする。これができない場合は、すべり材の材質が解るもの（例えば、四ふっ化エチレン、ポリアミド、ポリエチレン等）。

7.2 寸法測定結果

試験体の寸法測定結果および平均値。

7.3 応力 - ひずみ履歴特性線図

各温度条件における試験体 3 体の履歴特性線図。

7.4 試験温度

試験開始時温度と試験終了時の圧縮試験補助治具の温度。（**表 3**）

7.5 基準圧縮応力時ひずみ値

各試験体のひずみ値および中央値。（**表 3**）

7.6 圧縮ひずみ差値

各温度および各基準圧縮応力時の基準温度 23℃に対する圧縮ひずみ差値（**表 2**）

7.7 圧縮ひずみ差特性図

各温度（23℃を除く）の基準圧縮応力と圧縮ひずみ差特性図（**図 6**）

7.8 試験年月日

7.9 その他必要事項

以上

表3 試験結果記録形式の一例

試験体名称		会社名 ○○株式会社			製品呼称 △△タイプ				

温度		23±2℃			50±2℃			100±2℃			150±2℃			200±2℃		
基準圧縮応力	試験体NO.	ひずみ値	開始温度／終了温度／中央値(a)		試験体NO.	ひずみ値	開始温度／終了温度／中央値(b)／ひずみ差(b)-(a)	試験体NO.	ひずみ値	開始温度／終了温度／中央値(c)／ひずみ差(c)-(a)	試験体NO.	ひずみ値	開始温度／終了温度／中央値(d)／ひずみ差(d)-(a)	試験体NO.	ひずみ値	開始温度／終了温度／中央値(e)／ひずみ差(e)-(a)
10MPa	NO.1				NO.4			NO.7			NO.10			NO.13		
	NO.2				NO.5			NO.8			NO.11			NO.14		
	NO.3				NO.6			NO.9			NO.12			NO.15		
20MPa	NO.1				NO.4			NO.7			NO.10			NO.13		
	NO.2				NO.5			NO.8			NO.11			NO.14		
	NO.3				NO.6			NO.9			NO.12			NO.15		
30MPa	NO.1				NO.4			NO.7			NO.10			NO.13		
	NO.2				NO.5			NO.8			NO.11			NO.14		
	NO.3				NO.6			NO.9			NO.12			NO.15		
40MPa	NO.1				NO.4			NO.7			NO.10			NO.13		
	NO.2				NO.5			NO.8			NO.11			NO.14		
	NO.3				NO.6			NO.9			NO.12			NO.15		

付属資料

付属書A

単一材料とみなせない材料の試験方法

A.1 適用範囲

単一材料とみなせないもののうち積層タイプ（直列）と束ねタイプ（並列）のすべり材について規定する。

A.2 製品と材料構成

複数の材料で構成されているすべり材においては、各構成材料の材質および耐火性能に影響を及ぼす材料特性を明示するものとする。また、積層タイプにおいては、実製品厚さ（H）に対する各構成材料の厚さ（h）および厚さの構成比率（$\alpha = h/H$）を明確にすること。束ねタイプにおいては実製品の断面積（W）に対する各構成材料の断面積（w）および断面積比率（$\beta = w/W$）を明確にすること。

A.3 試験体

試験体は構成材料ごとに**4.**（試験体および寸法許容差）に規定する試験体とする。

A.4 試験の数

試験体の数は構成材料ごとに3体とする。

A.5 試験方法

試験方法は**5.**（試験方法）に示す手順により試験を行う。

A.6 試験結果のまとめ方

構成材料ごとに**6.**（試験結果のまとめ）および**7.**（記録）の方法により、表2に示す試験結果記録表を作成する。

さらに、これらの結果から、以下に示す計算方法を参考にして、製品としての各温度、各荷重の圧縮ひずみ差を算定した表を作成する。

〈計算例〉

1）積層タイプ（直列）の場合

積層タイプの場合は材料Aと材料Bに作用する応力は等しい。**図A1**は実験により得られた材料Aと材料Bの基準温度23℃に対する高温時の圧縮応力とひずみ差の関係（例）を示したものであるが、図に示すように同一圧縮応力において、ひずみ差が異なる。

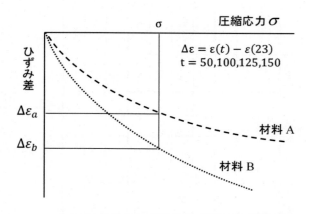
図A1 すべり材の応力-ひずみ差関係

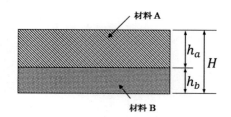
図A2 すべり材の構成（積層タイプ）

すべり材全体の厚さ H および圧縮ひずみ差 $\Delta\varepsilon$、さらに材料 A の厚さ h_a および圧縮ひずみ差 $\Delta\varepsilon_a$、材料 B の厚さ h_b および圧縮ひずみ差を $\Delta\varepsilon_b$ とす。

全体の変形量 δ は材料 A の変形量 δ_a と材料 B の変形量 δ_b の和となり式（A-1）となる。

$$\delta = \delta_a + \delta_b \quad (A-1)$$

ここで、$\delta = H\cdot\Delta\varepsilon$　$\delta_a = h_a\cdot\Delta\varepsilon_a$　$\delta_b = h_b\cdot\Delta\varepsilon_b$　であるから、式（A-1）は

$$H\cdot\Delta\varepsilon = h_a\cdot\Delta\varepsilon_a + h_b\cdot\Delta\varepsilon_b \quad (A-2)$$

$$\Delta\varepsilon = \frac{h_a}{H}\cdot\Delta\varepsilon_a + \frac{h_b}{H}\cdot\Delta\varepsilon_b \quad (A-3)$$

ここで h_a/H、h_b/H は各材料の厚さ比率であるから、材料 A の厚さ比率 $\alpha_a = h_a/H$ および材料 B の厚さ比率は $\alpha_b = h_b/H$ であるため、すべり材全体の圧縮ひずみ差は式（A-4）となる。

$$\Delta\varepsilon = \alpha_a\cdot\Delta\varepsilon_a + \alpha_b\cdot\Delta\varepsilon_b \quad (A-4)$$

2）束ねタイプ（並列）の場合

束ねタイプの場合は、すべり材をある荷重で加力した場合、材料 A と材料の B の変形量が同じになる。**図 A3** は実験によって得られた材料 A と材料 B の圧縮応力と圧縮ひずみ差の関係を示したものであるが、図に示すように圧縮ひずみ差は、材料 A と材料 B で等しいが、応力値は異なることになる。

全体に作用する力 F は、材料 A に作用する力 F_a と材料 B に作用する力 F_b を合わせたものとなる。

$$F = F_a + F_b \quad (A-5)$$

また、

$$\left.\begin{array}{l} F = \sigma\cdot W \\ F_a = \sigma\cdot w_a \\ F_b = \sigma\cdot w_b \end{array}\right\} \quad (A-6)$$

であるから、式（A-6）は以下の通りとなる。

$$\sigma\cdot W = \sigma_a\cdot w_a + \sigma_b\cdot w_b \quad (A-7)$$

ここで、$\beta_a = w_a/W$、$\beta_b = w_b/W$ とすると式（A-7）は

$$\sigma = \beta_a\cdot\sigma_a + \beta_b\cdot\sigma_b \quad (A-8)$$

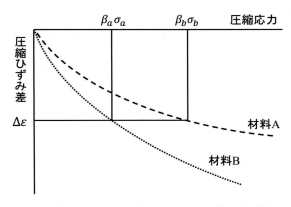

図**A3**　すべり材の応力−ひずみ差関係

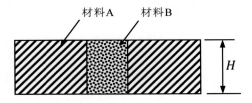

全受圧面積：W
材料Aの受圧面積：w_a
材料Bの受圧面積：w_b

図**A4**　すべり材の構成（束ねタイプ）

$\Delta\varepsilon$ を求めるには、実験で得られた材料 A および材料 B の応力とひずみ差の関係から最適関数を求め、圧縮ひずみ差が等しくなる時の各 σ_a、σ_b を求め、式（A-8）により、σ が 10 N/mm^2、20 N/mm^2、30 N/mm^2、40 N/mm^2、となる時のひずみ差を求める。

付属資料

付属書 B

JIS K 6250（2006）付属書 A 表 2「平板状試験体の状態調節」

媒体	温度 ℃	平板温度1度差に達する時間　min								
		厚さ　mm								
		25	25	10	8	5	3	2	1	0.2
空気	-50	135	70	45	35	20	15	10	5	5
	0	95	50	30	25	15	10	10	5	5
	50	110	60	35	30	20	10	10	5	5
	100	140	75	45	35	20	15	10	5	5
	150	155	80	50	40	25	15	10	5	5
	200	160	85	55	40	25	15	10	5	5
	250	170	90	55	45	25	15	10	5	5
液体	-50	90	35	15	10	5	5	5	5	5
	0	75	30	15	10	5	5	5	5	5
	50	80	30	15	10	5	5	5	5	5
	100	90	35	20	10	5	5	5	5	5
	150	95	40	20	10	5	5	5	5	5
	200	100	40	20	10	5	5	5	5	5
	250	105	40	20	15	5	5	5	5	5

付属資料

解　説

この解説は、本試験方法に記載した事柄、並びにこれらに関連した事柄を説明するもので、基準の一部ではない。

1. 制定の主旨

本試験方法はすべり支承用に用いる高分子系すべり材の温度と圧縮特性の性質を明らかにするために定めたものである。高分子系材料の圧縮特性を評価する規格としては、**JSI K 7181**（1994）「プラスチック圧縮特性の試験方法」の規格があるが、すべり支承の使用方法や火災時を想定したものではないことから、圧縮ひずみや温度に対する性能を適正に評価できない。したがって本試験方法は、ゴム材料の圧縮特性を評価するために一般社団法人日本免震構造協会防耐火部会において制定した「積層ゴム支承およびすべり支承用ゴム材料の圧縮特性（温度依存性）」（2018）を参考にして、で独自に定めたものである。

2. 評価目的

本試験は、すべり支承に用いるすべり材（素材）の圧縮特性（温度依存性）を相対的に比較評価する目的で定めたものである。したがって、実際に用いられるすべり材の厚さ、形状比（受圧面積/側面面積）、すべり材の固定条件等は考慮していない。（2014 追記）

3. 温度範囲

本規格はすべり材の限界温度特性を評価するものではない。免震層の耐火構造を必要とする建物構造・種別に適用を前提としていることから、すべり支承には何らかの耐火被覆システムを想定している。したがって本試験方法では火災時にすべり材の温度が 200℃以下となることを想定しており、本試験方法の温度範囲も室温 23℃〜200℃を設定した。

4. 試験

本規格はすべり材の材質が単一材料もしくは単一材料と見なせることを想定している。すべり材の中には、素材の強度を補強するためにガラス繊維等を混入したものもあるが、ガラス繊維（ガラスクロスは除く）が素材の中に均質に混入されているものは、単一材料として取り扱っても良いものとしている。

2014 年度の版改訂にあたっては、単一材料と見なせない材料のうち積層タイプ（直列）と束ねタイプ（並列）についての試験方法を追記した。その他の複数材料の組み合わせタイプについては申請者が適切な方法を明示するものとした。

なお、積層タイプと束ねタイプの試験については其々の材料ごとに試験を行い、得られた応力−圧縮ひずみ差から材料全体としての圧縮ひずみ差特性を求めることとした。本来は製品自体を評価すべきであるが、前記の **2. 評価目的**にも記載されている通り、本試験はすべり材の材料性能における各材料の相対評価を目的としている。したがって試験体寸法は一律 φ50×4t に設定しているが、組み合わせ品については試験体寸法への材料構成比率を適合させることが困難なことから、材料ごとの試験結果により判断することとした。（2014 追記）

また、材料ごとの試験結果については、組合せまたは複合された製品とは構造が異なり、材料ごとの拘束条件が変わることから、実際の製品より圧縮ひずみ差値が大きくなる可能性があ

- 239 -

付属資料

る。すなわち高温時に変形量が大きくなるが、大きい方で評価しておくことは耐火性能にとって安全側の評価となることから、本方法を採用した。（2014 追記）

5．試験結果のまとめ方

数値の結果については平均値を用いるのではなく、**JIS K 6254** の規格に準じ中央値を採用している。

6．懸案事項

本方法書は、現状のすべり支承に用いられているすべり材および耐火被覆システムの防火・断熱性能の使用状況を勘案して決めたものである。しかしながら将来技術革新または法令等の改正に伴い、これら条件が変わる可能性もあり、本試験方法はそれを妨げるものではない。したがって今後の状況を鑑みて、随時本方法書を改訂して行くこととする。

用語の解説 （terminology）

本ガイドブックで取り扱う用語の解説は以下の通り。
なお、用語集では平成 12 年建設省告示第 1446 号を「告示 1446 号」と簡略化している

ア

・アイソレータ （isolator）

　免震建物において、免震性能を発揮するための装置を免震部材と称する。アイソレータとは、上部構造の荷重を支持しながら水平方向にきわめて小さな力で変形または移動することができ、建物の固有周期を長くする免震部材をいう。アイソレータには、荷重支持性能と復元性能さらに減衰性能を有する積層ゴム支承と復元性能を有しないすべり・転がり支承がある。告示 1446 号では指定建築材料の一つとして「免震材料」と呼ばれ、同告示 2009 号では、免震材料の中で荷重支持機能を有するものとして「支承材」に位置づけられている。免震材料にはそのほか「減衰材」、「復元材」などがある。

　　免震部材、免震材料　参照

・圧縮限界強度 （ultimate compressive-strength）

　免震部材のうち特に積層ゴム支承やすべり支承に用いられる用語で、告示 1446 号に、圧縮限界強度とは、「水平方向の変形に応じて支承材が座屈・破断または性能上有害な変形をすることなく、安全に支持できる強度」として定められている。しかし、実大サイズの試験には極めて大きな載荷を必要とするため、水平変位 0 時における圧縮限界強度を座屈限界強度で代用してもよいとしている。座屈限界強度は本文 3.1.3 節の式 (3.1.1) によって求めることができる。
積層ゴム支承の場合、一般的には、製作会社が圧縮限界強度の最大値を 60 N/mm² と設定していることが多い。ただし、ゴム材料、二次形状係数によってはこれ以下で設定することもある。

・圧縮ひずみ差（compressive-strain disparity）

　免震部材のうち、特にすべり支承のすべり材の材料試験で行う高温時圧縮特性評価方法の一つ。すべり材の常温時の圧縮ひずみと高温時の圧縮ひずみの差を圧縮ひずみ差という。このように、単に高温時の圧縮ひずみ値を評価するのではなく、常温時との比較を行うことで、常温時でも柔らかい材料か、常温時では硬くても温度上昇によって大きく変化する材料かを判断することができる。

イ

・一次形状係数 （primary-shape factor）：S_1

　積層ゴムのゴム一層について受圧面積（ゴムと鋼板が接着されている面積）と自由面積（ゴム厚さに相当する周囲の面積）の比で定義される。積層ゴム部が円形断面（中心孔なし）の場合、一次形状係数 S_1 はゴムの直径 D とゴム一層の厚さ t を用いて、

$$S_1 = \frac{受圧面積}{自由面積} = \frac{\pi D^2}{4\pi Dt} = \frac{D}{4t}$$

で表されるため、ゴム一層の偏平度を示す尺度となる。なお、中心孔がある場合は、中心孔のゴム側壁面積も自由面積に含まれる。
一次形状係数は積層ゴム支承の圧縮剛性や曲げ剛性に大きく影響を及ぼし、一次形状係数が大きくなるにしたがい、これらの値も増大する。ただし、最終的には体積弾性係数による補正が含まれるため、あまり大きくしてもその効果は小さい。

・引火温度 （flash temperature , flash point）

　温度を徐々に上昇させたときに、物質が揮発して空気と混合した可燃性の気体ができる。このときに、火種を近づけて燃焼が始まる最低の温度を、引火温度または引火点という。

エ

・エキスパンション ジョイント （expansion joint）

　免震建物は、隣接する構造物や周辺地面との間で地震時に大きな相対変位が生じる。免震エキスパンションジョイントとは、免震建物と周辺外部とをつなぐ部分に用いられ、建物の動きを阻害しないよう、また大きな変位に追従する機能を有するものをいう。建物エントランスにおける免震ピットカバー、手摺などにスライド機構を持たせる方法などがある。中間層免震建物の免震層に免震エキスパンション・ジョイントを設ける場合は、耐火材料を用いるなどの工夫が必要である。

用語の解説

オ

・オイルダンパー（oil damper）

　一般にはシリンダー内に充填されたオイルの中をピストンが動き、ピストン内に設けられたオリフィス（管路の途中に設けられた丸い孔）をオイルが流動することで、粘性抵抗を得るものである。粘性抵抗による減衰力はオイルの粘度やオリフィスの形状によって調整することができる。ただし温度依存性や速度依存性を有する。

・温度荷重（temperature load）

　構造設計における外力は、固定荷重・積載荷重、地震荷重、積雪荷重、風荷重、温度荷重などに分類される。このうち温度荷重とは、外気温度、日射、地中温度、室内温度、内部熱源などの建築物に荷重効果をもたらす温度をいう。また、荷重効果とは、温度荷重により構造部材が膨張または収縮することによって、内部応力の変化が周囲の構造体に外力として作用することを意味する。

　　火災温度荷重　参照

カ

・火害（fire damage）

　建築物の構成部材の性能が、火災により劣化または消滅すること。

・火害診断（fire damage diagnosis）

　火災後に建物の損傷程度や、火災前後での性能変化などを診断し、建物の継続使用、建て替えもしくは被害構造部分の補修または交換などを判断し、建物所有者に提言を行うこと。

・火災温度荷重（temperature load by fire）

　温度荷重の一つで、火災外力を受けた部材の温度をいう。この温度により構造部材が膨張し、周辺拘束部材との相互作用によって、拘束部材には変形に相当する外力、また部材自体にはこの外力に相当する内部応力が発生する。

　　火災外力　参照

・火災継続時間（fire duration time）

　火災発生から可燃物が燃え尽きるまでの時間をいう。火災は出火から拡大、本格的な火災を経て、可燃物が燃え尽きて鎮火する。耐火設計では、本格的な火災へ

移行後からの時間を火災継続時間として取り扱う。

・火災外力（fire external force）

　火災の加熱によって構造物に作用する外力の一つで、火災によって時々刻々と変化する建物内部および外部の温度状態をいう。一般的には、出火から鎮火に至るまでの温度-時間関係をいう。

　　設計火災外力　参照

・荷重安全余裕度係数（load safety factor）

　Harringx 理論を基にした座屈限界式により求めた座屈限界強度（圧縮限界強度）σ_{cr}（3.1.3 項参照）に 0.9 を乗じた値に対する基準面圧の比率をいう。高減衰ゴム系積層ゴム支承の性能担保温度設定時に、載荷加熱試験の条件として、この比率を 4.0 以上と設定したことから、荷重安全余裕度係数が 4.0 未満の高減衰ゴム系積層ゴム支承は耐火構造の認定適用外となっている。

・加熱試験（heating test）

　載荷と加熱を同時に行う載荷加熱試験に対し、加熱のみで行う試験を加熱試験という。この加熱試験のみで耐火性能を評価するためには、対象とする免震部材の材質、構造、寸法条件およびその範囲が定められており、さらに性能担保温度またはこれに相当する温度が別途設定されている必要がある。

　　性能担保温度、耐火性能確認試験、耐火構造認定用
　　共通試験体　参照

・下部構造（substructure）

　　免震構造　参照

・加硫温度（vulcanizing temperature）

　ゴム材料は、ゴム分子に硫黄化合物系の架橋剤（触媒）を用いて、ゴム分子鎖どうしを結合（架橋反応）させることでゴム弾性を得る。また、この反応を促進するために温度と圧力を加える。加硫温度とは、この反応がピークに達するときの温度をいう。また、このときにゴム分子鎖が結合して三次元の網目構造となることで強靭な弾性と大きな伸び、さらに破断性能を有するようになる。この加硫温度はゴム材料によって異なるが、天然ゴムの場合は約 120℃〜150℃である。

・緩衝ゴム（buffer rubber）

　すべり支承や転がり支承において、鋼製フレーム（ベースポット）とすべり材または直交するレール間に挟み込む薄いゴムシートを緩衝ゴムという。緩衝ゴムの目的は、躯体施工時に生じる平行度誤差をゴムの弾性

- 242 -

で吸収し、鉛直荷重を各部に均等に作用させるために挿入するものである。JSSI 防耐火部会では、すべり支承において緩衝ゴムが水平方向に変形する場合は弾性すべり支承、上下方向のみにしか変形しない場合は剛すべり支承と分類している。

 キ

・**基準面圧**
（**standard compressive stress, nominal compressive stress**）
　告示 1446 号で定める用語で、一般的に長期許容面圧に相当する。設計用圧縮限界強度 σ_c の 10%～30%間または鉛直基準強度（$\sigma_c \times 0.9$）の 1/9～1/3 間で、水平変形性能（限界せん断ひずみ）などを勘案して製作会社が定める。また支承材の各種特性（水平剛性、鉛直剛性、面圧依存性など）を示す時の積載荷重の基準値となる。一般的には、積層ゴム支承の基準面圧を最大 15 N/mm² と設定している場合が多い。ゴム材料や二次形状係数によって、これ以下で設定することもある。また基準面圧を規定面圧と呼ぶこともある。

 コ

・**高減衰ゴム系積層ゴム支承　HDR**
（**high damping rubber bearing**）
　高い減衰性能を有するゴム（高減衰ゴム）を使用した積層ゴム支承。形状については天然ゴム系積層ゴム支承と同様であるが、減衰性能を有した合成ゴムまたは天然ゴムとのブレンド品を用いていることから、水平変形時に粘弾性的なエネルギー吸収性能を有しており、LRB と同じく減衰性能をあわせ持った積層ゴム支承の一つである。

・**鋼材ダンパー**（**steel damper**）
　鋼材が塑性変形または幾何的変形するときのエネルギー吸収性能をダンパーとして利用するもので、平面内、任意方向の大変形に追従でき、変形による応力・ひずみを分散するように形状や支持部などが工夫されている。復元力は紡錘形の履歴ループを示す。

・**剛すべり支承**（**slider, rigid sliding bearing**）
　剛すべり支承とは、すべり材とすべり板が摺動する際に、弾性的挙動が生じないものを剛すべり支承という。剛すべり支承には、材拘束フレーム内（ベースポット）に不陸調整用の緩衝ゴムを挿入したものがあ

るが、拘束フレーム内に設置されているため、ゴムはせん断変形しない。これに対し、単にすべり材ホルダーと固定フランジ間に不陸調整用の緩衝ゴムを 1 層のみ加硫接着したものがある。この場合、水平変形時にゴム 1 層分のせん断変形が起こるため、本書では弾性すべり支承の範疇に分類している。剛すべり支承は摩擦力以下の地震および風では動かない特徴を有している。

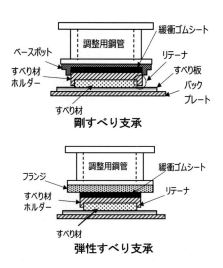

・**転がり支承**（**ball bearings, roller bearings**）
　転がり支承には、平らな鋼板上に多数の鋼球を転動体として並べ、鋼板の上を転がす平面転がり支承（SBB）と、皿状の曲面を転がる曲面転がり支承、さらに引抜力に抵抗するため直交する鋼製レール内にベアリングを設けたレール式転がり支承（CLB）がある。また、レール式には鋼球の替わりにローラーを用いたタイプもある。
　鋼球を用いた平面転がり支承は、特殊鋼板のプレートが自由に動く機構であり、実用上 0 に近い超低摩擦係数を実現している。しかし、復元機能と減衰機能は持たないため、通常は積層ゴム支承などと組み合せて使用している。一方曲面転がり支承は曲面による復元機能と曲率による周期特性を有している。レール式転がり支承は鋼球の循環機構を持つリニアブロックと軸受けレールによる直動装置を直交させて上下に組み合わせ、任意の方向へ滑動可能な支承である。平面転がり支承と同様、極めて小さな摩擦係数で動くことができる。

- 243 -

用語の解説

サ

・載荷加熱試験（fire test under load）

　加熱状態における試験体の荷重支持性能を確認する試験。長期許容応力度に相当する応力度が生じるように載荷しながら試験終了時まで加熱を行う。柱の試験体においては、そのときの軸方向収縮量と軸方向収縮速度が所定の値以内であることを確認する。免震部材においては性能担保温度を確認するための試験として用いられる。
　性能担保温度確認試験、性能担保温度確認用共通試験体　参照

・酸素指数（oxygen indices）

　材料の燃えやすさを表す指標。材料の燃焼を維持するために必要な酸素と窒素の混合物で、その中における酸素の最低濃度を表す指数。燃焼時間が180秒以上継続するか、または、接炎後の燃焼長さが50 mm以上燃え続けるのに必要な最低の酸素濃度を求める。酸素指数が空気の酸素濃度21%より大きい材料は、通常の空気中では燃焼が続けられないと判断できる。

シ

・軸収縮（axial deformation）

　軸力が負荷された時の軸方向の変位量（収縮または膨張を含む）をいう。「免震材料を含む柱」を試験体とした載荷加熱試験にあっては、柱の鉛直変位をいう。長期許容応力度に相当する応力度が生じるように載荷した状態で免震部材の温度が上がると、高温時のゴムの剛性低下により鉛直方向に収縮が生じる。ただし、同時に支承を含む試験体の温度上昇に伴う熱膨張も生じており、両者の和として実測された鉛直変位が軸収縮となる。

・指定性能評価機関（designated evaluation facility）

　建築基準法第68条の26第2項および第3項によって国土交通大臣が指定した性能評価機関をいう。基準法および告示で定められた技術基準に対する適合性の評価を行うとともに、その結果を性能評価書として発行し、これに基づいて国土交通大臣が認定書の交付を行う。代表的な指定性能評価機関としては（一財）建材試験センター、（一財）日本建築総合試験所、（一財）日本建築センターなどがある。

・主要構造部（principal building parts）

　建築基準法第2条第五号に規定されている、壁、柱、床、はり、屋根、または階段をいい、建築物の構造上重要でない間仕切り壁、間柱、附け柱、揚げ床、最下階の床、周り舞台の床、小ばり、ひさし、局部的な小階段、屋外階段その他これらに類する建築物の部分を除くものをいう。

・準耐火構造
（quasi-fireproof construction , quasi fire-resistive construction）

　準耐火構造とは、壁、床、柱などの建築構造部のうち、政令（令第107条の2）で定める準耐火性能の技術的基準に適合する構造で、国土交通大臣が定めた構造方法を用いたもの、または国土交通大臣の認定を受けたものをいう。耐火構造との違いは要求される耐火性能（要求時間）が異なることと、耐火構造では、火熱を止めた後もその状態を維持していなければならないのに対して、準耐火構造は火熱を加え、一定時間内耐えればよいことである。

・準防火地域（quasi fire-protection zone）

　都市計画法で定義される地域であり、市街地における火災の危険を防除するために定めた地域のこと。準防火地域内に建築される建物は、耐火建築物および準耐火建築物、外壁の開口部の構造および面積、主要構造部の防火の措置、その他の事項について防火上必要な政令で定める技術的基準に適合する建築物であることが定められ、階数と延べ面積によって区分される。

・仕様規定（prescriptive code）

　耐火に関する仕様規定は、建物の用途や階数、建築物の部分などに応じて、必要とする耐火時間や耐火性能（非損傷性、遮熱性、遮炎性）を定めた規定である。仕様規定による耐火設計においては、主要構造部を耐火構造とすることが必要である。
　免震建物を仕様規定によって耐火設計する場合は、「免震材料を含む柱」の耐火構造認定を取得した構造としなければならない。免震部材用の耐火構造としては、積層ゴム支承、転がり支承およびすべり支承を対象としたものがある。

・上部構造（superstructure）
　免震構造　参照

ス

・すべり支承（slider, sliding bearing）
　すべり支承は、すべり材とすべり板を組合せたすべり機構をもち、小さな摩擦係数のすべりによって構造物を移動させる支承である。すべり支承には、すべり材と積層ゴム部を直列に重ねた弾性すべり支承と、すべり材と鋼製フレームの中にすべり材を固定した剛すべり支承に分類される。ゴム材料には天然ゴムやクロロプレンゴムが用いられ、すべり材にはPTFE材（四ふっ化エチレン）やポリアミド樹脂などが用いられる。一方、すべり板には主にステンレス板が用いられ、摩擦係数の調整のためにふっ素や特殊なオイルによるコーティングが行われているものもある。
　弾性すべり支承、剛すべり支承　参照

セ

・性能規定（performance based code）
　耐火に関する性能規定は、仕様規定に対する用語である。仕様規定は材料、形状などが告示で定められているのに対し、性能規定は火災継続時間よりも主要構造部の保有耐火時間が上回ることといった耐火性能面で規定する方法である。耐火性能検証法を採用しない場合は、実験などによって本文1.2節に記載されているルートCによって大臣認定を取得する必要がある。
　仕様規定、火災継続時間、耐火性能検証　参照

・性能担保温度（performance guarantee temperature）
　性能担保温度とは、指定性能評価機関における「防耐火性能試験・評価業務方法書」に「免震材料の表面温度を測定した場合にあっては、表面温度の最高が、試験終了時まで性能担保温度を超えないこと。性能担保温度とは、別途実施したJIS K 6254 (2003)または同等の圧縮強度試験等により求めた性能低下を起こさないことが明確な温度」と記載されている。
　ここでの性能低下とは、耐火性能の場合は荷重支持性能を意味し、せん断変形時の性能は含まれていない。JSSIにおいては、天然ゴム材料を用いた支承については、ゴム材料の23℃から200℃における10%および20%圧縮ひずみ時の弾性率の変化を測定し、弾性率の変化が小さい上限温度を性能担保温度とし、その温度を150℃としている。また高減衰ゴム材料を用いた支承については、積層ゴム支承の載荷加熱試験結果より荷重支持性能が基準を満たすことを確認した上で、性能担保温度を150℃と設定している。

・性能担保温度確認試験（performance validation test）
　性能担保温度確認用共通試験体を用い、火災外力として標準加熱曲線、長期許容応力度に相当する荷重を載荷して行う載荷加熱試験をいう。目標として設定した性能担保温度でも免震部材の荷重支持性能（非損傷性）が担保できるかを確認するための試験をいう。

・性能担保温度確認用共通試験体
（performance validation specimen）
　JSSIが策定している試験体で、協会に所属している各製作会社の免震部材において、載荷加熱した時に最も軸収縮量が大きくなるようにパラメータが設定された試験体（共通載荷加熱試験体ともいう）。これを用いた性能担保温度確認試験により、設定した性能担保温度でも荷重支持性能（非損傷性）を満足することを確認する。

・設計火災外力（design fire load）
　耐火設計を行う際に考慮する火災外力のこと。建物内部の構成材料、室形状、開口形状、室用途および可燃物量が決まると、その建物内部に発生すると想定される火災外力を設定することができる。耐火設計では、火災を温度-時間曲線に置き換えたものを建物の部材に作用する建物内部の設計火災外力としており、これを設計者が決定する。また、建物外部の火災についても設計者が外部状況に応じて建物外部の設計火災外力を決定する。

タ

・耐火建築物
（fireproof building, fire-resistive building）
　耐火建築物とは通常の火災時の火熱に対し、主要構造部が非損傷性と延焼防止性能をもつ建築物で、建築基準法第2条第九号の二で定める条件に適合するものいう。主要構造部とは、柱、梁、床、屋根、壁（ただし、この場合における壁とは、耐震壁のような構造上の耐力を持つ壁、外壁、防火区画をなす壁などのことで、それ以外の間仕切り壁を含まない）、階段などを指す。これらの部分が、耐火性能を有していることが耐火建築物の要件となる。

用語の解説

・**耐火構造**
（**fireproof construction , fire-resistive construction**）
　壁、柱、床その他の建築物の各部分のうち、耐火性能に関して、政令（令第107条）で定める技術的基準に適合するRC造などの構造で、かつ国土交通大臣が定めた構造方法を用いるもの、または国土交通大臣の認定を受けたものをいう。耐火構造は火災中および火災終了後も耐力を失わず、崩壊しない性能を持つ構造をいう。

・**耐火構造認定**（**fireproof structure certification**）
　国土交通大臣により認定された耐火構造のこと。指定性能評価機関による耐火試験を行い、性能が確認されているもので、耐火時間は30分から3時間までである。各部材の有する耐火性能により認定耐火時間が定められ、国土交通省より認定書と別添が交付される。認定書には認定番号、別添には材料、形状、寸法などの耐火仕様が記載されている。免震部材に関しては認定書に適用可能な免震材料の製作会社名と認定番号が記載されている。

・**耐火構造認定用共通試験体**
（**fireproof structure certification specimen**）
　JSSIが策定している試験体で、協会に所属している各製作会社の免震部材において、最も温度が上昇しやすい条件（形状、材料、構成、熱容量、熱伝導、輻射条件など）を備えた試験体（共通加熱試験体ともいう）。耐火性能確認試験（加熱試験）の試験体とし、耐火被覆された」試験体が性能担保温度を超えないことを確認する。
　　耐火性能確認試験　参照

・**耐火試験方法**（**fire-resistant test method**）
　耐火性能に関する試験方法は、指定性能評価機関の「防耐火性能試験・評価業務方法書」で規定している。試験方法は原則的にISO 834（建築構造部材の耐火試験）に準じた方法で行い、免震部材については、「免震材料を含む柱」として試験方法が規定されている。試験は、免震部材の表面温度が性能担保温度を超えないことを確認する加熱試験と、免震部材の荷重支持性能を確認する載荷加熱試験による方法がある。積層ゴム支承およびすべり支承については、JSSIが確認した性能担保温度が採用されており、加熱試験、載荷加熱試験のどちらでも試験が可能である。

・**耐火試験炉**（**testing furnace for fire resistance**）
　構造部材の耐火性能を評価するために、加熱試験や載荷加熱試験を行うことができ、かつ温度制御が可能な加熱炉をいう。

・**耐火性能**
（**fireproof property , fire-resistive performance**）
　通常の火災が終了するまでの間、火災による建築物の倒壊や延焼を防止するために、建築物の各部分に必要とされる性能をいう。建築構造部材の耐火性能は、非損傷性・遮炎性・遮熱性の三つに分類される。

・**耐火性能検証法**（**fire-resistance verification methods**）
　建築物の耐火性能を検証する方法。平成12年建設省告示第1433号で示されている検証方法をいう。同告示で示されている耐火性能検証法は、室ごとに算定された火災の継続時間と、その部屋に属する柱・梁などの主要構造部の保有耐火時間を算定し、両者を比較することで部屋の耐火性能を検証する方法となっている。

・**耐火性能確認試験**（**fire performance test**）
　耐火構造認定用共通試験体を用い、火災外力として標準加熱曲線によって無載荷で行う加熱試験をいう。申請された耐火被覆を行い、免震部材の性能担保温度より部材表面温度が上昇しないことを確認するための試験。この試験により国土交通大臣の耐火構造認定可否が決まる。また、指定性能評価機関ではこれを耐火性能評価試験という。
　　耐火構造認定用共通試験体、耐火構造認定参照

・**耐火設計**（**structural fire-safety design**）
　一般的に、地震（建物に伝わる地震力）や風（風力）、積雪荷重などの外力に対して建物の柱、梁、床、壁などの強度が十分耐えるように設計することを構造設計という。これに対して、耐火設計とは火災時に高温となることで、柱、梁、壁などの部材やこれらの取付け部の強度がどのように変化（低下）するか、さらに部材から構成される架構全体がどのように崩壊するかを想定することで、火災時の架構の構造安定性を確保するための設計手法をいう。
　耐火設計の場合は、燃焼体の種類、燃焼体までの距離、開口条件などから、柱や梁がどのような温度状態になるかを求め、この温度状態を火災時の温度荷重として取り扱う。

用語の解説

・**耐火設計ルート（structural fire safety design route）**

建築物を耐火建築物として認可を受ける場合の手続き申請の違いを示したもので、この違いによって耐火設計はルートA～Cの一つを選択して設計することになる。ルートAは仕様規定と呼ばれ、火災の規模や建物用途に関係なく、主要構造部の要求耐火時間および要求耐火性能が設定されているものである。ルートBおよびルートCは、ともに性能規定と呼ばれ、主要構造部の耐火性能を実験や計算により耐火性能を評価するものであるが、次のような違いがある。

・ルートB：国土交通大臣が定めた「耐火性能検証法」により性能を確認する方法
・ルートC：高度な検証法を用いて性能を確認し、国土交通大臣の認定を受ける方法

免震建物の場合には、免震部材の配置・種類や採用する耐火被覆などによっては耐火設計ルートが限定されることがある。

・**耐火帯（fire-resistant belt）**

免震クリアランス部を防火区画とするために設ける耐火部材。エキスパンションジョイント（以下、Exp.J）に耐火性を付与するために、Exp.Jカバー内部に設置した可撓性の耐火部材を指す。部材にはリフラクトリーセラミックファイバー（RCF）ブランケットやアルカリアースシリケート（AES）ブランケットなどがある。また、これらを芯材として表面にガラスクロスや金属薄膜、メッシュなどを配置し、大きなたるみをもたせることで、大変形に追従できるようにしたものもある。

耐火性能に関しては、建築基準法に明確な基準が示されていないため、防火区画に用いる場合は、遮炎性または遮熱性についての確認が必要である。

・**耐火被覆構造**
（**fire resistive covering , fire preventive covering , fire-protective covering**）

積層ゴム支承やすべり支承に直接火炎が当たらないようにし、積層ゴム支承の表面温度を性能担保温度以下にするために、耐火被覆材を免震部材の形状に加工したものを耐火被覆構造という。耐火被覆構造には、免震構造特有の以下の機能が要求される。

① 免震部材の水平変形に対して損傷なく変形または追随し、免震部材の機能に影響を及ぼさないこと。
② 免震部材の維持点検が可能であること。

耐火被覆構造には上下2分割パネル方式や多段スライド方式、開閉方式、ブランケット方式などがある．

・**耐火被覆材**
（**fire-resistant covering material , fire preventive covering material , fire-protective covering material**）

柱・はりなどの耐火性能を確保するために被覆する材料をいう。耐火被覆材には、不燃性の無機材料であるセラミックファイバー系や、けい酸カルシウム板などを免震部材の形状に加工した構造のものがある。

・**耐火ブランケット（fire-resistant blanket）**

耐火被覆材として使用されている材料の一つで、セラミックファイバー製のブランケットをシリカクロスなどで包み込んだものをいう。柔軟性に優れ、加工性がなどもよい。ただし、リフラクトリーセラミックファイバー（RCF）は、特定化学物質等障害予防規則（特化則）の管理第2類物質特別管理物質に該当するため、その取り扱いには特化則等関係法令に従う必要がある。

・**第3石油類（class 3 petroleum）**

第3石油類とは、消防法第2条第7項において定める危険等級Iに属する危険物4類の引火性液体で、その中で第3石油類として定められているものをいう。第3石油類は比較的引火点が高く、加熱しない限り引火する危険性はないが、いったん火災になった場合は液温が非常に高くなるため、消火が困難な状況となる場合もある。1気圧、温度20℃で液体であって、引火点が70℃以上200℃未満のものをいう。第3石油類に属するものとしては、重油、クレオソート油、クレゾール、アニリン、ニトロベンゼン、グリセリン、エチレングリコール、トリレンジイソシアネート、2サイクルエンジンオイルなどがある。また危険物の保管をする上で指定数量がある。

・**弾性すべり支承（slider with elastomer , elastic sliding bearing）**

弾性すべり支承は、積層ゴム部の最上部または最下部にすべり材を取り付けたものと、すべり板を組み合わせたものである。すべり板とすべり材の摩擦係数はμ＝1/10～1/100と非常に小さい。小振幅時（摩擦力以下）では天然ゴム系積層ゴム支承の性状を示し、大振幅域（摩擦力以上）ではすべり材部がすべり板をすべることで、水平剛性に寄与せず、またその際の摩擦によりエネルギー吸収を行う支承である。なお、JSSIでは、すべり支承の初期変形時に弾性挙動を発現するものを弾性すべり支承、弾性挙動しないものを剛すべり支承の範疇に位置づけている。

剛すべり支承　参照

用語の解説

- **ダンパー（damper）**

　天然ゴム系積層ゴム支承だけでは、揺れの衝撃を小さくさせることはできても、振動を止めることはできない。この振動を減衰させる機能を持つのがダンパーである。金属の塑性変形を利用した鋼材ダンパー、鉛ダンパー、流体抵抗を利用したオイルダンパーや、摩擦抵抗を利用した摩擦ダンパー、粘性抵抗を利用した粘性体ダンパーなどがある。告示1446号で示される「減衰材」に相当する。

――――― テ ―――――

- **天然ゴム系積層ゴム支承　NRB**
（natural rubber bearing, elastomeric isolator）

　天然ゴム系積層ゴム支承は、天然ゴム層と内部鋼板を積層加硫接着したものである。荷重-変形関係が比較的線形であり、クリープや温度依存性、速度依存性が少ない反面、オゾンや紫外線での耐候性は劣る。免震部材として広く用いられているが、ゴム自体に減衰性がないため、ダンパーと組み合わせて用いる。

――――― ナ ―――――

- **鉛ダンパー（lead damper）**

　鉛材の大変形域における繰返し塑性変形能力が高い性質を利用したものである。復元力は矩形に近い形状となり、大きな減衰性能を持つが、風などの微小振幅の繰返しにより、表面にクラックが発生する知見が得られている。

――――― ニ ―――――

- **二次形状係数（secondary-shape factor）：S_2**

　積層ゴム支承のゴム直径に対するゴム総高さ（一層厚×積層数）の比をいう。ゴムの直径Dとゴム総高さhを用いて、$S_2 = D/h$で表され、積層ゴム形状の偏平性を示す尺度となる。
　二次形状係数は、水平剛性の鉛直荷重依存性や変形性能と大きく関係し、二次形状係数が大きくなると水平剛性の鉛直荷重依存性が小さく、大変形時にも相対的に安定した復元性能が得られる。

――――― ハ ―――――

- **発火温度（ignition temperature, ignition point）**

　可燃物を空気中（酸素中）で加熱した場合、限界温度まで達するとその後は自らの発熱反応によって温度が上昇し、その後自然発火する。このときの温度を発火温度または発火点という。発火点を決める主な因子は、加熱の時間、可燃物と酸化剤の混合比、混合物の量、圧力などである。これに対して、火種を近づけたときに発火する温度を、引火温度または引火点という。

Haringx理論（Haringx's theory）

　積層ゴム支承の圧縮状態における水平剛性は、弾性体に水平力と圧縮力が作用する場合の座屈問題の解として求めることができる。Haringxが防振用のゴムロッドや螺旋状のスチールバネの特性を研究した成果を、Gentらが積層ゴム支承の水平剛性や座屈荷重の評価へ応用したのが最初で、これをHaringx理論という。理論の適用にあたって、積層ゴム支承はゴム層と鋼板の積層構造であるため、これを等価な曲げせん断棒に置換する。曲げせん断棒の上下端は回転を拘束し、上端に水平変形を与えた時の力の釣り合いと、変形の条件から水平変形とせん断力の関係などを求めることができる。このとき、曲げせん断棒の断面は変形後も平面を保持すると仮定している。

――――― ヒ ―――――

- **非損傷性（non-damage characteristics）**

　非損傷性とは、火災によって火熱が加えられた場合に、構造耐力上支障のある変形、溶融、破壊その他の損傷を生じず、負担している荷重を火災終了後も支持する性能をいう。「免震材料を含む柱」においては荷重支持性能をいう。

- **被覆ゴム（surface rubber, rubber cover-sheet）**

　積層ゴム支承の内部ゴムや内部鋼板などを長期にわたって酸素、オゾン、紫外線、雨水などから保護するために、積層ゴム表面に形成したゴム層をいう。被覆ゴムには内部ゴムをそのまま用いたものと、耐候性に優れた合成ゴムを用いたものがある。また、被覆ゴムは積層ゴムの加硫時に一体となるようにされたものと（被覆ゴム一体型）、後からゴムを巻き付けるタイプ（被覆ゴム後巻型）がある。その厚みは5mm～10mm程度が一般的である。

用語の解説

・非免震部 （non-isolated part）

　免震構造　参照

・標準加熱曲線 （standard heating curve）

　標準加熱曲線とは、着火からの時間と雰囲気温度との関係をグラフに示した加熱曲線のうち、通常の火災を想定したものをいう。耐火試験を行う際には加熱条件がどの試験炉でも同じとなるよう、標準加熱曲線に基づき加熱を行う。その時の平均炉内温度 T（℃）と経過時間 t の関係は、国際標準 ISO834 により以下のように設定されている。

$$T=345\log_{10}(8t+1)+20$$

―――――――――　フ　―――――――――

・フラッシュオーバー （flashover）

　室内火災による熱で可燃物が熱分解することで、引火性のガスが発生し、それが室内に充満して一気に発火した場合に生じる現象をいう。

・プラグ挿入型積層ゴム支承
（elastomeric isolator with plug）

　天然ゴム系積層ゴム支承に中心孔を設け、その中心孔にダンパーとしての材料を挿入したものである。材料としては、鉛プラグ、錫プラグまたはゴムと鉄粉を混合したプラグなどがある。積層ゴム支承のせん断変形にともなう、プラグの塑性変形や変形による摩擦または流動抵抗により減衰効果を得る積層ゴム支承の一つである。

―――――――――　ホ　―――――――――

・保有耐火時間 （fireproofing time）

　主要構造部が、発生が予測される火災を受けた場合に、構造耐力上支障のある変形、溶融、破壊その他の損傷を生じない加熱時間をいう。建築基準法では「屋内火災保有耐火時間」といい、主要構造部が室ごとに要求される火災継続時間以上の耐火性能を有していることが必要となる。その算定方法は、平成12年建設省告示第1433号（2000年）の「耐火性能検証法」に示されている。

・防火区画 （fire compartment）

　火災が急激に建物全体に燃え広がることを防ぐためのものであり、耐火建築物または準耐火建築物に求め

られる。延べ床面積が 1,500 m² を超えるものは床面積が 1,500 m² 以内ごとに、規定に適合する準耐火構造の床もしくは壁または特定防火設備で区画している。

・防火区画の構成部材 （components of fire compartment）

　中間層免震建物の場合、地震時の水平変位に対応するため、壁に目地（免震スリット）を設けるが、この場合、防火区画に該当する壁の耐火性能の確保が重要となる。目地材については、防火区画壁と同等の耐火性能を有する必要があるが、目地材を内在する壁の耐火構造認定がない。そのため、品質性能試験により耐火構造の壁と同等の性能を有することを確認したものを採用する場合が多い。

　なお、地震時の変位に対応するための開口部が設けられる場合、この開口部の処理は、旧防災評定を受けたエキスパンションジョイントや、耐火帯を使用しているケースが多い。

　免震スリット、防火区画、耐火帯　参照

・防火材料 （fire preventive material）

　建築基準法で定める防火材料は、建築基準法施行令第108条の2で定められた次の第1号～第3号に掲げる要件を満たしているものをいう。

　　第1号　燃焼しないものであること。

　　第2号　防火上有害な変形、溶融、き裂その他の損傷を生じないものであること。

　　第3号　避難上有害な煙又はガスを発生しないものであること。

さらに防火材料は、加熱開始後の要件を満たす時間に応じて「不燃材料」「準不燃材料」「難燃材料」の三つに分類されている。

なお、指定性能評価機関が定める「防耐火性能試験・評価業務方法書」に基づく発熱性試験よる具体的な要件は、次の通りである。

　　①総発熱量が 8 MJ/m² 以下であること。

　　②防火上有害な裏面まで貫通する亀裂及び穴がないこと。

　　③発熱速度が、10 秒以上継続して 200 kW/m² を超えないこと。

・防火設備 （fire preventive equipment）

　防火設備とは、火災が起きたときに火炎が拡大するのを防ぐ設備のこと。建築基準法では、建物の外壁や開口部で延焼の恐れがある部分に設けられる、防火戸やドレンチャー（スプリンクラーの防火版）などの火災

- 249 -

用語の解説

を遮る設備のことを指し、周囲で発生した火災に対して、20分間は加熱面以外の面に火炎を出さない遮炎性能を有していることと規定されている。また、特に建築物の火災拡大防止上有効な区画として定められている「防火区画」には、1時間の遮炎性能を有する特定防火設備の設置が義務付けられている。

・防火地域 (fire-protection zone)

都市計画法で定義される地域であり、市街地における火災の危険を防除するため定める地域のこと。防火地域内に建築される建物は、軽微な建物を除き、耐火建築物もしくは準耐火建築物とする必要があることが建築基準法で定められ、階数と延べ面積によって区分される。

・ミクロブラウン運動 (micro-Brownian motion)

ミクロブラウン運動は、1827年イギリスの植物学者ブラウンによって発見され、その後アインシュタインおよびフランスのペランによって物理的証明がなされたものである。
ゴムのような鎖状高分子は、分子鎖内の主鎖共有結合の結合線まわりの内部回転（分子内回転）によりその形態が刻々と変化する。このような高分子主鎖のセグメント運動（共同運動）をミクロブラウン運動という。
一方、この種の熱運動のうち、高分子の重心の変位をともない、拡散や粘性流動に関係する運動モードをマクロブラウン運動とう。分子間の架橋などにより高分子の全体としてのマクロブラウン運動が止められている場合にはミクロブラウン運動だけがおこる。ゴム状弾性はこのミクロブラウン運動に起因する。

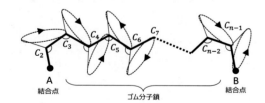

・面圧 (compressive stress)

積層ゴム支承やすべり支承などの免震部材に作用する軸力（鉛直荷重）を受圧面積（ゴム断面積）で除した平均応力度のこと。積層ゴム支承の面圧は一般的に長期許容荷重による応力度相当に設定されることが多いが、長期の耐久性や座屈および各種の面圧依存性などの特性を十分把握して設定する必要がある。
基準面圧の項参照

・免震クリアランス (clearance for seismic isolation, moat gap)

地震時に、免震層に生じる水平変位と鉛直変位を吸収するために、水平方向と鉛直方向に設けた隙間のことをいう。JSSI発行の「免震建物の維持管理基準2018」では免震クリアランスには、維持管理上必要とされる最小クリアランス、設計段階で建物の安全性に余裕を持たせた設計クリアランスが示されている。

・免震構造 (structure with seismic isolation, seismically isolated structure, SI system)

建物の基礎部分または中間層部分に、免震部材（積層ゴム支承などとダンパー（減衰器））を用いて免震層を形成し、長周期化と高減衰化により地震動の加速度をこの層で低減し、上部構造の揺れの強さを抑える構造をいう。免震層の変形は大きいためクリアランスの設置や配管の可撓継手化などの対応が必要となる。
一般の建築物では、地上部分を上部構造と呼ぶが、免震構造の場合は、免震部材で支持された上部を構造的に上部構造といい、下部を下部構造または基礎構造という。また、機能的には上部を免震部（地震力の伝達が少ない部分）、下部を非免震部（地震時に地盤と共に動き、地震力を直接受ける部分）という。下部構造の設計用層せん断力は、当該部分の地震力に上部構造の設計用層せん断力を加えた値となる。さらに、建物重量を支える積層ゴム支承周りには変形に伴う付加曲げモーメントが生じるため、このモーメントに対しても適切に設計する必要がある。

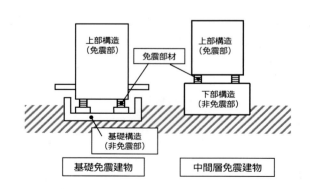

用語の解説

・免震材料 （device for seismic isolation）

　免震材料とは建築基準法で用いられている用語。建築基準法第 37 条において、国土交通大臣が指定する建築材料の第二項に規定されているものを「指定建築材料」といい、免震建物に用いる免震部材も同条第二項に規定されていることから、基準法においては免震部材を「免震材料」として取り扱う。この免震材料の「技術的基準」を定めたものが告示 1446 号で、その中で免震材料は、「支承材」、「減衰材」、「復元材」に分類され、積層ゴム支承やすべり支承および転がり支承は「支承材」、オイルダンパーや鋼材ダンパーは「減衰材」の範疇に入る。

・免震スリット （seismic isolation slit）

　中間層免震建物の場合、免震部材が設置されている層の上下構造体を水平方向に相対変位させる必要がある。このため、壁などに変形を妨げないようにスリット（目地）を入れる必要があり、これを免震スリットという。

　一方で免震層は防火区画とする必要があり、区画壁としての耐火性能（遮熱性、遮炎性）を得るために免震スリットに免震耐火目地材が用いられている。ただし、このような免震スリット入りの壁に対し、防火区画壁としての耐火構造認定基準がないのが現状である。

　免震耐火目地材　参照

・免震層 （seismic isolation layer）

　免震建物において免震部材を設置してる層を免震層という。この層には免震部材のほか、設備配管、電気配線が設置され、さらにこれらのメンテナンス用の通路、照明灯が必要となる。基礎免震の場合の免震層は基礎の一部であり、建築基準法上では階とならず設備ピットとして扱われる。免震層では大地震時に大きな水平変位が発生することから、そのディテールについては変形性能や安全性の側面から十分な検討が要求される。

・免震耐火目地材 （fire resistive joint-material）

　免震スリットに用いられる耐火目地材で、材料としてロックウールやセラミックファイバーなどが用いられ耐火性能が（遮熱性、遮炎性）が担保されたもの。免震スリットの上下で水平変位が起きた場合でも、破損しないように材料と構造が工夫されているも。

　免震スリット　参照

・免震部材 （seismic isolation device）

　免震構造において、免震性能に関与するアイソレータ、ダンパーなどの装置の総称を免震部材という。アイソレータは荷重支持機能を有するもので、積層ゴム支承、すべり支承、転がり支承があり、ダンパーは主に減衰機能を有するもので、鉛ダンパー、鋼棒ダンパー、オイルダンパーなどがある。告示 1446 号では指定建築材料の一つとして「免震材料」と呼ばれている。

　アイソレータ、ダンパー、免震材料　参照

レ

・例示仕様 （prescriptive specifications）

　仕様規定で定められている仕様のこと。建築基準法では平成 12 建設省告示第 1399 号で定められている。壁、柱、床、はり、屋根、階段について、30 分～3 時間までの仕様が定められている。

免震建物の耐火設計ガイドブック

発行年月　　2012 年　3 月　　第 1 版
　　　　　　2019 年　9 月　　第 2 版
　　　　　　2020 年 10 月　　第 2 版 2 刷

編集・発行
一般社団法人日本免震構造協会
1500001 東京都渋谷区神宮前 2-3-18　JIA 館 2 階
TEL 03-5775-5432　FAX 03-5775-5434

印刷　㈱大應
1010047 東京都千代田区内神田 1-7-5

ISBN978-4-919458-08-7